Gisa Steeg

Betrogen, belogen, verarscht und verlassen

Gisa Steeg

BETROGEN BELOGEN VERARSCHT UND VERLASSEN

Das Mutmachbuch
für deinen Neubeginn

SILBERSCHNUR VERLAG

ISBN: 978-3-89845-647-0

1. Auflage 2020

Umschlaggestaltung & Satz: XPresentation, Güllesheim; unter Verwendung eines Motivs von © dityazemli; www.shutterstock.com
Druck: Finidr, s.r.o. Cesky Tesin

Verlag »Die Silberschnur« GmbH · Steinstraße 1 · D-56593 Güllesheim
www.silberschnur.de · E-Mail: info@silberschnur.de

Inhaltsverzeichnis

Rechtlicher Hinweis

Achtung! Dieses Buch kann dir die Augen öffnen. Es kann dir eine Abkürzung auf deinem persönlichen Weg aus der Krise, aus deiner Trauer, deiner Wut sein, aber es kann dir keine notwendige Therapie ersetzen. Ich bitte dich daher: Wenn es wirklich nötig ist, einen Arzt oder Therapeuten aufzusuchen. Das Buch kann dich auch während einer Therapie unterstützen und begleiten!

Es mir wichtig, dass du weißt, dass alle Angaben, Informationen und Übungen in diesem Buch aus meinem Wissen und meinen Erfahrungen entstanden sind und sie haben sich in meinem Coaching, in den Seminaren und auch in meiner Praxis bewährt.

Alle Angaben in diesem Buch erfolgen ohne jegliche Garantie oder Gewährleistung von meiner Seite und vonseiten des Verlages. Eine Haftung ist somit ausgeschlossen.

Vorwort

Mein Name ist Gisa Steeg, eigentlich Gisela, aber ich fand den Namen immer schon schrecklich und niemand, wirklich niemand nennt mich noch so.

Ich arbeite als Steh-auf-Coach, Trainerin, Dozentin und liebe meine Arbeit. Ich bin immer wieder begeistert, wie glücklich und verwandelt meine Klienten nach einem Coaching, einer Hypnose, einer Massage oder einem Seminar bei mir rausgehen. Dabei bin nicht ich diejenige, die Großartiges leistet. Nein, es sind meine Klienten. Sie sind es, die ihre Dämonen besiegen, ihre Blockaden lösen und sich von ihren negativen Glaubenssätzen befreien. Ich bin nur die Person, die sie ausgesucht haben, um sie dabei zu begleiten.

Dazu helfen mir eine Vielzahl von Ausbildungen und Erfahrungen, die ich gezielt einsetzen kann und unter anderem auch mein ganz eigenes DING, sprich die Methode, die ich entwickelt habe. Ich nenne es Power-Emotion-Room, kurz PER.

- Power – steht für wieder in die eigene Kraft und Stärke zu kommen.
- Emotion – über die Emotionen an die Blockaden und Glaubenssätze heranzukommen und diese zu lösen.
- Room – ich schaffe den Raum für die Emotionen, um in die eigene Power und Stärke zu kommen. Dazu stehen mir achtsame Massagen und Berührungen ebenso wie das klassische Coaching oder sogar die Kombination zur Verfügung.

Genau genommen begleite ich Menschen und helfe ihnen aus ihrem Lebensfrust wieder in eine Lebenslust zu kommen, ihre Krisen zu überwinden und ihre Lebensfreude zu finden.

Hört sich großartig an, nicht wahr? Dennoch bewahrt oder beschützt es mich nicht davor, selbst weitere Schicksalsschläge oder Krisen zu erleben. Allerdings habe ich im Laufe meines Lebens eine gute Resilinzfähigkeit und Techniken entwickelt, die ich in solchen Krisen anwende und in meinen Seminaren, Coachings und Büchern weitergeben kann.

Vor Kurzem hatte ich ein Gespräch mit einer ehemaligen Schulkameradin. Wir hatten uns über Facebook wiedergefunden und ewig nicht gesehen oder voneinander etwas gehört. Sie fragte mich: "Du bist wohl erwachsen geworden und heißt jetzt Gisa und nicht mehr Gise. Was machst du heute so beruflich?" (Gise war mein Spitzname in der Kindheit.) Ich hatte ihr erzählt, dass ich Menschen aus Krisen herausbegleite, um ihr Selbstbewusstsein und ihren Selbstwert wieder zu stärken. Mit anderen Worten: Ich helfe Menschen, gestärkt aus Krisen hervorzugehen und aufzustehen.

Ich habe einen Podcast und einen YouTube-Channel und habe den #spürbarstarkvonINNEN kreiert.

Daraufhin hörte ich ein schallendes Gelächter und sie konnte sich vor Lachen fast nicht mehr beruhigen. Ich fragte sie, was daran bitte so zum Lachen wäre. Die Antwort war: "Das bist du. So warst du immer schon, du bist immer für andere da gewesen, hast geholfen, angepackt, zugehört. Lösungen gesucht, egal wie scheiße es dir ging - du warst immer für andere da. Es passt so sehr zu dir, dass du deine "Schwäche" für andere da zu sein endlich zu deiner Stärke und deinem Beruf gemacht hast. So war es immer schon: Keine Krise ohne Gise!"

Jetzt musste ich schallend lachen: "Keine Krise ohne Gise!" Sollte ich das mal als Werbeslogan übernehmen? Sie meinte noch: "Gise, aber du musst nicht jede Krise selbst erleben und überleben, um anderen Mut zu machen oder ein Buch darüber schreiben zu können. Du hast schon genug Mist in deinem Leben erlebt und dir Wissen und Fähigkeiten angeeignet. Gib sie einfach weiter. Damit hilfst du vielen und machst ihnen Mut."

Ja, da stimmte ich ihr zu. Doch das Leben hält so manche Überraschung bereit, auf die ich selbst liebend gern verzichtet hätte. Es waren Krisen und Lernchancen zugleich und ich habe festgestellt, dass ich aus jeder Krise gestärkt und mit neuen Erkenntnissen hervorgegangen bin. Es gibt immer einen Weg, eine Lösung – genau deshalb möchte ich anderen immer wieder und weiter MUT machen.

Genau deshalb mache ich, was ich mache!

Und übrigens: Dieses Buch ist keine Abrechnung oder ein Aufarbeiten meiner Trennung. Nein, es zeigt lediglich meinen Weg, wie ich es geschafft habe und soll Menschen Mut machen und ein Wegbegleiter durch ihre Krisen sein. Ich habe es geschrieben für alle, die gerade verlassen wurden, die Liebeskummer haben oder selbst mitten in einer Trennung stecken. Ich hätte mir in meiner Trennung auch ein Buch, Anregungen oder eine Anleitung gewünscht, um mich und meinen Ex-Partner besser verstehen zu können. Jetzt hältst du die von mir erprobten Möglichkeiten in den Händen. Ich wünsche dir von ganzem Herzen, dass dein Herz dadurch ganz schnell wieder heilt, du endlich bei dir selbst ankommst, deinen Selbstwert erkennst und wieder bereit bist, dich neu zu verlieben. Denn es gibt nichts Schöneres als zu lieben und geliebt zu werden.

Von ganzem Herzen
deine Gisa Steeg

Steh-auf-Coach, Autorin und Hypnose-Coach – Krisen überwinden, Lebensfreude finden!

Selbstbewusst – #spürbarstarkvonINNEN

Ein wichtiger Hinweis

Bitte seht mir nach, wenn ich in diesem Buch nicht immer korrekt "gendere" und jedes Mal Partner*in, Ex-Freund*in, Chef*in usw. schreibe. Es soll dir den Lesefluss und mir den Schreibfluss erleichtern. Ich danke für dein Verständnis und viel Spaß beim Lesen und Heilen deines Herzens und deiner Wunden.

Einleitung

Wie ist es zu diesem Buch gekommen? Ich habe so oft gehört: "Gisa, du solltest über deine Trennung und wie du es geschafft hast ein Buch schreiben. Du bist ein Vorbild für so viele Menschen, die in Krisen stecken und eine Anleitung gut gebrauchen könnten, wie sie diese schwere Zeit überstehen - ein Wegbegleiter, um Krisen, Umbrüche und emotionalen Schmerz zu überwinden!"

Klasse. Nur wie? Ich wollte es, doch hatte ich auch Angst davor. Und dieses Buch hat eine ganz eigene Story und die erzähle ich in Kurzform, denn darüber könnte ich wiederum ein eigenes Buch schreiben mit dem Titel: "Wie aus dem Traum vom Buch ein Alptraum wurde". Ich wollte schon immer mal ein Buch schreiben, doch so richtig zugetraut hatte ich es mir nicht.

Im Grunde begann alles im August 2013. Das war schon der Anfang vom Ende unserer Ehe. Ich lag im Krankenhaus mit einer schweren Unterleibs-OP, bei der etwas schiefgelaufen war. Im Zimmer nebenan lag eine junge Frau, ein paar Jahre jünger als ich. Diagnose Brustkrebs. Sie hatte einen dreijährigen Sohn. Das alles und die Zeit zu grübeln hatten mich damals sehr nachdenklich gemacht. Ich selbst war zu dieser Zeit 43 Jahre alt und hatte mich zum ersten Mal gefragt: Ist das schon alles gewesen? Kann das alles gewesen sein in meinem Leben? Was, wenn ich morgen gehen muss? Was hinterlasse ich meiner Nachwelt?

Ich bin kein großer DENKER oder Erfinder, aber ein Buch, das kann ich! Also bat ich meinen Mann, mir Stifte und einen Block ins Krankenhaus zu bringen. Ich wollte sofort beginnen, denn im Bett konnte ich sonst nicht viel machen, aber schreiben - schreiben ging schon.

Also fing ich an mein erstes Buch zu schreiben. Ich hatte geschrieben, einfach so. Es lief und ich war im FLOW. Mein erstes Buch sollte ein Selbst-Coachingbuch sein. Den Titel hatte ich damals schon im Kopf "Wie aus Wunden Wunder werden".

Mein Ziel war es, ein Coachingbuch für Frauen mit wenig Selbstwert zu schreiben. Denn damit kannte ich mich seit meinen Kindertagen gut aus. Ich hatte vieles erst in meinen Ausbildungen gelernt, das mich weitergebracht hatte. Genau das wollte ich weitergeben. Das war mein klares Warum. Ich schrieb und schrieb. Und als ich aus dem Krankenhaus entlassen worden war, hatte ich schon einige Seiten. Zu Hause angekommen setzte ich mich sofort an den Laptop und begann alles zu übertragen. Ich saß Stunden und Wochen daran und ich schrieb und schrieb. Ich war so stolz auf mich.

Kennst du solche Momente, in denen es einfach fließt und du so stolz auf dich bist?

Dann kam mein damaliger Mann vorbei und meinte: "Was machst du da?" Stolz antwortete ich: "Ich schreibe an meinem Buch, ein Selbst-Coachingbuch, ein Mutmachbuch." "Aha", kam von ihm, aber das sagte er mit hochgezogener Augenbraue und das war eine deutliche Botschaft, dass er es nicht gut fand und genau das machte etwas mit mir.

Dann ein paar Tage später wieder das fragende Gesicht: "Was machst du?" oder leicht vorwurfsvoll: "Du sitzt ja schon wieder am Laptop." Meine Antwort war: "Das weißt du doch, ich schreibe mein Buch." "Aha", kam wieder die Antwort. "Okay, du schreibst ein Buch. Meinst du wirklich die Welt braucht noch ein Coachingbuch und dann noch von dir?"

Zack, das saß wie ein Faustschlag ins Gesicht und in den Magen zugleich. Diese Situation wiederholte sich noch ein paarmal und irgendwann klappte ich meinen PC zu. Er hatte es geschafft, dass ich aufgehört hatte an mich zu glauben und daran, dass ich ein Buch schreiben kann. Mich hatte mein ganzer Mut verlassen ein Buch zu schreiben, mein Buch zu schreiben.

Stell dir mal vor: Wenn schon der Mann, der mich liebt, nicht an mich glaubt, wie bitte soll denn da draußen jemand an mich glauben und das Buch veröffentlichen oder kaufen? Genau das waren meine Gedanken und meine Gefühle - der Schlag in meinen Magen saß tief.

Aber: Was war da passiert? Er hatte meine Angst genährt, die Angst nicht gut genug zu sein. Das nagte an meinem eigenen Selbstwert und stärkte alte Glaubenssätze und Ängste aus der Kindheit. (Ironie des Schicksals ... ich wollte ein Selbstwert- und Selbstbewusstseinsbuch für Frauen schreiben.)

Erst Jahre später, nachdem er mich verlassen hatte, nahm ich meinen ganzen Mut zusammen. Ich bin in der Zeit der Trennung so gewachsen, mein Selbstwert und mein Selbstbewusstsein auch, denn endlich hatte ich die Inhalte meiner zahlreichen Ausbildungen und Trainings nicht nur konsumiert und verstanden, nein, ich hatte sie endlich verinnerlicht und umgesetzt. Das war der entscheidende Fehler und Punkt, warum es vorher nicht funktioniert hatte mit dem Buch. Ich hatte es nur kognitiv verstanden und nicht gelebt. Jetzt war es im Inneren und im Selbstbewusstsein angekommen und jetzt war die Zeit reif! Ich hatte mir gesagt: Es gibt da draußen so viele schlechte Bücher, das kann ich besser! Und "scheiß" drauf, ich mache es trotzdem. Was habe ich schon zu verlieren? Nichts und NICHTS hatte ich ja schon. Ein Freund von mir sagte: "Gisa, es ist zwar schon alles geschrieben worden, aber noch nicht von jedem." Also war ich mir sicher, auch mein Buch wird Menschen erreichen und anderen helfen.

So kam es dazu, dass ich im Oktober 2016 auf meinem PC, in meinen alten Dateien nach dem Manuskript suchte und las, was ich geschrieben hatte. Und was soll ich dir sagen - ich fand es gut. Also gut genug, um es an Verlage zu senden. Dann hatte es mich gepackt, ich hatte alles ausgedruckt und an mindestens 12 bis 13 Verlage per Post geschickt. Einfach raus in die Welt. Ich hatte so viel Mut und in meinem Mutausbruch hatte ich meine Angst ganz vergessen.

Mein Mut war endlich wieder da, nachdem mich meine "Mutbremse" und "Selbstzweifel" 2014 verlassen hatten und ich meinen Glaubenssatz und die Angst nicht gut genug zu sein, aufgelöst hatte. Ja, erst dann konnte ich es alles zusammenpacken und rausgehen in die Welt und sagen: "Hier, das ist mein Buchkonzept, wer will es haben?"

Natürlich gab es viele Absagen. Und es gab die "Eine" Zusage! Im März war ich dann zum Verlag gefahren, für ein Buch-Coaching und zur Buchkonzeptbesprechung. Wir waren uns einig: Ja, wir machen gemeinsam ein Buch. Mit einem Autorenvertrag in der Tasche und stolzgeschwellter Brust fuhr ich wieder nach Hause.

Aber es sollte eben nicht dieses "Coachingbuch" sein, welches ich ursprünglich eingereicht hatte. Nein, es sollte genau meine Geschichte sein, wie ich nach 30 Jahren verlassen worden war und wie ich es geschafft hatte, aus all dem noch Kraft zu schöpfen und selbstbewusst aus dieser Krise und des "Verlassenwordenseins" herauszukommen. Ist das nicht eine Ironie des Schicksals, dass mein erstes Buch das Thema der Trennung von dem Mann beschreibt, der nicht an mich und ein Buch von mir geglaubt hatte und dann gibt er mir noch die Vorlage für mein Buch? The Story of my life! Ein wahres Mutmachbuch!

Der Titel blieb, denn er passte so wundervoll: "Wie aus Wunden Wunder werden" und der Untertitel "So überlebst du Liebeskummer und Trennungen". Denn während der Trennung entstanden so viele Wunden und ich habe diese zu Wundern gemacht und vielen Menschen in meinen Coachings und im Umfeld Mut gemacht, dass manchmal eine Trennung auch ein Segen sein kann und dass in einer Krise der Samen für etwas Neues und Wundervolles stecken kann.

So ein Buch dauert und braucht seine Zeit, vom Schreiben, Lektorat, Satz usw. Kannst du dir vorstellen, wie glücklich und wie stolz ich war?

Ich hatte es geschafft, ich war jetzt Autorin.

Doch so einfach lief es dann doch nicht. Das liebe Universum hatte auch für mich noch eine Krise bereitgehalten. Das Buch konnte leider doch nicht veröffentlicht werden.

Das erste Buch hatte ich noch unter meinem Ehenamen geschrieben - heute habe ich meinen Geburtsnamen zurück. So betrachtet ist es doch ein Geschenk, dass das Buch jetzt erscheint, denn ich überlege immer wieder: Was ist das Gute am Schlechten?

Ich hoffe, ich konnte dir jetzt schon mit der kleinen Geschichte zum Buch Mut machen. Manchmal braucht es seine Zeit - aber wenn die Zeit reif ist, dann kann Veränderung und der Erfolg oder der richtige Verlag leicht sein!

Bitte beachte, kein Buch kann eine notwendige Therapie, ein Coaching, ein Seminar oder eine Beratung ersetzen.

Dennoch soll dir dieses Buch auf humorvolle Weise zeigen, dass es auch einfach geht loszulassen, oder dich emotional zu befreien. Es sind erprobte Techniken aus meinen Seminaren und Coachings, die auch ich während meiner schmerzhaften Trennung angewendet hatte und an meine Klienten heute in der Praxis erfolgreich weitergebe. Das Gute am Schlechten war, dass daraus meine klare Positionierung als Coach entstanden ist, weil ich plötzlich immer mehr Menschen in ihren Lebenskrisen angezogen hatte. Weil sie wussten, die Gisa hat es geschafft und weiß, wie es geht, aus Krisen, Trennungen und Lebensumbrüchen gestärkt hervorzugehen und durchzuhalten, Lebensfreude und Mut dabei nicht zu verlieren.

Wie so oft in deinem Leben, wirst auch du im Rückblick feststellen, dass du es wieder einmal geschafft hast aufzustehen. Weil es nötig war, aufzustehen, weil du es einfach kannst.

Oh ja, du hast dich aufgerafft, hast vielleicht noch die Ärmel hochgekrempelt, Anlauf genommen und den Sprung in dein neues Leben gewagt und dir selbst zugerufen: "Jetzt erst recht!" und was soll ich dir sagen: Recht hast du, du hast nur das eine Leben, mach das Beste daraus - nämlich dein Bestes!

Du wirst in diesem Buch meine Geschichte und viele Geschichten meiner Klienten lesen, das sind Storys, die uns das wahre Leben schreibt und du wirst dich selbst hier und da wiederfinden und sagen, ja, genauso war es bei mir auch oder so ähnlich habe ich mich auch gefühlt.

Dieses Buch ist nicht nur ein Buch im klassischen Sinne. Es ist eine Autobiografie, ein Arbeitsbuch und ein Wegweiser durch eine schwere Lebensphase mit wertvollen Übungen, die du teilweise im Buch schriftlich machen kannst. Es stehen dir zusätzlich einige Übungen als Downloads im Bonusmaterial zur Verfügung. Du wirst in diesem Wegbegleiter viele Anleitungen zu Übungen finden, die dich auf deinem Weg aus dem Liebeskummer und dem Trennungsschmerz begleiten. Manche sind eher analytisch, während andere wiederum spirituell angehaucht sind. Nimm das, was für dich passt und stimmig ist, Hauptsache es bringt dich weiter! Betrachte dieses Buch als ein Büfett der Möglichkeiten, bediene dich, nimm, was dir schmeckt und lass den Rest einfach liegen.

Dein Wegbegleiter in der Übersicht

Es ist eine Anleitung, um leichter durch die verschiedenen Phasen einer Krise und Trennung zu kommen und dabei die

Wunden und das Herz zu heilen, um mit neuer Power und Schwung in den Neubeginn zu starten.

Du kannst es am Stück lesen und durcharbeiten, oder dir nur genau das rauspicken, was für dich momentan anliegt.

Der Wegbegleiter

1. Die Katastrophe:
   ➡ Der Supergau, deine Welt bricht zusammen

2. Niemals aufgeben:
   ➡ Aufgeben ist keine Option

3. Annehmen und akzeptieren:
   ➡ Akzeptieren und den inneren Frieden schließen

4. Eigenverantwortung:
   ➡ Übernehme die Verantwortung

5. Loslassen:
   ➡ Loslassen, verabschieden und befreien

6. Beziehungs-Bilanz:
   ➡ Den eigenen Anteil überprüfen

7. Die Energie der Gedanken:
   ➡ Gedankenhygiene und Glaubenssätze

8. Die Chance in der Krise:
   ➡ Das Gute im Schlechten erkennen

9. Energieräuber loslassen, positive Welt:
   ➡ Erschaffe dir ein positives Umfeld

10. Steh auf und lebe - der Neubeginn:
    ➡ Kreiere deine Zukunft

Zu jeder Phase stehen dir entsprechende Übungen, Selbstcoaching-Tools und Interventionen zur Verfügung und du kannst jederzeit deinen Standort bestimmen, bzw. deine eigenen Fortschritte überprüfen und somit deine Erfolge erkennen.

- Was hast du schon erreicht und was möchtest du noch erreichen?
- Wer kann dich dabei unterstützen?
- Was fehlt dir noch im Leben und zu deinem Glück?

In deinem Leben werden gerade die neuen Weichen gestellt, es sortiert sich alles in dir und um dich herum neu. Dieses Buch soll dir helfen das zu erkennen und dich daran erinnern, was du in deinem Leben willst.

Das ist so ähnlich, als würdest du ins Auto einsteigen und dein Navi programmieren, dann hast du ein klares Ziel und der Weg wird dir angezeigt. Aber wenn du deinem Leben keine Richtung, kein Ziel vorgibst, dann wird dein Leben dir eine Richtung vorgeben. Sei dir bewusst: Es steht in deiner Macht, deine Zukunft und deine Geschichte neu zu schreiben und dein Navi zu programmieren!

1.

Die Katastrophe, der Supergau

Betrogen, belogen, verarscht und verlassen

Kennst du das auch? Du hast eine Vorahnung, so ein richtiges Bauchgefühl und irgendetwas in dir sagt: Hier stinkt etwas und zwar gewaltig. Doch du bist im Vertrauen, du willst es nicht sehen, nicht wahrhaben. Selbst wenn du es ansprichst, dann glaubst du sehr gerne die Lügen, die dir schon mit "leisen Worten" laut und deutlich ins Gesicht gebrüllt werden.

Ich hatte die Vorzeichen nicht wahrhaben wollen und ich war sehr gerne in meiner "Ich-will-meine-heile-Welt-behalten-Phase". Obwohl mein Bauchgefühl schon angesprungen war. Übergewicht und Bauch hatte ich zu der Zeit genug.

Und nun wird es ernst. Ein kleiner Schwank aus meinem Leben. Es gibt Menschen, die können über Witze nicht lachen, weil sie sie nicht verstehen. Eines Tages sitze ich gemütlich mit ein paar Freundinnen beim Käffchen und wir plauschen. Mir fällt da ein Witz ein, den ich vor ein paar Tagen gelesen hatte und über den ich so herzhaft lachen konnte. "Mädels", begann ich, "wie nennt man eine sexfreie Zone?" Sie schauten mich ungläubig an, keine Ahnung, war die einstimmige Antwort. "EHE", sagte ich und lachte mich schlapp. Ich liebe Wortwitze. Sie schauten mich nur ungläubig an, als wäre ich vom Mond. In diesem Moment hatte ich es begriffen - sie hatten diesen Witz nicht verstanden, weil sie es nicht erlebt hatten. Ganz klar, diese Frauen haben noch Sex. Ich wurde glatt neidisch, die Glücklichen. Bei uns war das inzwischen schon eine Ausnahme, eher eine Seltenheit, mal ein Versehen, also mit viel Glück vielleicht versehentlich.

Besser ausgedrückt: Wir hatten ausgefallenen Sex, also Montag ausgefallen, Dienstag ausgefallen, Mittwoch usw. ... Du verstehst mich schon.

Der Alltag und das Leben hatten uns fest im Griff. Hinzu kam noch, ich fühlte mich moppelig, dick und unsexy in meinem Körper, einfach nicht mehr begehrenswert. Mein Mann fand mich offensichtlich auch nicht mehr attraktiv und begehrenswert, sonst hätten wir beide noch Sex. Also, zumindest dachte ich, dass wir beide keinen Sex hätten. Dabei war es wohl so, dass nur ich diejenige war, die in unserer Ehe keinen Sex hatte. Er hatte schon, nur eben nicht mit mir.

So und nun zum Anfang der Katastrophe. Wir hatten gerade unser Haus verkauft und waren auf der Suche nach einer Wohnung für die ganze Familie. Für mein Geschäft, das bis zu dieser Zeit in der Einliegerwohnung untergebracht war, hatte ich schon neue Räumlichkeiten gefunden und damit ging es schon einen Schritt weiter und mit dem ersten Umzug los. Immer wenn ich etwas planen und organisieren kann, laufe ich zu Höchstleistungen auf.

Ja, da war sie wieder, meine Kraft. Ich war wieder in meinem vollen Element. In dieser wundervollen Aufbruchsstimmung war ich mit Ausräumen, Aussortieren, Wegwerfen und Loslassen beschäftigt. Ein traumhafter Neubeginn stand mir bevor, zumindest malte ich es mir so aus.

Dann kam der Tag aller Tage, den ich schon seit Wochen herbeigesehnt hatte. An diesem Tag durfte ich zum ersten Mal in mein neues Geschäft, um es zu renovieren. In Gedanken war alles bereits renoviert, gestrichen und eingeräumt. Drei Wochen später war die Eröffnungsfeier fest geplant und die Einladungen bereits verschickt. Ich hatte die ersten Möbel und Farbeimer gekauft und in meinem Auto verstaut. Jetzt konnte es endlich losgehen. Alles war perfekt geplant und vorbereitet und ich war im Zeitplan. Trotzdem war ich innerlich sehr aufgeregt, lag früh morgens wach. Ich grübelte und konnte vor lauter Aufregung und Vorfreude nicht mehr einschlafen. Da bemerkte ich, dass mein "Schatzi" auch nicht schlafen konnte und ebenso wach lag und dachte mir ... "Hey, vielleicht könnten wir die Zeit mit etwas Spaß und Sex bis zum Aufstehen überbrücken?" Ich fasste lustvoll unter seine Decke und musste nicht lange suchen, um zu finden, was ich zu finden hoffte. Du kannst dir jetzt sicherlich denken was. Nur, er drehte sich weg und stellte sich schlafend. Wie jetzt? Da unter der Decke war doch schon alles wach! Den Beweis hatte ich gerade im wahrsten Sinne des Wortes in der Hand. Was soll das denn bitte? Ich war irgendwie verwirrt und verstand es nicht.

Das war mir noch nie passiert, im Gegenteil. Ich konnte wie immer meinen Mund nicht halten und es brach geradezu aus mir heraus: "Schatz, was ist los? Ich habe keine Lust mehr noch länger wie Brüderlein und Schwesterlein mit dir zusammenzuleben, dann können wir uns ja gleich getrennte Wohnungen nehmen." Wie bereits erwähnt, wir waren auf der Suche nach einer neuen Familienbleibe.

In diesem Moment machte er das Licht an, setzte sich im Bett aufrecht hin und dann sagte er mir die wohl schlimmsten Worte meines Lebens: “Stimmt, dann lass uns getrennte Wohnungen nehmen. Ich liebe dich nicht mehr und habe schon eine andere, ihr Name ist ... und eine Kollegin von mir.”

Wummm, zack, bähm ... wie bitte, ist das sein ERNST? Nach mehr als 29 Jahren einfach so: “Ich liebe dich nicht mehr” und das war es?

Ich hatte wirklich mit allem gerechnet, nur nicht damit. Wer kann denn so etwas ahnen?

Kannst du dir vorstellen, wie es mir in diesem Moment ging? Mir wurde der Boden unter den Füßen weggezogen, mein Magen drehte sich gerade um und in meinem Kopf pochte es. Mein Leben und meine Familie zerplatzten gerade in tausend Scherben und im ersten Moment wusste ich nicht: Ist das jetzt ein schlechter Witz, ein Traum, wohl eher ein Alptraum? Mir wurde ganz schlecht und schwindelig.

Doch dann bin ich im wahrsten Sinne des Wortes ausgerastet. Ich tobte, ich schrie, ich heulte und eine Furie war wohl noch sehr harmlos gegen das, was alles aus mir herausbrach. Ich hatte ihn alles genannt, was mir eingefallen war und ich hatte bestimmt alle Heiligen vom Himmel geflucht. Und glaube mir, an manchen Tagen wünschte ich mir eine Geschwindigkeitsbegrenzung zwischen meinem Gehirn und meinem Mundwerk, dass nicht alles so ungebremst und ungefiltert aus mir rausbricht.

Es fühlte sich so surreal an - das kann doch jetzt nicht wahr sein. Ich schüttelte nur noch den Kopf. Ich konnte und wollte es nicht glauben. Es war einfach nur furchtbar und ich hysterisch, so hysterisch, wie man in so einer Situation hysterisch sein kann.

Seit Wochen spürte ich da etwas. Die Spannung lag schon lange in der Luft. Wenn ich ihn angesprochen hatte, sagte er immer, nein, ich würde mir da doch nur wieder etwas einbilden und ich hatte noch ein schlechtes Gewissen, dass ich ihm da etwas unterstellen würde.

Aber mein Bauchgefühl hatte doch recht. Ich kannte ihn zu gut und wollte es nur nicht wahrhaben. Die ganzen letzten Monate hatte er mich schon belogen und betrogen, mir die heile Welt vorgespielt und dabei schon die Trennung perfide geplant. Den Hausverkauf und die neue Wohnungssuche, die er zu verhindern wusste, das war alles gezielt vorbereitet. Plötzlich wurden mir einige Momente, Situation und Sprüche der letzten Wochen bewusst und nun offenbarte sich die wahre Bedeutung dahinter. Und mir fiehl es wie Schuppen von den Augen und erklärte sein seltsames und befremdliches Verhalten mir gegenüber. So ein verlogenes Individuum.

Glaub mir, in Wirklichkeit hatte ich ganz andere Bezeichnungen für ihn, aber die kannst du dir selbst denken und ich erspare sie uns lieber. Ich konnte mich nur noch fragen: Was ist denn das für ein Mensch, der seit Monaten zwei Leben lebt, lügt, betrügt und seinen Absprung mit ihr schon geplant hatte? Wann hätte er es mir gesagt? Wie lange hätte er das Spiel noch weitergespielt, wenn ich heute nicht zufällig mal Sex gewollt hätte? Wann hätte er die Bombe platzen lassen? Ich konnte es nicht fassen und fragte mich, ist das wirklich der Mensch, den ich seit fast 30 Jahren an meiner Seite hatte? Wo waren die Liebe und die Wertschätzung geblieben?

Wir hatten immer mal unsere Höhen und Tiefen und er durchaus auch schon die eine oder andere Treuelosigkeit. Immer wenn eine andere Frau im Spiel war, hatte er sich genauso verhalten. Aber wir hatten dann trotzdem immer wieder zueinandergefunden. Dieses Mal war es anders, es war für immer aus.

Oh mein Gott, und was jetzt? Mir wurde ganz schlecht, weil mir bewusst wurde – das war es für immer. Es gab ab diesem Zeitpunkt keine Familie und kein WIR mehr, nach fast dreißig Jahren.

Meine Gefühle fuhren Achterbahn und meine Gedanken kreisten. Was wird aus mir und unserem gemeinsamen Sohn? Ich war nicht zu überhören. Er hatte inzwischen meine Hysterie mitbekommen und als er unser Schlafzimmer betrat, sofort verstanden, worum es bei dem Gespräch, wohl eher einem Geschrei, zwischen seinem Vater und mir gerade ging.

Und wie aus heiterem Himmel, fragte mein Mann unseren Sohn, ob er mit ihm gehe und zu ihm ziehe. Denn davon ginge er schließlich aus, weil sie sich immer so gut verstanden hatten und das was jetzt gerade zwischen Papa und Mama wäre, hätte ja nichts mit ihm als Sohn zu tun. Er liebe die Mama nicht mehr und verlasse nur die Mama und nicht ihn.

In diesem Moment wurde es mir schwarz vor den Augen und ich hatte das Gefühl, mir wurde die Luft zum Atmen genommen und mein Herzen bleibt stehen, ich wollte nur noch sterben.

Das muss man sich mal vorstellen: Ich wurde gerade verlassen, meine Familie zerstört, meine Zukunftspläne vom gemeinsamen alt werden zertrümmert und nun sollte mir mein Sohn, das Beste, was mir je passierte, weggenommen werden?

Unser Sohn war mit seinen 16 Jahren genauso geschockt wie ich. Während mein Mann aus dem Bett aufstand, unter die Dusche ging und wie so oft, einfach aus unangenehmen Situationen flüchtete, schauten wir uns ungläubig und mit Tränen in den Augen und im Herzen an. Unsere Seelen bluteten gerade. Gleichzeitig meinte mein Mann, er müsse jetzt raus, raus aus unserem Haus und weg von mir, er halte es hier nicht mehr aus.

Ich war zutiefst verletzt, wie schockgefroren. Mich nach fast 30 Jahre so abzuspeisen. Mich vor vollendete Tatsachen zu stellen und mich, dann mit all meinen Emotionen und Fragen so stehen zu lassen und zur Arbeit zu gehen. Als ob da gerade nichts gewesen wäre! Ich war nur noch fassungslos und wütend, so wütend. Kannst du dir vorstellen, wie wütend, verwirrt, geschockt und verletzt ich war?

Und dann dämmerte es mir und mir wurde klar, er musste der "Neuen" die frohe Botschaft verkünden: "Ich habe gerade meine Frau für dich verlassen!" Und vor Problemen oder Konfliktsituationen war er immer schon gerne davongelaufen. Das kannte ich zu gut und ich durfte dankbar erkennen, das ist seit heute und in Zukunft nicht mehr mein Thema. Ich hatte ab dem Zeitpunkt andere Probleme zu bewältigen, richtig heftige Probleme. Ich musste die Katastrophe, die gerade über mich hereingebrochen war, erst mal verstehen und den Trümmerhaufen meines Lebens neu sortieren.

So, da saß ich nun schluchzend, wütend - keine Ahnung, wie es weitergehen sollte. Was sollte ich jetzt machen?

Ich hatte meinen Sohn getröstet und umarmt. Wir lagen uns weinend und schluchzend in den Armen. Er meinte nur: "Mama, ich hatte schon seit Wochen gespürt, dass da was kommt, ich konnte es nur nicht deuten." Ich auch, aber ich hatte so sehr gehofft, ich war so sehr im Vertrauen, wenn wir nur endlich aus diesem Haus raus sind, wird alles leichter und besser. Die Stimmung und das Miteinander verbessern sich und wir kommen uns wieder näher. Wir hatten schon so viele Jahre und Krisen überwunden, nur mit so einer Wende hatte ich nun wirklich nicht gerechnet.

Mein Sohn ging duschen und dann zur Schule. Beim Abschied nahm er mich in den Arm und sagte: "Mama, ich bleibe bei dir. Der Papa verlässt nicht nur dich, er verlässt die Familie."

Was hatte ich doch für einen wundervollen Sohn und schon so reif für seine 16 Jahre und mir fiel ein Stein vom Herzen und mir wurde klar, für uns beide musste ich jetzt stark sein.

Trotzdem saß ich da, geschockt, vor der Ruine meiner Ehe und meines geplanten gemeinsamen Lebens, weil ich gerade vor vollendete Tatsachen gestellt wurde. Ich wusste nicht mehr, wie es weitergehen sollte. Was nun? Ich hatte in meiner Unfähigkeit in diesem Moment irgendetwas zu tun, meine Nachbarin und

Freundin angerufen. Sie kam sofort rüber, nachdem sie ihre Kinder in der Schule und im Kindergarten abgesetzt hatte. Sie hatte mir in meinem Erstschmerz zugehört und fassungslos mit mir geweint.

Dann fragte sie mich: "Gisa, warum kämpfst du nicht um deine Ehe, ihr seid schon so lange zusammen und ein Vorbild für uns und so viele andere?" Ich erwiderte nur: "Ich habe fast 30 Jahre gekämpft, um ihn und unsere Beziehung. Ich brauche nicht um eine Liebe zu kämpfen, die es nicht mehr gibt, nicht von seiner Seite." Ausgesprochen hörte es sich gut an und so klar. Aber diese Klarheit ist auch die Wahrheit und diese tat so weh und zerriss mir in diesem Moment das Herz.

Ich liebe dich nicht mehr, war das Schlimmste, was jemals ein Mensch zu mir sagte. Was blieb mir da anderes übrig, als es zu akzeptieren, dass er mich nicht mehr liebt? Ich hatte auch meinen Stolz und mein Leben darf weitergehen, nur eben ohne ihn! Nur wie? Wie, wie, wie, verdammt noch mal WIE? Diese Frage hämmerte in meinem Kopf und was wird in Zukunft aus unserem Sohn?

Dann fiel mir die Story vom "Zug des Lebens" ein, die mich etwas tröstete und meinen Herzschlag und meine Panik ruhiger werden ließen.

Der Zug des Lebens

Kennst du den Zug des Lebens? Es ist eine so wundervolle Geschichte und Metapher, die mir in der Zeit der Trennung wirklich viel geholfen hatte. Mein Mann hatte meinen Zug des Lebens verlassen, aber mein Zug und mein Leben gingen weiter.

Stell dir einmal vor, dein Leben ist wie eine Zugfahrt. Du kommst auf die Welt, das ist die Station, in der du deinen Zug des Lebens besteigst. In dieser Bahn sind bereits viele Menschen, die auf dich gewartet haben und dich in deinem Leben begleiten werden. Menschen, die sich freuen, dass es dich gibt. Da sind z. B. deine Eltern, deine Großeltern und vielleicht sind auch schon Geschwister da, oder es kommen noch welche zu einem späteren Zeitpunkt hinzu.

Es werden einige da sein, manche mit leichtem, andere mit sehr schwerem Gepäck und Koffern aus ihrer Vergangenheit. Diese Menschen begleiten und prägen dich, deine Werte, deine Glaubenssätze und das, was du über dich denkst. Aber auch, was du über die Liebe, Beziehung, Glück und Erfolg denkst und leben wirst. Das ist die Wiege für deine Selbstliebe, deinen Selbstwert, deine Glaubenssätze und Werte. All das wird dir jedoch erst viel später bewusst werden.

Dein Zug wird einige Haltestationen in deinem Leben anfahren und halten, dort steigen immer wieder neue Menschen ein und dafür andere wieder aus. Das kann z. B. sein, dass Oma oder Opa versterben. Das sind schmerzliche Verluste und auch diese werden dich prägen. Dein Zug fährt weiter, du kommst in den Kindergarten, dort steigt eine Handvoll neuer Wesen zu. Dann kommst du in die Schule, die nächste Station, hier steigen wieder Menschen aus, das können z. B. die Erzieherinnen sein, einige Kinder, die auf eine andere Schule gehen und andere werden mit dir eingeschult.

Dein Zug rollt weiter. Deine Freunde kommen und gehen. Manchen musst du die Türe selbst öffnen und sie hinausschubsen, ihnen fast schon einen Tritt in den Hintern geben. Manche sind von heute auf morgen verschwunden und du bemerkst es noch nicht einmal, dass sie deinen Zug verlassen haben, weil sie einfach keine Bedeutung für dich hatten.

Deine Reise des Lebens geht weiter, dein Zug rollt weiter, neue Lebensabschnitte beginnen und enden. Du machst deinen Schulabschluss, deine Ausbildung oder dein Studium beginnt, die Menschen kommen und gehen. Und vergiss bitte nicht, jedem "sein Päckchen" wieder mit auf seine Reise zu geben. Lass deinen Lebenszug nicht mit Altlasten der Vergangenheit deiner Mitreisenden zumüllen und "beschweren"!

Was ich damit meine, ist, manche haben die Angewohnheit und das Bedürfnis, gleich auf deinem Schoß Platz zu nehmen, ihren emotionalen "Müll" und ihr Gepäck bei dir abzuladen und dir somit deine Energie zu rauben. Doch du bestimmst, wo sie in deinem Zug und in deinem Abteil Platz finden, wie viel Raum jemand einnehmen darf. Es ist dein Leben, es ist dein Zug und er rollt immer weiter.

Irgendwann verliebst du dich und gehst eine Beziehung ein. Du trennst dich. Der nächste Partner betritt deine Bahn und du heiratest vielleicht und gründest eine Familie. Dein Zug rollt weiter und vielleicht bist du gerade wieder an dem Punkt einer Trennung oder Scheidung. Die Weichen für dein Leben werden neu gestellt, das ist dein Wendepunkt. Egal wie schmerzhaft es ist, dein Leben geht weiter, dein Zug rollt weiter, nur eben ohne diesen Partner.

Und erst wenn du stirbst, bist du an der Endstation und du steigst aus deinem Zug des Lebens aus.

Frage dich, was deine Freunde am Ende deines Lebens an deinem Grab über dich sagen sollen? Wie würde deine Grabrede ausfallen? Was sollen die, die du zurück lässt über dich und deinen Zug des Lebens denken?

“Da hat jemand die Trennung nie überwunden.” “Schade, dass es Menschen gibt, die ihr Leben nicht leben und nach der Scheidung so verbittert geworden sind!” Oder lieber: “Nach der Trennung aufgestanden wie eine EINS, das Leben selbst in die Hand genommen und ist danach so glücklich und zufrieden wie noch nie gewesen und hat die Liebe des Lebens gefunden!” Was denkst du? Was wäre dir lieber?

Du kannst deinen eigenen Zug lenken und deine Energie, Kraft und Liebe in gesunde Ziele und gesunde “Beziehungen” stecken und diesen Ratgeber als deinen persönlichen vorübergehenden “Zugbegleiter” nutzen. Du entscheidest, sonst niemand.

Denn Glück, Halt und Stärke sind einzig in dir und nicht in Dingen oder in anderen Personen zu finden. Vertraue dir und deinem Leben, auch wenn dein Zug gerade heftig ruckelt, dein Leben schaltet in den nächsten Gang. Die Weichen kannst du selbst stellen. Manchmal schüttelt und rüttelt es einen ganz schön durch und es fühlt sich wie ein Schleudergang an. Aber vielleicht hast du ja Glück und ist es ein Schonwaschgang mit Weichspüler und du kommst da ganz “dufte” raus.

Bitte achte darauf, dass du deine Zugtüren und dein Herz nicht verschließt, oder für immer verriegelst. Wie soll dein neues Glück, deine neue Liebe, deine neue Leichtigkeit deinen Zug des Lebens betreten, wenn die Türen und dein Herz verriegelt sind?

Schon Carl Gustav Jung sagte: “Fürchte nicht das Chaos, denn im Chaos wird das Neue geboren.”

Von der Seele schreiben

Übrigens einer meiner ersten Schritte war, mir alles von der Seele zu schreiben. Es hatte mir geholfen, meine Gedanken in einem Tagebuch festzuhalten, ich konnte in Ruhe meine Gedanken schweifen lassen und in mich und mein Tagebuch hineinweinen. So wie die Tränen flossen, so flossen auch die Worte aus mir heraus.

An manchen Abenden hatte ich mich stundenlang mit Freundinnen per WhatsApp ausgetauscht. Eine der Lieben hatte immer Zeit für mich und so konnte ich mir alles von der Seele schreiben. Das war auch sehr heilsam, denn ich musste mir meine Worte wohl überlegen. Was gebe ich preis, worüber möchte ich in meinem Liebeskummer und in meiner Trauer reden und schreiben? Der Vorteil dabei war, ich hatte Feedback erhalten, konstruktive Kritik, Anregungen, Ideen und Hilfe, wie ich mein Leben neu gestalten könnte. Da in meinem Freundeskreis viele andere Coaches waren, wurde mir oft die Frage gestellt: "Gisa, was wäre eine gute Lösung und was würdest du zu deinen Klienten sagen, oder sie fragen?"

Boah, es kann manchmal echt ein Fluch und ein Segen sein, anstrengend und nervig mit vielen Therapeuten und Coaches befreundet zu sein. Vor allem, wenn es gerade um die eigenen Themen geht und sie dich liebevoll dort hinschieben. (Danke, ich mache es auch für euch.)

Allzu oft musste ich mir selbst die Frage stellen: Wem nutzt es jetzt, dass ich so über mich, meinen Ex-Mann und diese wirklich schlechte Trennung rede oder denke? Meine Wahrnehmung hatte sich durch das Schreiben mehr und mehr verändert und damit auch nach und nach mein Denken, meine Emotionen, mein Handeln und letzten Endes habe auch ich mich selbst verändert. Denn ich hatte immer mehr darauf geachtet, jeden Abend den Fokus auf das, was am Tag gut war zu lenken, welche Komplimente ich erhalten hatte, wer mir geholfen hatte, wer war für mich da und welche Fortschritte ich bereits gemacht hatte.

So bin ich abends mit einem guten Gefühl und positiveren Gedanken (so gut sie eben in der Situation sein konnten) eingeschlafen. Morgens beim Aufstehen hatte ich mir drei Dinge als Ziel in das Buch geschrieben. Ziele, die ich an diesem Tag erreichen oder erledigen wollte. Somit hatte ich auch sofort meine Aufmerksamkeit und meinen Fokus auf etwas Positives gelenkt, um nicht gleich wieder so in den Schmerz und in die Trauer abzurutschen.

Erste Übung: Tagebuch – Journaling: Diese 5-Minuten-Übung tut gut

Erfolgreiche und glückliche Menschen führen oft ein Tagebuch, in dem sie ihre kleineren und größeren Erfolge festhalten und ihre Entwicklungsschritte selbst verfolgen können. Deshalb schlage ich meinen Seminarteilnehmern und Klienten vor, ein Tagebuch, Stärkenbuch, Glückstagebuch zu führen. Mehrmals die Woche sollten drei bis fünf auch noch so kleine Dinge festgehalten werden, die dir ein Lächeln oder ein gutes Gefühl ins Herzen gezaubert haben, oder für die du einfach nur dankbar bist.

Dementsprechend ist meine Empfehlung: Führe auch du ein Erfolgstagebuch, oder ein Stärkenbuch, denn auch du möchtest aus dieser Krise gestärkt hervorgehen. Wie immer du es auch nennen magst, von Glückstagebuch wirst du wohl in dieser Phase noch lange nicht reden können. Obwohl, du kannst noch nicht wissen, ob das dein Glück war.

Heute führe ich so etwas wie ein Glückstagebuch, ein sogenanntes Journaling. Diese 5-Minuten-Schreib-Übung praktiziere ich nicht jeden Tag, aber ich schreibe mir sehr oft Dinge des Alltages auf. Das sind kleinere oder größere Glücksmomente, Komplimente und das wofür ich gerade sehr dankbar bin. Es geht darum, die Wahrnehmung auf das, was gut ist und gut funktioniert zu lenken und den Blickwinkel genau dafür zu schärfen und es fördert deine Kreativität.

Aus diesem Grund kannst du auch in deinem Trennungsschmerz, Liebeskummer und in deinem Lebensumbruch alles aufschreiben, dir alles von der Seele schreiben. Es kann dir ein Helfer oder ein Selbstcoaching-Tool auf deinem Weg sein, diesen Wendepunkt in deinem Leben zu verarbeiten. Du wirst in diesem Wegbegleiter viele Übungen finden, die du schriftlich in deinem Buch umsetzen kannst.

Die Vorteile vom Tagebuch oder Journaling schreiben

Wenn du die Übungen schriftlich machst, wird es damit für dich etwas verbindlicher. Das Aufschreiben hilft dir, deine Gedanken und Gefühle zu sortieren, zu klären und zu erkennen, was dir auf deinem Herzen und deiner Seele brennt. Wenn dir das Tagebuchschreiben nicht so gefällt, ist das Journaling vielleicht einfacher. Jedoch wird beides handschriftlich verfasst.

Jedes Schreiben ist ein Prozess, der die Kreativität fördert. Wie kann dir das in deiner Trennung helfen? Wir konzentrieren uns auf eine Tätigkeit und blenden somit andere Dinge aus, so kommen wir emotional zur Ruhe. Das hilft dabei, seine Gedanken schweifen zu lassen und Vergangenes zu reflektieren, ohne sich darin zu verlieren.

Wusstest du, dass auch andere Sinne angesprochen werden, wie z. B. der visuelle und der haptische Sinn? Wenn du Stift und Papier benutzt, hast du die Gelegenheit, dir ein besonders edles oder schön gestaltetes Papier oder Buch zu gönnen, zu fühlen und kreativ zu sein oder das Papier mit deinen Kritzeleien und Einteilungen zu verzieren.

Darüber hinaus wird unsere oft vernachlässigte, rechte Gehirnhälfte angesprochen. Häufig ist die linke Hälfte viel stärker gefordert, sie ist für logisch-analytische Denkprozesse zuständig. Kreativ für neue Lösungen wird es aber erst, wenn beide Gehirnhälften zusammenarbeiten und sich ergänzen. Das passiert übrigens beim Schreiben. Wenn du für die technische Ausführung die linke Gehirnhälfte beschäftigst, dann kann deine rechte Hälfte sich dem Kreativsein und dem Fühlen beschäftigen und sich für neue Lösungen und Wege öffnen.

Vielleicht machst du eine Art Seelenbilanz und wirst dir klarer, was du in deinem Leben willst und was nicht mehr. Aus welchen Rollen du in deinem Leben aussteigen möchtest, von welchen Energieräubern du dich befreien willst und wie du deine Kraftquellen entdeckst und anzapfen kannst. Vielleicht findest du einen Weg, wie du dein eigenes ICH entdecken und entwickeln kannst, um den Liebeskummer und den Schmerz zu verarbeiten. So lernst du über deine innere Seelenbalance, wie aus deinen Wunden Wunder werden.

Mit einem klaren Geist und einem freien Herz lebt und liebt es sich in Zukunft leichter. Die Klarheit und emotionale Heilung von Herz und Seele gibt dir eine unglaubliche Energie. Einen solcher Schicksalsschlag ist ein Entwicklungsschritt und eine Lernchance, alte emotionale Wunden, die hochkommen zu heilen und endlich Türen zu schließen, die seit Langem offen standen und es dir nicht bewusst war, das sie offen waren.

Genau dazu kann es nützlich und dienlich sein, ein Tagebuch zu schreiben, um die eigenen Fortschritte zu dokumentieren und sich selbst zu motivieren, jeden Tag positiver zu denken und zu leben. Du kannst in ein paar Wochen, Monaten oder sogar Jahren darin nachschlagen, um dir deine positive Veränderung bewusst zu machen und um festzustellen, dass du den letzten "Schleudergang" gut überstanden hast.

Hier eine kleine Rückmeldung einer meiner Leserinnen, der das Schreiben sehr geholfen hatte und die ich hier zitieren darf: "Das Tagebuchschreiben hat mir sehr geholfen, auch wenn ich es eher in Form eines Briefes an "ihn" geschrieben habe. Den Brief habe ich zwar nie weggeschickt, aber es verschafft doch Befreiung und Klarheit, sich mal alles von der Seele zu schreiben."

Dies ist nur ein Angebot und wie du siehst nur eine Möglichkeit, um die eigenen persönlichen Entwicklungsschritte festzuhalten. Du kannst es machen, musst es jedoch nicht, das ist ganz deine Entscheidung, ob du Briefe schreibst, dich mit deinen Freundinnen per Mail oder WhatsApp austauschst oder ein Tagebuch/Journaling führst. Genauso verhält es sich übrigens mit allen Übungen und Empfehlungen in diesem Buch – es ist deine Wahl, wie du damit umgehst. Nicht jede Übung ist die passende für dich und deine Situation, pick dir die Sahneschnittchen für dich raus. Der eine Satz oder die eine Übung kann für dich schon den gewünschten Erfolg bringen und deinen Herzschmerz und Liebeskummer heilen und dann hat sich die Investition schon gelohnt.

Wichtig ist, dass du dich entscheidest und die positive Veränderung, also den Liebeskummer loszulassen und wieder glücklich zu sein, selbst willst. Denn dann ist das schon der erste Schritt, selbstbewusst und vor allem selbstbestimmt für dich einzustehen und klar Stellung zu beziehen, was du bereit bist zu investieren und was nicht. Und sobald du dich entscheidest, dein Herz zu heilen und gleichzeitig zu öffnen für Akzeptanz, Annahme, Vergebung, Loslassen, Selbstfürsorge, LIEBE und zwar dir selbst und den anderen gegenüber, dann kann etwas Neues in deinem Leben entstehen.

Übrigens hat die Erfahrung mit meinen Coaching-Kunden und Seminarteilnehmern gezeigt, dass die Arbeit mit einem Erfolgstagebuch viel effektiver ist und zur besseren Selbstreflexion beiträgt. Viele Klienten berichten, dass sie gerne mal wieder darin blättern und lesen, was sie in der Vergangenheit gedacht oder gefühlt hatten. Sie sind oft sehr dankbar, nachlesen zu können, was sich alles verändert hat und welche Schritte sie gewagt hatten und sind stolz, auch diese Krise überwunden zu haben und ihren ganz eigenen "Navigator durch ihre Krisen" geschrieben zu haben.

Du kannst gerne zwei Tagebücher/Journalings schreiben. Eines, um die Übungen für dich schriftlich zu machen, also ein Arbeitsbuch und in das andere schreibst du nur Positives, oder eben alles von der Seele, so wie es gut für dich ist.

Was könnte zum Beispiel abends in deinem Tagebuch stehen, wenn du dir die richtigen Fragen stellst?

- Was ist dir an diesem Tag besonders gut gelungen? Womit bist du heute weiter als gestern?
- Welche Übung oder welche Gedanken aus dem Buch haben dich heute weitergebracht?
- Welche Komplimente hast du bekommen?
- Wer hat dir spontan zugelächelt oder auf die Schulter geklopft?
- Welche positiven Gedanken hattest du heute über dich selbst?
- Welche Stärken sind dir heute selbst bewusst geworden?
- Wo ist dir z. B. mal ein Nein dem Ex-Partner gegenüber gelungen?
- Welche schöne Begegnung hattest du, wen hast du getroffen?

Was könnte zum Beispiel morgens in deinem Tagebuch/Journaling stehen, wenn du dir die richtigen Fragen stellst?

- Wofür bist du dankbar? Nenne drei Beispiele.
- Was würde deinen Tag großartig machen? Beachte auch die kleinen positiven Dinge.
- Tägliche positive Affirmationen: Ich bin ... Werde zu der Person, die du gerne sein willst.

Das sind ein paar Ideen und Anregungen, was du in dein Buch schreiben kannst. Deiner eigenen Fantasie und Kreativität sind keine Grenzen gesetzt, lass die Worte sprudeln, lass es fließen und lasse los, wo du loslassen kannst.

Lese auch immer wieder darin, was du schon erreicht hast, auch noch so kleine Schritte können für dich deinen Durchbruch bedeuten. Manchmal können die größten Brüche in unserem Leben die größten Durchbrüche sein.

Das motiviert dich, weiterzumachen und an deiner Entwicklung und Veränderungsarbeit dranzubleiben. Es lohnt sich, glaube es mir, ich spreche aus eigener Erfahrung und auch aus der Praxis.

Was ich damit meine: Vor Kurzem kam eine neue Klientin in meine Praxis, wir sind uns bei einer Veranstaltung kurz nach meiner Trennung begegnet und hatten uns auf Facebook verknüpft. So konnten wir in Kontakt bleiben und sind uns auch hin und wieder begegnet, manchmal sogar auf Seminaren, die wir zeitgleich besucht hatten.

Beim kurzen Vorgespräch am Telefon meinte sie dann: "Gisa, ich hatte dich damals als dein Mann dich verlassen hat kennengelernt. Da warst du noch völlig aus dem Häuschen und durch den Wind und hattest echt noch was auf den Rippen und hast wie eine altbackene Hausfrau auf mich gewirkt. Ich dachte damals schon, meine Scheidung war schlimm, aber dann habe ich deine

Geschichte gehört und dachte mir nur, mein Gott, es geht doch noch schlimmer.

Heute stehst du ganz anders da, bist schlank, strahlst etwas aus und vor allem du lebst, was du bist. Du predigst es nicht nur, du hast es am eigenen Leib erlebt und nicht wie so viele Trainer oder Coaches aus Büchern oder Seminaren gelernt. Du bist der richtige Coach für mein Anliegen, weil du es vorlebst und weißt, wie es mit den Partnerschaften, Trennungen und dem Gewicht ist."

Genau deshalb gibt es meine Coachings und dieses Buch, dennoch mache auch ich weitere Lernerfahrungen. Und glaube mir, ein Buch über Trennungen und Liebeskummer zu schreiben schützt auch mich nicht vor weiteren Erfahrungen, Trennungen und Kummer in meinem Leben. Und bei all dem habe ich eins gelernt - jede Trennung, jede Krise und jeder Schicksalsschlag hinterlässt Spuren, Narben oder Wunden auf unserer Seele. Nur wenn wir bereit sind, an unseren eigenen Themen und Schattenseiten zu arbeiten, können aus Wunden Wunder werden und wir gehen gestärkt und selbstbewusst in unser neues und selbstbestimmtes Leben.

2.

Niemals aufgeben!

Da lag ich nun, am Boden zerstört, frisch verlassen und getrennt. Oh mein Gott, was jetzt? Da aufgeben für mich keine Option und ich es meinem Sohn schuldig war, gab es zu diesem Zeitpunkt nur eine Möglichkeit: Aufstehen, weitermachen, mein Zug rollte weiter. Ein bisschen zu schnell und zu rasant für meinen Geschmack und meine Gefühle, die da gerade nicht mehr hinterherkamen. Nachdem mein Ex-Mann an den Stellschrauben gedreht hatte, fuhr mein Zug ab jetzt in eine andere, unbekannte und ungeplante Richtung. Ab diesem Moment lag es an mir, die Weichen für mein Leben neu zu stellen.

Okay, da war sie geweckt, die kleine trotzige Gisa, die mit einem Bein aufstampft und sagt, jetzt erst recht, ich kann das, ich kann das ALLEIN, ich schaff das.

Der erste Schritt war die Akzeptanz, der nächste die Eigenverantwortung für mich und meinen Sohn, denn ab diesem Moment war ich alleinerziehend. Das was ich niemals in meinem Leben sein wollte, alleinerziehend. Aber Aufgeben gibt es nicht! Wie sagte eine Freundin zu mir: Wenn du was aufgeben möchtest, dann einen Brief – sonst nichts.

Da musste ich wieder lachen, doch das Fragen- und Lösungs-Karussell drehte sich unaufhörlich weiter.

- Welche Fragen würde ich jetzt meinen Klienten stellen?
- Was sind die nächsten Schritte?
- Was wäre jetzt eine gute Lösung?
- Und was wäre noch eine gute Lösung?
- Und was noch?

Klartext: Ich wohnte noch im gemeinsamen Haus, ich musste hier raus, raus aus dem gemeinsamen Haus.

Nur wie? Wie soll es weitergehen? Klar, das Haus war schon verkauft, spätestens im Juli mussten wir ausgezogen sein, aber heute war es erst Mittwoch, der 19. März, der Supergau in meinem Leben. Der Tag, an dem die Bombe platzte.

Gleichzeitig war es der erste Tag, an dem ich in mein neues Geschäft konnte und dort alles renovieren und streichen sollte, denn am 10. April war die Einweihung und Geschäftseröffnung angesetzt. Wie sollte ich das schaffen? Ich bin doch gerade verlassen worden, wie kann ich das alles bewältigen, kräftemäßig, emotional und finanziell? Wie? In meinem Kopf ratterte es unaufhörlich.

Wie sollte ich das, was gerade geschah verdauen, oder wegstecken, dafür hatte ich doch gar keine Taschen in meinem Leben, das war so von mir nicht vorgesehen. Aber, was hatte einer meiner Lehrer immer gesagt: "Gisa, was nicht unmittelbar zu Tode führt, härtet uns nur ab!"

Okay, ich lebe noch! Kopf hoch, Nase putzen, Tränen trocknen, (Krone richten) und weitermachen.

Ich musste irgendwie weitermachen an diesem Tag, in diesem Leben und während ich heulend in mein Geschäft fuhr, um dort die Wände zu streichen, gingen mir 1001 Gedanken durch den

Kopf. Wie lange ging das denn schon, warum ich? Warum gerade jetzt? Warum der plötzliche Verkauf unseres Hauses, war das schon ein perfider Plan, mich zu verlassen? Hatte er die Trennung schon lange eingefädelt und ich naive Kuh hatte es nur nicht wahrhaben wollen? Warum hatte ich ihm heute Morgen nur die Steilvorlage geliefert? Hätte ich lieber mein Mund gehalten?

Das Kopfkino lief und es ratterte und tat so weh. So knallhart vor eine Tatsache gestellt zu werden, ohne eine weitere Erklärung, ohne ein Gespräch und dann einfach stehen gelassen zu werden, wirft bekanntlich Fragen auf. Aber ein Warum ist niemals ein Teil einer Lösung und brachte mich in der Situation nicht weiter.

Wie in Trance war ich in meinem Geschäft angekommen. Frage mich bitte nicht wie, ich weiß es nicht mehr. Dort waren mir die Handwerker beim ersten Anblick meiner verquollenen Augen aus dem Weg gegangen und hatten mich so verheult und schniefend in Ruhe gelassen. Die dachten sich wohl ihren Teil und arbeiteten, wie ich noch nie Handwerker hatte arbeiten sehen. Da bekam ich wahrscheinlich gerade den Mitleidsbonus und vielleicht hatte ich auch den Beschützerinstinkt in ihnen geweckt.

Wie auch immer, ich schritt unbeirrt, heulend und schluchzend an meine Arbeit und strich die Wände. Streichen hatte eine meditative und entspannende Wirkung auf mich. Meine Gedanken und Tränen flossen trotzdem unaufhörlich weiter. Während ich so pinselte und die Farbrolle erst in den Eimer eintauchte und dann über die Wand rollte, rollten meine Tränen, ich heulte Rotz und Wasser. Und irgendwann hatte ich das Gefühl, mein Farbeimer wurde immer voller und die Farbe dünner und dünner. Ich rollte und heulte, weinte und rollte. Was für ein Tag, der mein ganzes Leben für immer veränderte und ich stand da und rollte und bestrich die Wände mit Farbe und mit meinen Tränen.

Die Handwerker hatten inzwischen, aufgrund einiger Telefonate, die ich mit meinen Freundinnen geführt hatte, mitbekommen, was los war. Die Arme wurde von ihrem Mann belogen, betrogen und verlassen.

Du kannst dir nicht vorstellen, wie großartig die Jungs gearbeitet hatten, wie fleißig, gründlich, leise, achtsam und wertschätzend sie auf mich zu kamen, wenn sie Fragen hatten. Der eine Mann hatte mir sogar eine Telefonnummer von einem Bekannten gegeben, der eine Wohnung vermietet und ich sollte mich da einfach melden. Das war so zauberhaft und ich sah so elend, verheult und einfach schrecklich aus.

Aber mein Gedanken-Karussell drehte sich weiter. Diese Warums, die mich quälten und mich nicht weiterbrachten. Also, Gisa, denke in Lösungen, was sind deine nächsten Schritte? Welche Option gibt es, vielleicht doch im Haus bleiben? Nein! Eigene Wohnung? JA!

Okay, was sind die nächsten Schritte? Ich dachte nur noch in Schritten. Was sind die nächsten Schritte, was brauche ich jetzt? Das hält mein inneres Karussell an und lässt mich aus den unnötigen Schleifen aussteigen? Was brauche ich jetzt? Eine Wohnung! Was braucht mein Sohn? Was muss ich tun?

Mein Sohn schrieb mir im Laufe des Tages, dass er nicht nach Hause käme, die Situation überfordert ihn und dass er bei einem Freund übernachtet. Ich war so froh, dass er Freunde hatte, die für ihn da waren und er nach der Schule nicht alleine sein musste. Ich wollte mich ihm in diesem Zustand auch nicht wirklich zeigen und er sollte mich nicht so leiden sehen.

Ich hatte mich dafür entschieden, dass wir beide so schnell wie möglich aus dem Haus ausziehen werden.

Und eine Entscheidung ist nur so viel wert, wie du bereit bist sie umzusetzen. Deshalb hatte ich mich abends, nach einem sehr langen und harten Tag, gleich nach dem Duschen an den PC gesetzt, um eine Wohnung für meinen Sohn und mich zu suchen. Wie schön, dass es diese Möglichkeit gibt! Auf verschiedenen Immobilienseiten war ich fündig geworden. Da entdeckte ich eine neue Wohnung und sofort beziehbar, großartig. Am Mittwoch angerufen und einen Termin vereinbart, am Donnerstag besichtigt und hurra, am Samstag den Mietvertrag unterschrieben. Geht doch!

Die Wohnung war in einem grausamen Zustand, wie der Rest meines Lebens. Passte irgendwie, machte aber nix, alles war in dieser Situation besser, als im gemeinsamen Haus zu bleiben. Das war eine gute Entscheidung und Aussicht. Doch es sollte hier im gemeinsamen Haus in den nächsten Tagen noch schlimmer kommen. Denn mitzubekommen, wie er mit der Neuen telefonierte, wie er sich mit ihr traf, sich für sie schick machte, sein Gesicht strahlte, wenn er von ihr eine Nachricht erhielt und sich mit ihr austauschte und das alles vor meiner Nase – das war für mich ein unerträglicher und entsetzlicher Zustand.

Wenn er neben mir auf dem Sofa saß, in der Küche stand, egal wo, ohne Rücksicht auf mich, war er mit ihr in Kontakt, als ob es mich nie gegeben hätte. Und wenn ich etwas sagte, dass ich es geschmacklos, demütigend, verletzend und als eine Unverschämtheit empfinde, meinte er noch, sie hätte es ja auch gerade nicht einfach, sie brauche Trost, denn sie verlässt ihren Mann gerade wegen IHM.

Das war haarsträubend, was glaubte er, mit wem er gerade redete? Wer bin ich denn jetzt für ihn? Und was ist mit mir, brauchte ich keinen Trost, fragt er sich denn nicht einmal, wie es mir ging, bin ich völlig ausgeblendet, unsichtbar? Ich konnte es wirklich nicht fassen! Da sollte ich noch Verständnis zeigen für die Frau, die mir gerade meine Familie zerstört hatte (zumindest sah ich es zu dieser Zeit so) und für die mein Mann mich gerade verlassen hatte?

Wenn ich ihm sagte, dass es mir gerade auch schlecht geht und er sich doch mal bitte in meine oder in die Lage seines Sohnes versetzen sollte, wie es uns dabei geht, dann wurde ich noch angebrüllt, ich soll mit dieser "Empathie-Scheiße" aufhören.

Da fragte ich mich wirklich, war das noch der Mann, mit dem ich fast 30 Jahre zusammen war?

Ich erkannte ihn nicht mehr wieder, war nur noch traurig, wütend und jeden Tag auf ein Neues geschockt.

Es stellte sich mir ernsthaft die Frage, war jetzt ich irgendwie falsch gepolt, oder bei ihm im Oberstübchen ein Draht durchgeglüht? Oder noch schlimmer, war er per "Werkseinstellung" immer schon falsch verdrahtet und ich hatte es die ganze Zeit nur nicht bemerkt?

Bekanntlich macht Liebe blind, aber wohl nicht hohl? Oder wie ist dieses rücksichtslose Verhalten zu erklären? Ich konnte es zu diesem Zeitpunkt weder verstehen noch ertragen. Ich war in meiner Trauer, wurde zusätzlich gedemütigt und nur noch wütender. Mir war manchmal vor Zorn und Wut nur noch schlecht und ich musste mich immer wieder übergeben, wenn er um die Ecke kam. Ich konnte im wahrsten Sinne des Wortes nicht noch mehr Gemeinheiten und Demütigungen schlucken und verdauen schon gar nicht.

Wie konnte er mir das alles nach all den Jahren antun? Das hatte ich nicht verdient.

Heute sehe ich dieses "Arschlochverhalten" (bitte entschuldige diesen Ausdruck, aber mir fällt dazu nichts Besseres ein) mit Abstand etwas anders. Heute weiß ich, es war ein gewisser Selbstschutz. Er musste dieses Ekel sein, um selbst von mir loszukommen, denn auch für ihn war es wohl nicht einfach, fast 30 gemeinsame Jahre so zu beenden. Er hatte auf seine Art gelitten und sich nur noch seine Zukunft mit ihr ausgemalt, seinen Fokus gehalten, um selbst nicht sehen zu wollen oder wahrhaben zu wollen, wie "arschig" er sich zu der Zeit seinem Sohn und mir gegenüber verhalten hatte. So rückte sie in seinen Lebensmittelpunkt und sie war es wert, alles aufs Spiel zu setzen und uns zu verlassen. Er hatte sich wie besessen an sie geklammert und das was er mit ihr hatte, als Sprungbrett genutzt, um aus dem “alten Leben” zu fliehen und gleichzeitig hatte er Angst, seinen Sohn zu verlieren.

Wir hatten uns in all den Jahren immer genug und gegenseitige Freiheiten gelassen, z. B. konnte er mit Freunden weggehen, abends nach dem Job mit den Kollegen joggen und sich dann noch auf ein Bierchen treffen. Ich hingegen durfte am Wochenende meine Seminare und Weiterbildungen ohne Klagen besuchen. Diese Freiheit war eines unserer Erfolgs-Rezepte, um in unserer Beziehung glücklich sein zu können. Er hatte auch die Freiheit in unserer Beziehung, Partnerschaft und Ehe zu sein, so wie ich auch. Nur hat er sich damals eben die Freiheit genommen zu gehen. Das ist sein gutes Recht, nur ich musste lernen mit dieser Entscheidung klarzukommen. Es lag ab diesem Zeitpunkt an mir, damit umzugehen. Und so liegt es ab dem Zeitpunkt deiner Trennung oder deines Verlustes auch an dir, wie du damit umgehst und was du daraus machst. Du kannst die Umstände nicht verändern, aber es liegt an dir, wie du damit umgehst.

Vor lauter Umzügen, Renovierungen und das alles zu organisieren, mein Leben und das meines Sohnes neu zu ordnen hatte ich keine Zeit für die Trauer und doch hatte es mich immer wieder eingeholt und tief getroffen.

Denn es ging mir nie um das WAS, sondern um das WIE. Wie ich verlassen wurde, das war viel schlimmer und verletzender, als die Tatsache, dass ich verlassen wurde.

Mir selbst wurde schmerzlich bewusst, dass es in jeder Trennung und Krise Phasen gibt, die aufeinander aufbauen, sich abwechseln oder auch, je nachdem, wie wir damit umgehen, wir uns im Kreis bewegen. Wir selbst entscheiden, wie oft wir eine Schleife drehen. Ich habe dir nachfolgend die verschiedenen Phasen zusammengestellt.

Die verschiedenen Phasen einer Trennung

Keine Trennung ist schön. Doch es kann dir oder der Person helfen, die gerade eine Trennung und Liebeskummer durchmacht, zu wissen, dass es verschiedene Phasen von Liebeskummer und Trennungsschmerz gibt. Vielleicht nützt es dir zu wissen, in welcher Phase du gerade steckst und dass es immer weitergeht. Nur du kannst für dich entscheiden, wie es weitergeht und wie du dein Navi in Krisen programmierst, oder wie du die Weichen für deinen Lebenszug stellst. Willst du weiter leiden, oder lieber wieder glücklich sein? Auch wenn es sich viele nicht vorstellen können, glücklich sein geht auch ohne Partner an der Seite.

Es gibt nicht nur eine Art über eine Trennung oder einen Verlust nachzudenken – es gibt immer mehrere Arten, eine positive und eine negative und dazwischen liegen viele Möglichkeiten und Facetten. Und jede Trennung ist auch eine Chance zu wachsen und an seinen Stärken und an seinen Schwächen zu arbeiten.

Zu diesem Thema gibt es verschiedene Abhandlungen. Ich gebe dir hier eine Zusammenfassung der Erfahrungen aus meiner Praxis und meiner Klienten.

Jede Phase einer Trennung ist für jeden Betroffenen anders, weil schon jede Beziehung anders ist und der Schmerz anders empfunden wird. Für den einen ist es außergewöhnlich emotional und schmerzhaft, für den anderen macht sich nur eine Türe zu und er geht weiter, als ob nichts war. Jede Trennung und Phase kann auch zeitlich völlig anders verlaufen, denn jeder hat und braucht seinen eigenen Rhythmus.

In meiner Trennungsphase fragte ich einen Freund: "Wie lange ist die absehbare Zeit, bis eine Trennung verarbeitet ist und es aufhört zu schmerzen?" Er sagte nur: "Gisa, der eine steht auf, geht hinaus, schließt die Türe und es ist für ihn abgeschlossen. Der andere braucht so lange, wie die Beziehung gedauert hat und dazwischen gibt es alles."

Im ersten Moment dachte ich "Scheiße, ich war fast 30 Jahre mit meinem Mann zusammen, so alt werde ich nicht mal mehr. Die Zeit habe ich nicht, das muss bei mir schneller gehen, aber so was von!"

Auch heute muss ich oft an diese Worte denken, denn es gibt hier kein Patentrezept, es gibt nur individuelle Möglichkeiten und Wege. Vielleicht ist der eine Tipp, Hinweis, Gedanke oder dieser Wegbegleiter schon dein Weg und deine Abkürzung und denk dran, du bist verantwortlich für deine Reaktion. Jede Trennung ist eine Veränderung und es ist völlig normal, dass Veränderungen etwas Neues in sich tragen und uns Angst machen. Alles, was uns unbekannt ist, macht Unbehagen - dabei ist es ein weiterer Prozess und ein Wendepunkt im Leben.

Es ist auch immer wichtig, zu betrachten, ob man sich selbst von jemandem getrennt hat, oder ob man verlassen wurde. Ist es die erste große Liebe, dann wird es oft als besonders schmerzhaft empfunden, man glaubt sterben zu müssen. Hat man schon ein oder mehrmals Liebeskummer überlebt, dann hat man die Erfahrung, dass man auch diese Situation überleben wird. Etwas anderes ist es, wenn man verheiratet ist, oder gemeinsame Kinder hat usw. Man ist zwar kein Paar mehr, jedoch bleibt man weiter Eltern.

All diese Faktoren spielen bei der Intensität und Dauer der Phasen eine wichtige Rolle. Ebenso sind frühkindliche Prägungen und wie man mit Ablehnung und Verlusten umgehen kann, ausschlaggebend dafür, wie man Krisen verarbeitet. Das wird auch als Resilienz, die seelische Widerstandskraft bezeichnet.

Die Phasen können sich in der Zeit und Reihenfolge bei jedem anders bemerkbar machen und unterschiedlich stark ausgeprägt sein. Das ist auch davon abhängig, ob man schon öfters die schmerzhafte Erfahrung einer Trennung hinter sich gebracht hat. Übrigens, die Phasen ähneln sich auch, wenn man in eine Person unglücklich verliebt ist und diese Liebe nicht erwidert wird, oder man einen geliebten Menschen durch einen Tod verliert.

1. Phase: Erste Vorahnung – »Die-ich-will-es-nicht-wahrhaben-Phase«

Vielleicht kennst du diese auch schon. Die Phase der Vorahnung. Man spürt, da läuft gerade etwas schief in der Beziehung. Man will es aber nicht wahrhaben. Die Intuition schlägt schon Alarm und das Bauchgefühl ist angesprungen, der Kopf sagt: "Nein, alles ist gut. Ich will, dass es gut bleibt."

Man spricht den Partner an, er vertröstet, ist doch alles gut. Gibt dir noch das Gefühl mit dir stimmt etwas nicht, du bist zu misstrauisch, du zweifelst noch an dir und deinen Gefühlen. Und letztlich will man es nur zu gerne glauben. Bitte nur nicht am bewährten System rütteln, ja keine Veränderung, denn Veränderungen machen ja Angst. Der perfekte Selbstbetrug beginnt und man tröstet sich mit Worten wie: "Es wird schon wieder, ist gerade viel los, so viel Stress ... Wenn, dann ... Wenn das oder das vorbei ist, dann ... finden wir auch wieder zu einander". Das ist Bla, Bla, Bullshit, Selbstbetrug und du weißt es eigentlich schon.

Diese Phase kann sich Wochen und Monate und bei manchen funktioniert der Selbstbetrug so gut, dass es sich sogar Jahre und Jahrzehnte hinziehen kann. Eine umeinanderschleichen und um den heißen Brei reden Zeit ist angebrochen. Die Trennung hat sich angekündigt und man will es nur noch nicht wahrhaben. Der

Partner ist innerlich und heimlich schon weg, die "innere Kündigung" bereits vollzogen.

Es erinnert an die drei Affen, nichts hören, nichts sehen und nichts reden.

2. Phase: »Es ist aus.«

Jetzt ist es raus. "Es ist aus." Egal von welcher Seite es ausgesprochen wird.

Hier fallen die meisten Menschen nicht nur aus allen Wolken, sondern in eine Art "Schockstarre". Der Albtraum ist wahrgeworden, die Beziehung oder Ehe ist beendet. Die Katze ist aus dem Sack. Das Gegenüber, der Mensch, den man am meisten liebt, sagt dir: "Ich liebe dich nicht mehr, ich habe jemand anderen. Es ist aus, ich ziehe aus ..." oder es kommt der klassische Satz: "Wir müssen reden, wir haben uns auseinandergelebt ... und ich trenne mich jetzt von dir".

All das, was man schon gespürt hatte und nur nicht wahrhaben wollte.

Oder du bist in der Situation jemandem das zu sagen, was du schon lange spürst und dich nur nicht getraut hast es zu sagen. Jemanden zu verlassen, mit dem man zusammen war, den man geliebt hat, oder sogar noch liebt, aber das Miteinander einfach nicht funktioniert, ist oft genauso schmerzhaft und ein innerer Prozess, der nicht von heute auf morgen vollzogen wird.

Wenn das ausgesprochen ist, dann ist eine Tatsache geschaffen worden. Die Trennung ist Fakt, auch wenn man es vielleicht immer noch nicht hören und schon gar nicht wahrhaben will.

Wie geht es einem jetzt? Wie fühlt man sich? Wie ausgelaugt, ausgespuckt, weggeworfen, ausgetauscht, wie gelähmt, sprachlos, hilflos, das totale Gefühlschaos. Trauer, Wut und Zorn - alles macht sich zur gleichen Zeit breit, abwechselnd und in unterschiedlicher Intensität und Reihenfolge. Man kann es noch nicht greifen und begreifen schon gar nicht.

Da ist nur noch Schmerz, der zerbrochenen und unerwiderten Liebe. Die Angst, was da noch alles kommen mag und wie die Zukunft ohne Partner aussieht. So plötzlich und unerwartet Single zu sein und sich einsam und verlassen zu fühlen. Was sagen die gemeinsamen Freunde, was sagt die Familie? Viele fühlen sich jetzt als Versager. Urängste vom "ausgesetzt, verstoßen und verlassen worden sein" machen sich breit. Die Gedanken und Gefühle fahren Achterbahn.

Hier gibt es nur einen Rat: Suche dir Menschen, die jetzt für dich da sind und blicke der Tatsache ins Auge, dass es eine Trennung ist. Akzeptiere dies, auch wenn es noch so unvorstellbar und furchtbar schmerzhaft ist.

3. Phase: Verhandlungen, kämpfen oder blinder Aktionismus?

Die erste Schockstarre, die erste Lähmung ist vorüber und man wird wieder aktiver. Nur wie wird man aktiv? Der eine kommt in seine Kraft, packt ein neues Leben an, selbstbestimmt und eigenverantwortlich, ohne den Partner. Andere können nicht allein sein und stürzen sich sofort in die nächste Beziehung, weil sie sich nur mit einem Partner wertvoll fühlen oder sich über einen Partner definieren. Wieder andere kämpfen wie Löwen, ohne Rücksicht auf weitere Verluste und ohne jegliche Selbstachtung, um den Ex-Partner und die Beziehung.

Sie versuchen noch einmal alles, um die Partnerschaft zu retten, den Ex zurückzugewinnen. Nur macht es wirklich Sinn? Es wurden durch die Trennung Tatsachen geschaffen. Sie nehmen Kontakt auf und gehen sozusagen in Verhandlung! Egal wie, sie wollen es einfach noch nicht wahrhaben und glauben ernsthaft, wenn der Partner zurückkommt, hört der Schmerz auf.

Oft ein Trugschluss, denn meistens verlängert dieser Kampf den Leidensprozess, kostet sehr viel Kraft und ist häufig aussichtslos.

Viele verfallen hier in ein kindliches Verhaltensmuster und betteln, dass der Ex-Partner zurückkommt und verlieren dabei ihr Gesicht. Sie vergessen jede Würde und Stolz, bis hin zur Aufgabe der Selbstachtung. Hauptsache, der Liebeskummer und der Schmerz hören auf.

Ich gebe hier berechtigt zu bedenken: Wer will denn einen Partner zurück, der sich selbst erniedrigt? Würdest du den Partner zurückwollen, der seine Würde abgegeben hat und bettelt? Wohl kaum! Wie hoch ist der Preis, den man in dieser Phase bezahlt? Emotional und auch auf allen anderen Ebenen? Es bleibt leider so oft ein fader Nachgeschmack übrig. Willst du so ein fades "Geschmäcklein" sein, das bei nächster Gelegenheit dann wieder verlassen und ausgetauscht wird, oder aus Mitleid zurückgenommen wird?

4. Phase: Völliges Gefühls-Chaos – ein Potpourri an Stimmungen!

Das Eingeständnis, die Wut, die Trauer, das Erkennen: "Es ist vorbei."

All die Selbstzweifel, die Schuldzuweisungen, mal gegen sich selbst, mal gegen den Ex-Partner, dieses Gefühls-Chaos ist ein wahrer Potpourri der Stimmungen. Da sind Emotionen wie Wut, Trauer, Zorn, Tränen, Ängste ... Man fühlt sich am seelischen Tiefpunkt.

Das darf alles raus, die ganze Trauer darf raus. Unterdrückte und ungelebte Trauer zeigen sich sonst später auf eine andere Art und Weise und können krank machen und bis hin zum Nervenzusammenbruch oder einem Burn-out führen.

Hier kann es hilfreich sein, wie ich bereits erwähnt hatte, ein Tagebuch zu führen, alles aufzuschreiben und loszulassen, sich ein Coaching zu gönnen, gute Gespräche mit Freunden zu führen und nicht allein zu sein.

“Gönne dir deine Tränen, um emotional zu heilen!”

5. Phase: Die Akzeptanz

Die eigentliche Trauerarbeit und das Verarbeiten können erst beginnen, wenn man es innerlich akzeptiert hat, dass diese Partnerschaft vorbei ist.

Erst hier beginnen viele die Gründe des Scheiterns der Beziehung zu verstehen, rationaler zu sehen und sind fähig diese zu analysieren. Das ist ein erster und wichtiger Schritt, um loszulassen und in die emotionale Heilung zu gelangen. Hier stehen viel auf und sagen sich, okay, was kommt jetzt! Oder etwas trotzig, jetzt erst recht! Und dann rocken diese Menschen ihr neues Leben, die neue Liebe und Leichtigkeit kann in ihr Leben treten.

Es gibt jedoch auch einige Menschen, die bleiben in dieser Phase stecken und wollen nicht in die Akzeptanz gehen und fragen sich immer wieder "Warum?". Doch ein "Warum" ist niemals ein Teil einer Lösung, hier werden Loops gedreht. Diese Personen lieben ihr Drama und wollen sich darin suhlen. Das sind die Menschen, die zwar nach einem Coaching fragen und dann doch nicht bereit sind hinzusehen, um etwas zu ändern. Diese sind mir auch schon begegnet und wollen eigentlich keine Hilfe, sondern Aufmerksamkeit. Auch das hat seine Berechtigung. Jedem das Seine und jedem sein Jammertal.

6. Phase: Der Neubeginn, Neuorientierung

In dieser Phase denkt man noch oft an den Ex-Partner und die Beziehung zurück, das darf sein, aber bitte nicht nachjammern, oder dich beklagen.

Man akzeptiert die Situation und übernimmt die Verantwortung. Alles, was geschehen ist, auch das Negative, wird als ein Teil der eigenen Biografie integriert und zu einem Teil, was einen selbst ausmacht.

Man richtet sich schon gut in seinem neuen Leben ein und spürt, dass es weitergeht, vielleicht mit der neuen Wohnung und einem neuen Freundeskreis oder positiveren Umfeld.

Die Energie, Lebensfreude und Lebenslust kehren zurück. Man hat es überstanden und ist bereit, neue Menschen und Orte kennenzulernen, neue Dinge auszuprobieren und neue Wege zu gehen.

Das Ende der Beziehung und der Ex-Partner gehören so langsam der Vergangenheit an.

Man hat das Gefühl, wieder stärker, erfahrener und sogar etwas selbstbewusster und vielleicht auch selbstbestimmter geworden zu sein.

Vielleicht wird dem einen oder andern in diesem Moment auch klar, dass er/sie in der Ehe oder Partnerschaft gefangen war und wenn der Ex-Partner nicht den ersten Schritt gemacht hätte, wäre alles noch beim Alten. Oft wird es mit Abstand als Stillstand betrachtet, manche haben erkannt, dass sie in der Beziehung nur noch ausgehalten hatten und gefangen waren.

Unter Umständen findest du den Menschen, mit dem du den Rest deines Lebens zusammen sein willst. Einen neuen "Lieblingsmenschen", der mit dir die Begriffe Liebe, Beziehung, Treue, Vertrauen usw. ganz neu definiert. Ich wünsche es dir sehr.

Wem nützt es, gegen Windmühlen zu kämpfen?

Übrigens, es kostet beide Seiten unnötig viel Kraft und Energie, um etwas zu kämpfen, das nicht mehr bei dir bleiben möchte. Kämpfe nicht um eine Ehe, Liebe, Beziehung oder eine Freundschaft, die es nicht mehr wert ist oder sogar schon lange nicht mehr besteht, nur du hast es noch nicht bemerkt. Das Gleiche gilt im Übrigen auch für den Job - allzu oft klammert man sich zu sehr daran, statt sich zu lösen und eine schönere Arbeitsstelle zu finden, oder den Partner, der wirklich zu einem passt, um wieder glücklich zu werden.

Dies alles zu erkennen und mir darüber klarzuwerden, war für mich eine sehr schwierige Zeit und ich hatte dieses Gefühlschaos, das innerliche Drama und den Schmerz.

Deshalb musste ich zwischendrin anhalten und mir selbst Hilfe holen, weil mich meine Trauer und mein Schmerz so überwältigt hatten. In den ersten drei Wochen war ich ca. 10 Mal bei meiner Wingwave Coaching Kollegin, um meinen Alltag überstehen zu können. Ich musste mich immer wieder zurückziehen und mich mit EFT beruhigen.

Was Wingwave und EFT ist, erkläre ich dir gleich nach einer kleinen Übung, um mit deiner Trauer besser umgehen zu können.

Übung: Emotions-Coaching – Trauer annehmen und loslassen

Bist du richtig traurig? Das Gefühl der Trauer überkommt dich gerade wieder mit voller Wucht? Dann hilft dir diese Übung, deine Emotion anzunehmen und umzudenken.

Mache bitte einen sogenannten Body-Scan vorab:

- Schließe deine Augen.
- Atme tief und ruhig ein und aus, nimm deinen Atem wahr.
- Spüre in deinen ganzen Körper hinein und gehe wie ein Scanner vom Kopf, Hals, Brust, Bauch, Beine zu den Füßen.
- Wie genau fühlt sich das an?
- Wo in deinem Körper spürst du die Energie, wo ein "Unbehagen", wo die Traurigkeit?
- Definiere auf einer Skala von 1–10, 1 ist super entspannt und 10 ist maxmales Unwohlsein. Wie und wo nimmst du deine Gefühle und deinen Zustand wahr?

Nun zum eigentlichen Emotions-Coaching

1. Schritt: Schreibe 3 Dinge auf, die dich traurig machen. Bitte gebe der Traurigkeit Raum in dir und um sich zu entfalten. Lass es zu, gib dich der Emotion hin.

2. Schritt: Schreibe dir bitte 9 Dinge auf, Situationen oder Namen von Menschen, die dich glücklich machen, für die du zutiefst dankbar bist. Egal wie klein und nichtig sie erscheinen mögen. In diesem Moment sind sie riesig und jede noch so kleine Situation wertvoll und ein Geschenk.

3. Schritt: Spüre, was passiert ... was genau verändert sich in deiner Wahrnehmung und deinen Emotionen?

4. Schritt: Fühle ... und spüre in dich hinein, sehe das Gute und Positive in deinem Leben. Frage dich, was genau verändert sich gerade in deiner Gefühlswelt?

5. Schritt: Definiere auf einer Skala von 1-10, 1 ist super entspannt und 10 ist maximales Unwohlsein. Was hat sich in deinen Emotionen inzwischen verändert?

Mit Trauer umgehen

Was nach einer Trennung bleibt, ist die Trauer. Trauer ist normal. Wenn man es psychologisch betrachtet, ist die Trauer nach einer Trennung nicht viel anders als die Trauer nach dem Verlust oder Tod eines geliebten Menschen. In beiden Fällen ist die geliebte Person nicht mehr in unserem Leben und wir können erst mal nichts tun. Trauer ist ganz natürlich und es ist wichtig, diese zuzulassen, mit allem was dazu gehört – Ärger, Wut, Tränen.

Übrigens haben Forscher festgestellt, dass mit Tränen schädliche "Stress-Hormone" aus dem Körper "gespült" und gleichzeitig Endorphine (Glückshormone) freigesetzt werden. Diese wirken stimmungserhellend und gleichzeitig beruhigend.

Lasse es zu, lasse es los, weine, wenn dir danach ist. Es ist übrigens auch erwiesen, dass unterdrückte Trauer auf Dauer krank und im schlimmsten Fall depressiv macht. Also lebe deine Trauer, du darfst es. Aufgestaute Trauer und Wut sind viel schwieriger zu verarbeiten, wenn sie nur verdrängt werden, weil die emotionale Verletzung dahinter bestehen bleibt und du diese in deine nächste Beziehung mitnimmst. Sie wird evtl. wieder angetriggert und du platzt bei nächster Gelegenheit grundlos, sodass du und dein Umfeld nicht verstehen warum. Das ist, als würdest du in einer Badewanne versuchen, mit deinen Händen Bälle unter das Wasser zu drücken. Irgendwann hast du keine Kraft mehr und sie ploppen hoch und kommen an die Oberfläche.

Nur wenn du die Trauer annimmst und lebst, kannst du sie verarbeiten und loslassen.

Aber ACHTUNG! Wichtig ist, sich nicht in Selbstmitleid zu suhlen, im Jammertal zu verharren!

Um was trauerst du wirklich?

Im Coaching begegnen mir auch Klienten, die so gar nicht loslassen können und wollen, die immer wieder den Ex-Partner auf einen Sockel stellen, bei denen plötzlich doch alles so schön und perfekt war. Fakt ist, nein, sonst wärt ihr ja noch ein Paar.

Diesen Klienten stelle ich folgende Frage:

Um was genau trauerst du, um den Ex-Partner, oder um das, was er dir gegeben hat?

Bei dieser Frage zucken die meisten erst einmal zusammen, dann kommt die Erkenntnis und die Antwort lautet fast immer: "Ich trauere und vermisse das, was mir mein Ex-Partner gegeben hat, das Gefühl, geliebt zu sein, das Gefühl, nicht alleine zu sein usw."

Das ist eine sehr heilsame Frage, denn hier geht es ganz klar um die Bedürfnisbefriedigung. Der Partner soll bitte meine Bedürfnisse befriedigen, er soll mir Liebe, Anerkennung, Wertschätzung und vieles mehr geben.

Natürlich wollen wir alle nur geliebt werden, das gehört zu einigen unserer Grundbedürfnisse und ist nichts Schlimmes.

EFT als Soforthilfeprogramm bei emotionalem Schmerz und Stress

EFT – ist die Abkürzung für Emotional Freedom Techniques. Ich habe es für mich als Soforthilfeprogramm zur schnellen Selbstbehandlung genutzt und gebe es gerne in meinen Coachings weiter. Meine Klienten haben dann immer das Gefühl der Sicherheit, um im Notfall handlungsfähig zu sein und dass sie etwas für sich selbst tun können, um aus ihren Gefühlen der Ohnmacht und Hilflosigkeit aussteigen zu können.

Als Klopfakupressur oder Klopftechnik ist EFT eine äußerst effektive Methode, mit der man schnell und einfach emotionale Veränderungen erzielen kann. Bei allen negativen oder belastenden Gefühlszuständen, die gerade durch oder während einer Trennungs- und Trauerphase auftreten – wie z. B. Angst, Wut, Stress, Ärger – angewandt werden kann. Auch bei einschränkenden Glaubenssätzen oder körperlichen Beschwerden hilft EFT sanft und anhaltend.

EFT gibt dir die Chance, die Verantwortung für dein emotionales und körperliches Wohlbefinden in die eigene Hand zu nehmen und auch das Gefühl nicht mehr ganz so handlungsunfähig zu sein. Wenn du den Behandlungsablauf erlernt hast, kannst du es in jeder Situation und bei jeder Gelegenheit für dich selbst anwenden.

Das Grundrezept von EFT ist einfach zu lernen! In der folgenden Anleitung für EFT werde ich dir das grundlegende Vorgehen kurz erklären, mit dem du schon einige negative Gefühle selbst behandeln kannst und dir damit emotionale Erleichterung verschaffst.

Du kannst dir die Abfolge gerne ein oder zweimal auf deinem Handy aufnehmen und dir dann anhören, damit fällt dir die Übung leichter, wenn du sie hörst.

Wichtiger Hinweis: Ich bitte dich stark emotionale Themen, Belastungen oder sogar traumatischen Erlebnissen nur in Begleitung eines erfahrenen EFT-Therapeuten oder Coaches zu bearbeiten! Dieser Hinweis ist ernst zu nehmen!

Die Klopfpunkte

Schauen wir uns zuerst einmal die Punkte im Detail an.

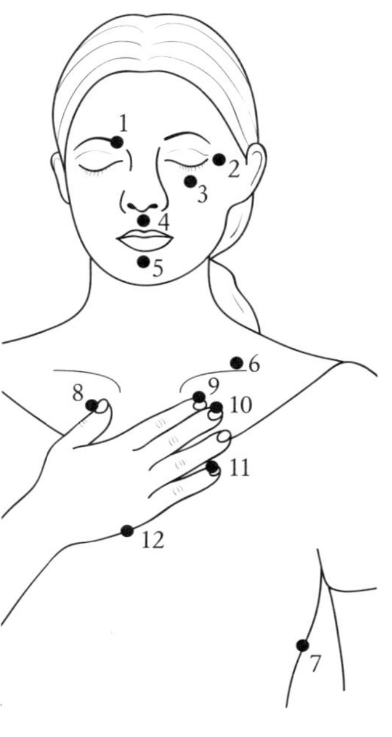

1 Innerer Rand der Augenbraue
2 Knochen neben dem Auge
3 Knochen unter dem Auge
4 Unter der Nase
5 In der Falte unter den Lippen
6 Unter dem Schlüsselbein
7 Unter dem Arm
8 Daumennagel innen
9 Nagel Zeigefinger (innen)
10 Nagel Mittelfinger (innen)
11 Nagel kleiner Finger (innen)
12 Handkante
13 Gamut-Punkt: Handrücken, zwischen dem Knochen des kleinen und des Ringfingers

Eine Bitte vorab: Nehme dir genug Zeit und Raum für diese Übung. Suche dir einen geeigneten und ungestörten Platz, an dem du dich wohlfühlst, das kann dein Sofa sein oder aber auch ein ungestörter Platz im Wald. Setze dich bequem hin, du kannst die Übung auch im Stehen machen. Genauso, wie es sich für dich richtig anfühlt, folge deiner Intuition. Vielleicht legst du dir ein Blatt Papier und einen Stift zurecht, um deine Emotion und deine Befindlichkeit zu notieren. Es geht natürlich auch ohne, aber wenn du vorher und nachher in dich hineinspürst, deine Befindlichkeit wahrnimmst, dann kannst du die Veränderung besser wahrnehmen.

1. Schritt: Suche nach deinem Thema

Du kannst EFT prinzipiell für alles anwenden, was bei dir belastende Emotionen verursacht oder auslöst. Das können Emotionen sein wie: Wut, Angst, Ablehnung, Trauer, Verachtung, Hass, Leid, Ekel, Schmerz, Scham, Schuldgefühl, Mitleid, Neid oder Enttäuschung, auch "kleinere Ängste". Aber denk daran, bei extremen Ängsten oder traumatischen Belastungen: **ab zum Arzt oder Therapeuten, damit ist nicht zu spaßen!**

Mit EFT kannst du beispielsweise folgende Probleme und Themen bearbeiten:

- Eine konkrete Situation deiner Vergangenheit, die dich immer noch belastet, z. B. eine Trennung, die du noch nicht überwunden hast, eine Demütigung, Kränkung, Kündigung, oder einen Verlust, welcher dich noch blockiert.
- Eine belastende Emotion, die du jetzt gerade spürst, z. B. deine Trauer und dein Liebeskummer, deine Wut auf deinen Ex-Partner.
- Eine Horrorvorstellung oder ein Horrorgedanke, der dich immer wieder quält, z. B. dein Ex-Partner macht mit dem neuen Partner das, was du dir gewünscht hättest. Glaub mir, das kenne ich aus meiner Praxis zu genüge, wie zerstörerisch sich diese Gedanken auf meine Klienten auswirken.
- Eine Situation aus der Zukunft, vor der du dich fürchtest oder Angst hast, z. B. ein Zusammentreffen oder ein Gespräch mit dem Partner, der Kinder, dem Anwalt, dem Familiengericht, dem Chef usw.

Falls du eine Situation aus der Vergangenheit auswählst, dann nimm bitte eine ganz spezifische Situation. Es ist zum Beispiel keine spezifische Begebenheit, wenn du "Mein Partner hat mich immer verletzt und gedemütigt!" klopfst. Richtig und konkret wäre: "Mein Partner hat mich verletzt und gedemütigt, indem er mir gesagt hat, dass er mich betrogen hat und verlässt!".

2. Schritt: Was spürst du dabei?

Wenn du dir eine belastende Situation der Vergangenheit oder Gegenwart ausgesucht hast, dann spüre in dich hinein: Was spürst du dabei genau? Wo im Körper nimmst du es gerade wahr? Im Bauch, Herzen, in den Beinen oder Armen, ist es ein Ziehen, Stechen oder ein Druck? Ist dieser Druck von innen nach außen oder von außen nach innen? Wenn du dem Schmerz eine Farbe geben würdest, welche Farbe hätte der Schmerz? Welche Emotionen kommen bei dir hoch, wenn du daran denkst? Wähle genau die Emotion aus, die dich gerade am stärksten belastet!

3. Schritt: Skalierung

Um einen besseren vorher/nachher Vergleich deiner Emotionen zu bekommen, stelle dir jetzt mal vor, es gäbe eine Skala zwischen 0 und 10, bei welcher 0 bedeutet, dass du überhaupt keine Belastung spürst, und 10 wäre dann deine größtmögliche Belastung. Wie intensiv fühlst du jetzt, die im letzten Schritt ausgewählte Emotion? Bitte notiere dir die Zahl zwischen 0 und 10 für dieses Gefühl!

4. Schritt: Die kleine Einstimmung

Spüre jetzt in dich hinein und nehme die gewählte Emotion deutlich wahr! Während du beginnst den Handkanten-Punkt zu klopfen (Punkt 12), spreche bitte drei Mal laut und mit Nachdruck folgenden Satz:

"Auch wenn ich (Emotion, z. B. Wut, Ärger, Trauer) spüre, liebe und akzeptiere ich mich so, wie ich bin!"

5. Schritt: Das Klopfen

Und während du dich auf die Emotion konzentrierst, klopfst du bitte die Punkte 1 bis 12 der Reihe nach durch. Sage dir bei jedem Punkt einmal laut vor: "Meine (Emotion, z. B. Wut, Ärger, Angst usw. ...)".

Klopfe bitte jeden Punkt ca. 5-10 Mal. Auf welcher Körperseite du die Stelle beklopfst ist dabei ganz gleichgültig!

Danach atme bewusst einmal tief ein und wieder aus! Viele vergessen das Atmen dabei. Spürst du, wie es langsam leichter wird?

6. Schritt: 9-Gamut-Folge

Dieser Schritt ist wichtig, um verschiedene Gehirnareale zu aktivieren und auszubalancieren. Hier musst du nicht mehr zwingend an das Problem denken!

Für diesen Schritt halte bitte deinen Kopf gerade, wenn du sitzt, lege deine Hand bequem auf dem Oberschenkel ab, und klopfe mit der anderen Hand den Gamut-Punkt. Während du diesen Punkt klopfst (und den Kopf bitte nicht bewegen), machst du bitte Folgendes:

- Schließe sanft deine Augen.
- Öffnen deine Augen wieder.
- Schaue einmal nach unten links.
- Dann schaue nach unten rechts.
- Bewege deine Augen in einem großen Kreis in eine Richtung.
- Jetzt bewege deine Augen in einem großen Kreis in die entgegengesetzte Richtung.
- Summe oder brumme ein paar Takte eines Liedes, welches dir als Erstes einfällt und wenn es "Hänschen klein" oder "Biene Maja" ist, es ist völlig egal was.

- Dann zähle bitte von 10 bis 5.
- Summe einfach noch ein paar Takte deines Liedes weiter, wieder völlig egal was ...

7. Schritt: Innehalten/Wahrnehmen, was ist

Nun halte kurz inne und spüre in dich hinein. Was hat sich schon verändert? Ist es schon etwas leichter geworden? Wie hat sich dein wahrgenommener Schmerz verändert? Ist das Ziehen, Stechen oder der Druck leichter geworden? Hat sich die Farbe verändert?

8. Schritt: Klopfen

Klopfe dich weiter frei und nehme wieder die ausgewählte Emotion, genau wie in Schritt fünf! Du atmest danach mehrmals tief ein und bewusst wieder aus.

9. Schritt: Ein neuer Durchgang

Denke jetzt bitte wieder an die belastende Situation und bewerte diese neu. Wie intensiv fühlst du diese Emotion auf der Skala von 0 bis 10. Sie müsste jetzt schon weniger sein, als zu Beginn! Wenn die Intensität deiner Emotion noch größer als 0 ist, dann kannst du weiterklopfen und beginnst wieder auf den Handkantenpunkt und sprichst währenddessen wieder drei Mal laut und mit Nachdruck:

"Auch wenn ich immer noch (Emotion, z. B. deine Wut, Trauer, Ärger usw. ...) spüre, liebe und akzeptiere ich mich so, wie ich bin!"

Klopfe die Punkte 1–12, während du dich weiter auf deine Emotion konzentrierst und bei jedem Punkt laut sagst: "Immer noch (Emotion ... z. B. Wut)."

Halte nach jedem Durchgang kurz inne und spüre in dich hinein. Wo befindet sich jetzt deine Emotion auf der Skala?

Wiederhole Schritt 8 so lange, bis deine Emotion auf 0 ist. Ich gratuliere dir, denn an diesem Punkt geht es dir schon viel besser und du hast es durchgehalten. Glückwunsch!

10. Schritt: Weitere Emotionen bearbeiten

Wenn deine Emotion im Zuge des Klopfens weniger geworden ist oder sogar ganz verschwunden ist, kann es durchaus sein, dass sich andere Emotionen in den Vordergrund drängen oder dir jetzt erst richtig bewusst werden. Das ist dann das Thema hinter dem Thema und wenn etwas bewusst ist, kann es bewusst bearbeitet werden. Dafür kannst du dankbar sein.

Dann wiederhole einfach Schritt 2 bis 9 für jede andere belastende Emotion, die sich zeigt. Das kannst du so lange machen, bis du keine Belastung mehr zu dem Thema spürst! Gönne dir Pausen, trinke dazwischen immer wieder viel Wasser und sorge gut für dich.

Wichtiger Hinweis, den ich nicht oft genug aussprechen kann

Du handelst dabei auf eigene Verantwortung! Dies ist eine Anleitung und ein Vorschlag, wie du in einer Selbstbehandlung wieder in bessere Gefühle und Emotionen kommst, deinen Schmerz und deine Trauer besser ertragen kannst. Aber gerade, wenn du an einer sehr belastenden oder traumatischen Situation aus der Vergangenheit oder deiner aktuellen Situation der Trennung arbeitest, könnten dabei extrem starke Emotionen auftreten. In diesem Fall solltest du das Thema **nur mit einem erfahrenen EFT-Therapeuten** durcharbeiten.

Was ist die Wingwave-Methode?

Die Wingwave-Methode ist ein Leistungs- und Emotions-Coaching und kombiniert die effektivsten Methoden aus Coaching, NLP, Kinesiologie und EMDR und wurde von Cora Besser-Siegmund und Harry Siegmund entwickelt.

Eine Methode, die für den Klienten spürbar und schnell in wenigen Sitzungen zum Abbau von Leistungsstress und Stressemotionen führt und zur Steigerung von Kreativität, mentalen Fitness, Konfliktstabilität und Resilienz führt. Erreicht wird dieser Ressourcen-Effekt durch eine einfach erscheinende Grundintervention: das Erzeugen von "wachen" REM-Phasen (Rapid Eye Movement), welche wir Menschen sonst nur im nächtlichen Traumschlaf durchlaufen. Dabei führt der Coach mit schnellen Handbewegungen den Blick seiner Coachees horizontal hin und her. So werden neue neuronale Vernetzungen geknüpft und die Emotionen können verarbeitet werden. Mit dem Muskelfeedback-Instrument, der Kinesiologie, wird vorher das genaue Thema bestimmt und danach die Wirksamkeit der Intervention überprüft. Es ist ein sehr wirksames Tool, ich liebe diese schnelle und effektive Art zu coachen. Ich lasse mich in stressigen Zeiten gerne selbst mit Wingwave coachen, weil ich es mir wert bin!

3.

Annehmen und akzeptieren – den inneren Frieden schließen

"Löse dich von dem Gedanken immer kämpfen zu müssen.
Denn was gut ist und zu dir gehört, bleibt.
Was bei dir sein will, kommt freiwillig.
Und was gehen will, geht sowieso."
Verfasser unbekannt

Ich werde immer wieder gefragt: Was war der wichtigste und heilsamste Schritt deiner Trennung? Ich denke es war der Moment, in dem ich sofort in die Akzeptanz gegangen bin. Weil mir sofort klar war, der Drops ist gelutscht, der Käse gegessen, das Ding ist durch. Ich war fast 30 Jahre mit diesem Mann zusammen, ich kannte ihn gut genug, um zu wissen, wenn er mir das so sagt, dann ist das durch für ihn. Da brauche ich nicht mehr zu kämpfen, betteln, klammern oder gemeinsam zurückzuschauen.

Also hatte ich den Entschluss gefasst, nur noch nach vorne zu schauen, zu planen, weiterzumachen. Besser gesagt – ich hatte geheult, geflucht und geplant, geweint, geflucht. Such dir die Reihenfolge aus, egal wie, sie passt immer.

Mir war klar, etwas in meinem Leben hinter mir zu lassen bedeutete nicht, dass ich es vergessen oder gut finden musste. Es bedeutete nur, dass ich akzeptierte, was passiert war und weiterlebte. Trotzig wie ich nun mal war, musste ich noch einen Weg finden, um aus meinem gekränkten Ego und meiner Wut ihm gegenüber rauszukommen. Nicht für ihn, nein, für mich, meinen Sohn und um meinen inneren Frieden wiederzufinden. Die EFT-Übungen und meine Coachings halfen mir schon sehr, aber eine Trennung und vor allem noch so verlassen zu werden, war nun mal eine heftige Krise, die nicht so einfach wegzustecken war.

Manche Menschen bleiben in ihrer Wut stecken oder hängen emotional fest. Und genauso war es auch für mich. Ich musste diese Wut und das Gefühl verlassen worden zu sein, so abserviert worden zu sein, erst mal verarbeiten. Das Ganze hat auch stark an meinem Selbstwert genagt.

Akzeptiere, was du nicht ändern kannst, akzeptiere es, wenn dein Partner dich verlässt. Klingt in diesem Moment irgendwie noch wie Hohn, wie eine leere Worthülse oder utopisch. Ich weiß, aber es hilft dir und ist die Abkürzung, die du brauchst. Wenn jemand gehen will, dann geht er, ob du das willst oder nicht.

Mein Fazit

Etwas zu akzeptieren ist die Voraussetzung, um Schmerz, Liebeskummer und die Verletzung zu verarbeiten und dir klar zu werden, was du in Zukunft willst und vor allem nicht mehr willst. Das ist im Grunde der erste Schritt, auf dem alle anderen Schritte aufbauen.

Ich biete dir hier eine weitere kleine Übung aus dem NLP an: das Reframing. Es bedeutet, etwas in einen anderen Rahmen zu stellen und es aus unterschiedlichen Perspektiven zu betrachten.

Wie wäre es, wenn du deine Gedanken einfach mal auf die Dankbarkeit ausrichtest? Sei dankbar für die Zeit, die ihr gemeinsam hattet und die Glücksmomente, die ihr erleben durftet. Es gibt da draußen bestimmt viele Menschen, die hatten nie das Glück so eine große Liebe zu erfahren, wie eure vielleicht war. Achte und ehre die Liebe und die Zeit, die ihr hattet und nicht den Schmerz und den Kummer, den du jetzt durchlebst. Denke liebevoll und achtsam an diesen Menschen, denn ihr hattet auch wundervolle Momente.

Vielleicht magst du dich auch fragen, was nützt es mir so zu denken, oder wem dient es, dass ich so denke? Verändere dein Denken, um durch den Liebeskummer und die Trauer besser hindurchgehen zu können.

Lebe im Hier und Jetzt und hänge nicht der Vergangenheit nach, frustriere dich nicht durch die Ereignisse der Vergangenheit, sondern fokussiere dich lieber auf eine positive Zukunft.

Ich weiß, das mag seltsam klingen, ist es aber nicht. Denke einmal in Ruhe und in Liebe darüber nach. Das hilft dir in den wirklich sehr emotionalen und schwierigen Momenten, in denen du wieder an deine Grenzen kommst und glaube mir, ich weiß, wovon ich rede.

Die ersten Schritte nach der Trennung sind die schwierigsten

Das kann doch alles nicht wahr sein? Warum, warum ich? Diese Sätze dröhnen bei so vielen nach einer Trennung oder einem Schicksalsschlag im Kopf wie ein Presslufthammer.

Ja, es ist ein Schock. Ein Schlag ins Gesicht und ins Herz. Und das von dem Menschen, den du so sehr liebst, oder geliebt hast. Du fühlst dich wie erstarrt und innerlich aufgewühlt. Dir fällt es schwer, klare Gedanken zu fassen. Du kannst es gar nicht glauben und willst es immer noch nicht wahrhaben. Euer gemeinsames Leben, die gemeinsamen Zukunftsträume, all das soll jetzt für immer vorbei sein?

Vielleicht kommen dir Gedanken, dass es sich dein Ex-Partner doch noch einmal anders überlegt. Oder du grübelst, ob und wie du deinen Ex-Partner wieder zurückgewinnen kannst. In der "Nicht-wahrhaben-wollen"-Phase interpretieren wir aus Wunschdenken, es könnte ja anders sein, viele Aussagen und Handlungen des Ex-Partners gerne falsch. Wir machen uns so sinnlose Hoffnungen. Damit verlängern wir das Leiden und den Leibeskummer nur unnötig. Nach einiger Zeit fragst du dich, ob du aus diesem tiefen Loch, in das du gefallen bist, jemals wieder herauskommst.

Ja, das wirst du und dazu musst du diese Trennung akzeptieren und als solche auch anerkennen. Ich weiß, es ist diese Hoffnung, dieser Leuchtstreifen am Himmel, dieser Wunsch, alles wird gut, das uns abhält loszulassen ...

Festhalten ist oft viel schmerzhafter als loszulassen

Stelle dir einmal vor, du hast ein Seil in der Hand und jemand zieht an der anderen Seite des Seils. Deine Hände laufen an, sie werden schon ganz rot, das Seil schneidet sich in deine Hand und es schmerzt nur noch. Was machst du? Du lässt reflexartig los, dass es dich nicht noch mehr verletzt und das Blut vielleicht strömt.

Genauso ist es mit deinem Herzen gerade, so wie sich das Seil um deine Hände schlingt, so zieht es sich auch um dein Herz. Was ist jetzt sinnvoller, festhalten und es schnürt sich immer enger zu, bis das Blut läuft oder einfach die Hand öffnen und loslassen und spüren, wie der Schmerz nachlässt?

Leider musst auch du dir eingestehen, dass die Beziehung nun vorbei ist und dass es sich dein Ex-Partner nicht noch einmal anders überlegen wird. Er oder sie hat sich entschieden. Akzeptiere, was du nicht ändern kannst. Liebe kann man nicht erzwingen. Liebe ist keine Entscheidung, Liebe ist ein Gefühl.

Das ist nicht nur nach einer Trennung so, nein auch wenn du eine Person begehrst und dieser Mensch deine Gefühle nicht erwidert. Du kannst niemanden zwingen dich zu lieben, obwohl es sich schrecklich anfühlt, du willst und begehrst jemanden, aber bekommst ihn nicht und verfällst in kindliche Muster z. B. Wut, Ärger, Schmollen, Trauer, sich anbiedern, betteln, nicht wahrhaben wollen ... Leider funktioniert es nicht mehr wie in der Kindheit, sich vor die Wursttheke auf den Boden zu legen, bis man die Lyoner bekommt, oder an der Kasse den Lutscher. Aus dem Alter sind wir raus, auch wenn sich manche Erwachsene immer noch so verhalten und glauben, sie müssten nur so lange laut sein, manipulieren, ein Drama oder Theater machen, bis die Umwelt ihre Bedürfnisse befriedigt.

Was ist das wahre Bedürfnis dahinter?
Wo ist die Selbstachtung?

Richte deine Gefühle und Gedanken auf deine positive Zukunft und löse dich immer mehr emotional von deinem Partner, denn er hat es schon getan. Jeder Trennung geht ein Prozess der Abnabelung voraus, dazu braucht es nicht immer eine andere Person oder ein Fremdgehen.

Meine ersten Schritte waren meine Rettung. Ich hatte ja bereits mein Wingwave-Coaching erwähnt und mir eine Wingwave-Kollegin gesucht, die mich emotional unterstützt und gestützt hatte. In den ersten drei Wochen nach der Trennung hatte ich mir eine Wohnung gesucht und musste zwei Renovierungen, zwei komplette Umzüge, eine Geschäftseröffnung neben meiner Trennung bewältigen. Ich konnte es nur schaffen, weil ich mir Hilfe geholt und immer wieder die richtigen Fragen gestellt hatte (Was sind die nächsten Schritte, was brauche ich jetzt? Wem nutzt es, dass ich jetzt so über mich oder meinen Ex-Mann rede oder denke?) und einen Blick in meine Kristallkugel geworfen hatte.

Der Blick in die magische Kristallkugel

Ich liebe es selbst und mit meinen Klienten in Lösungen zu denken und packe schon mal die imaginäre Kristallkugel oder die Wunderfrage nach Steve de Shazer aus.

Wie soll deine Zukunft aussehen? Wie möchtest du sein? Wer möchtest du sein?

Wie siehst du aus, wenn du deinen Liebeskummer überstanden hast? Wer ist bei dir und freut sich mit dir? Stell dir die Wunderfrage: "Es geschieht ein Wunder über Nacht, wie werde ich sein, wenn mein Liebeskummer oder mein Problem weg ist?" (Manchmal hat das Problem auch einen Namen, z. B. Michael, Peter, Ute, Elke usw.)

Kurze Erklärung: Die Wunderfrage nach Steve de Shazer

Die Wunderfrage ist eine Methode der lösungsfokussierten Kurzzeittherapie und wurde von Steve de Shazer (1940–2005) in den 1970er Jahren entwickelt. Es wird berichtet, dass ein Klient während einer Sitzung keinen Zugang oder keine Idee hatte, wie eine gute Lösung für sein Problem aussehen könnte. Er befand sich in einer sogenannten Problemtrance und Dauerschleife. Er sagte: Da bräuchte es schon ein Wunder, um ihm helfen zu können. Dies wurde gleich aufgegriffen und gefragt: Mal angenommen es gäbe ein Wunder, was wäre dann anders?

In erster Linie geht es darum, aus dem Problemzustand herauszukommen und einen Zielzustand zu erleben, die Fantasie und Kreativität für neue Lösungen zu öffnen und somit die "Schockstarre" des Gehirns in stressigen Situationen aufzulösen und die Blockade zu sprengen.

Der ungefähre klassische Wortlaut der Wunderfrage lautet:

"Stell dir vor, du kommst heute nach Hause, gehst irgendwann ins Bett und du schläfst ein und während du schläfst, passiert ein Wunder. Eine gute "Fee" erscheint, und alle Probleme, die du hattest, sind gelöst. Und weil du geschlafen hast, kannst du nicht wissen, dass das Wunder geschehen ist. Wie würdest du es am nächsten Tag bemerken? Was wäre anders als sonst?"

Die Wunderfrage kannst du dann noch wie folgt ergänzen:

- Welche Gedanken/Gefühle sind dann anders?
- Wer in meiner Umwelt würde bemerken, dass dieses Wunder geschehen ist und mein Schmerz und mein Leid weg ist?
- Wie würdest du dich anders verhalten?
- Vielleicht gibt es dort etwas zu sehen, zu riechen und zu schmecken?
- Was gibt es zu hören, welche Komplimente hörst du? Welche Anerkennung?
- Wie fühlt sich dein Körper an?
- Wie ist das Wetter, scheint vielleicht die Sonne?

Lass deiner Fantasie freien Lauf, erwecke deine Zukunftsbilder und positive Gefühle vor deinem geistigen Auge. Du wirst feststellen, dass in Lösungen zu denken nicht so schwierig ist und dir hilft, aus deinem Gedankenkarussell und deiner Trauer schneller auszusteigen und in deinem Leben voranzukommen. Es wird dir helfen, alltägliche Dinge leichter anzugehen und die ersten Schritte deiner Zukunft, deiner Ziele und deiner Veränderung, die jetzt zwangsläufig anstehen, einzuläuten.

Werde dir deiner inneren und äußeren Ressourcen bewusst. Was kannst du selbst leisten und wer kann dir dabei helfen und dich unterstützen?

Du darfst um Hilfe bitten und wirst erstaunt sein, wie viele Menschen plötzlich für dich da sind und dir von Herzen gerne helfen. Zu mir sagte eine Freundin in meiner Trennungsphase, sie ist froh nun nach all den Jahren, nachdem ich ihr immer wieder geholfen hatte und für sie da war, nun endlich mir helfen zu dürfen und für mich da sein zu können, obwohl es ein trauriger Anlass war.

Was ich mit Ressourcen meine, erkennst du in den weiteren Fragen.

Mal angenommen du würdest einen Zeitsprung wagen, was möchtest du noch erreichen und wie? Welche Ziele hattest du immer schon und hast diese der Beziehung wegen vernachlässigt?

Vielleicht brauchst du eine neue Wohnung, oder zumindest eine vorübergehende Unterkunft? Wer kann dir dabei helfen? Wie kannst du es umsetzen?

Wenn ihr gemeinsam eine Firma habt oder du beim Partner angestellt bist, ist jetzt ein Jobwechsel sinnvoll?

Oder eine kurze AUSZEIT, einfach mal raus und einen Urlaub? Wenn ja, wer könnte mit dir in den Urlaub?

Was brauchst du noch dafür?

Was sind die nächsten Schritte, z. B. Wohnungssuche, Job, oder du bist schon mitten im Umzug?

Wer kann dir helfen? Z. B. welche Freunde könntest du um Hilfe bitten?

Wenn Kinder da sind, wo bekommst du Rechtsberatung?
Wo kannst du dich hinwenden und wen kannst du fragen?
Was steht dir zu z. B. an Unterhalt, Wohnungsbeihilfe?

Mal angenommen es gäbe eine gute Lösung für dich und all deine momentanen Probleme, wie würde diese aussehen?

Lass deiner Fantasie freien Lauf, alles ist erlaubt und eröffnet dir neue Möglichkeiten, gerne kannst du diese Fragen auch mit einem Freund oder Freundin beantworten.

Diese Fragen helfen aus der Problemtrance auszusteigen und in Lösungen zu denken, neue Entscheidungen zu treffen und wieder einen Blick in die Zukunft zu wagen.

Wie ich es in der Horror-Phase geschafft hatte

"Brüche im Job, der Liebe und in der Beziehung können manchmal die wahren Durchbrüche sein."

Gisa

So war es bei mir! Ich musste 2014 eine Entscheidung treffen, nach dem mein Mann seine Entscheidung getroffen hatte, er war einfach gegangen und ließ mich stehen. Er hatte mich nach fast 30 Jahren verlassen. Heute sage ich, er hat mich losgelassen und frei gegeben. Das fühlt sich für mich besser an und stimmt in gewisser Weise auch. Vor allem, es macht mich nicht zum Opfer, denn das bin ich nicht gewesen.

Manchmal hatte auch ich Gedanken wie, bis dass der Tod euch scheidet. Ja, es war der Tod, der Tod seiner Liebe zu mir und unserer Ehe, was dann zur Scheidung geführt hatte. Aber was bitte nutzten mir solche Gedanken und wozu?

Viele meiner und unserer Freunde fragten mich: “Gisa, warum kämpfst du nicht um eure Ehe? Ihr wart doch immer ein Traumpaar und unser Vorbild all die Jahre.”

Meine klare Antwort war, wie ich es schon am allerersten Tag zu meiner Nachbarin sagte: “Ich kämpfe nur um etwas, für das es sich lohnt zu kämpfen! Ich brauche nicht um eine Liebe zu buhlen, wo keine Liebe mehr ist.”

Ja, ich hatte aufgehört zu kämpfen, weil ich beschlossen hatte, mein Leben darf leicht sein! Ich musste nicht mehr kämpfen, um stark zu sein, ich war es schon, ich hatte es bis zu diesem Zeitpunkt nur noch nicht selbst erkannt!

Kennst du das Thema “Eigenwahrnehmung und Fremdwahrnehmung”? Mein Umfeld wusste es schon, ich jetzt auch! Manchmal ist stark sein die einzige Option, die du hast und dann spürst du deine Stärke so kraftvoll, wie noch nie. Genauso wird es auch bei dir sein, glaub mir, du bist stärker als du denkst.

Mein neues Lebens- und Überlebensmotto war: “Aus Wunden können Wunder werden!” Das gab mir Kraft und inneren Halt und den brauchte ich dringend. Das war mein inneres Mantra. Ebenso hatte ich mich an meinen Konfirmations-Spruch erinnert: “Der Herr ist mein Hirte, mir wird nichts mangeln.” (Psalm 23)

Das gab mir den Halt und innere Stärke, die ich so dringend für mich brauchte.

Dennoch folgte, wie bei so vielen anderen Trennungen, eine sehr schwere Zeit für mich und meinen Sohn. Demütigungen, Verletzungen und weitere Erniedrigungen meines Ex-Mannes waren an der Tagesordnung. Das bleibt wohl bei der besten Trennung oder Scheidung nicht aus. Wer so etwas selbst schon einmal mitgemacht hat, weiß, wovon ich rede. Für mich war dies alles neu und hatte sich angefühlt wie in einem schlechten Film. Ich dachte immer, wie gut ich es doch habe und so etwas muss ich nie erleben, so etwas passiert nur den anderen. Da hatte ich mich gewaltig getäuscht. Mir zog sich immer der Magen zusammen, wenn ich um mich herum oder im Coaching Paare bei der Trennung beobachtet hatte, wie sie sich plötzlich wie im Krieg verhielten, wie Machtspiele gespielt wurden und wie schrecklich sie miteinander umgegangen waren. Wie der eine wie ein Schlosshund leidet, wenn der andere plötzlich geht. Ich dachte immer: Wie können die nur so schrecklich miteinander umgehen, die hatten sich doch einmal von Herzen geliebt? Und ich hatte immer gedacht, wie gut, dass mir so etwas nicht passiert.

Dachte ich, und jetzt war es bei mir soweit, es traf mich völlig unvorbereitet und ich hatte meinen eigenen Mann bei der Trennung nicht mehr wiedererkannt. Er war wie ein Fremder. Es gab Momente, da konnte mein Verstand es nicht mehr begreifen, was gerade passierte und warum ich so lange mit diesem Mann zusammen war.

Aber, ich kann und will es dir sagen: Ich hatte ihn mit all seinen Fehlern geliebt, wir waren gemeinsam erwachsen geworden, wir hatten uns miteinander entwickelt und immer wieder an unsere Beziehung und Ehe geglaubt, daran gearbeitet und immer wieder eine neue Chance gegeben. Und genau das machen heute die wenigsten, an sich und an der Beziehung arbeiten.

Es gab vielleicht tausend Gründe zu gehen, aber diesen einen so wichtigen Grund zu bleiben: DIE LIEBE. Einen besseren Grund gibt es nicht, als einen Menschen zu lieben. Und ja, wir hatten so viele gute Jahre und wundervolle Zeiten miteinander. Nur diese waren jetzt für immer vorbei und ich musste lernen, damit umzugehen. Ich musste lernen, mir die vielen guten Jahre nicht durch dieses schreckliche Ende kaputt zu reden und dadurch auch kaputt zu machen.

Als ich das erkannt hatte, war mir klar, ich muss das Leben loslassen, das ich mit meinem Mann geplant hatte. Ich musste die Verantwortung zu 100 % für mich übernehmen, um das Leben zu leben, das ich verdient habe. Nur ich bin verantwortlich, wie ich auf all diese Dinge reagiere. Ich bin verantwortlich für meine Reaktion. Die Grundvoraussetzung für mein neues glückliches Leben war, die Tatsache zu akzeptieren, dass es vorbei war. Klar, es war die komplette Demontage meines bisherigen Lebens, doch die größte Krise hat mich nur noch stärker gemacht und zu dem, was ich heute bin. In dieser Krise steckte die größte Chance, mein größtes Wachstum. Und wie so oft, gab es auch hier Wachstumsschmerzen. Er war verantwortlich für seine Aktion und ich für meine Reaktion und was ich daraus mache.

Die Chinesen haben ein Schriftzeichen für Krise und es bedeutet gleichzeitig, Chance. Tatsächlich ist es so, dass für beide chinesischen Worte Krise und Chance jeweils das identische Schriftzeichen verwendet wird. Dies kommt nicht von ungefähr, bietet doch eine Krise - nach buddhistischem, vor allem chinesischem Verständnis - immer auch die Chance zu einem Neubeginn, einem neuen Anfang.

Das war mein persönlicher Neubeginn: Altes loslassen und Neues lernen. Lernen wieder ein ICH zu sein, aus einem WIR wurde ein starkes ICH.

Zum Wachstumsprozess gehörte auch, loszulassen und mich zu befreien. Ich hatte mir professionelle Hilfe bei meinen Kollegen geholt, um emotionale und alte Wunden aufzuarbeiten, nicht nur aus der Ehe, sondern auch aus meiner Kindheit. Und du darfst mir glauben, ich bin immer noch dabei. Nur so konnten alte Wunden heilen und mein Gewicht hat sich fast automatisch von allein geregelt. Ich hatte nicht nur meinen Mann losgelassen, nein auch fast 30 Kilo Gewicht.

Ich werde immer wieder gefragt: "Gisa, wie hast du es geschafft, so stark zu werden, wie hast du es so schnell geschafft, die Trennung zu verkraften, wie hast du es geschafft, fast 30 Kilo abzunehmen und so positiv, selbstbewusst und selbstbestimmt voranzugehen? Wie hast du es geschafft von heute auf morgen ein neues Leben ohne ihn zu beginnen?"

Ich lache dann immer und sage scherzhalber: "Ich habe die drei M-Methode angewendet und entwickelt." Das erste M war: meinen Mann weggelassen; das zweite M: alles aus Mehl weggelassen und das dritte M steht für Mentaltraining und 100 % Akzeptanz von Anfang an.

Genau genommen steckt dahinter viel mehr als nur das eine M für meinen Mann, das bedeutet, ich hatte mein einschränkendes, limitierendes und energieraubendes Umfeld verlassen oder besser gesagt, das Umfeld hatte mich verlassen! Ich wurde aus meiner Komfortzone geschubst, die mich schon lange unzufrieden, unglücklich und dick gemacht hatte. Ich wollte es nur nicht wahrhaben. Ja, da ist sie schon wieder, die "Nicht-wahrhaben-wollen-Phase".

Und das andere M für das Mehl, das ich weggelassen hatte. Endlich konnte ich in mich hineinspüren und meine Ernährung so ausrichten, wie es mir guttut und ich es vertrage.

Das dritte M war das Mentaltraining. Ich hatte viele Bücher gelesen, Seminare besucht, mich weiterentwickelt, selbst einige

Coachings als Supervision gebucht und vieles mehr. Ein positives Mindset kreiert, verinnerlicht und vor allem gelebt und umgesetzt.

Und dennoch kann auch dir kein Buch, kein Coaching, kein Seminar weiterhelfen, wenn du selbst nicht für eine Veränderung oder Hilfe in deinem Leben bereit bist. Der Schmerz nach dem Ende einer Beziehung kann dir durch ein Coaching, eine Hypnose oder einer Therapie Türen öffnen, um deine emotionalen Wunden zu heilen, durchgehen musst du schon allein.

In die Eigenverantwortung gehen

Verantwortung übernehmen

- Stelle dir die richtigen Fragen.
- Bist du problemorientiert oder lösungsorientiert?
- Welche Fragen stellst du dir und was denkst du über die Situation, deine Trennung oder Krise?

Um die Verantwortung für dich und dein Leben zu übernehmen, empfehle ich dir, dir die richtigen Fragen zu stellen, denn dein Gehirn wird dir dann auch die richtigen Antworten und Lösungen zeigen.

Ein WARUM wird dich nicht weiterbringen, warum ist mir das passiert? Das wird dir keine konstruktiven Lösungen zeigen, es wird nur ein Gedankenkarussell in Schwung gebracht, welches du mit einem WARUM nicht stoppen kannst.

Du wirst sehen, je mehr du die Lösung suchst und den Fokus auf die Zukunft lenkst, umso besser wirst du dich fühlen, denn die Ohnmacht kann sich nicht breitmachen und du stärkst dich und deinen Selbstwert.

Erinnere dich an die Übung "Blick in die Kristallkugel", diese Fragen werden dir in verschiedenen Phasen weiterhelfen und dich durch diesen Wegweiser begleiten, wenn du sie aus verschiedenen Perspektiven heraus betrachtest und in verschiedenen Phasen beantwortest. Eine weitere gute Frage ist: "Macht mich das glücklich?"

Mach dich einfach selbst wieder glücklich! Denn gute Gedanken geben dir die Kraft und Energie, schlechte Tage besser zu überleben, vor allem wenn noch Kinder da sind.

Wenn Kinder da sind

Nur du bist verantwortlich für dich und dein Leben, sonst niemand. Und wenn du Kinder hast, dann bist du auch für das Leben deiner Kinder verantwortlich. Sie sind nicht dein Besitz, sie sind dir anvertraut und du bist in der Verantwortung, diese Kinderseele zu lieben, zu behüten und zu beschützen. Dann können sich diese trotz der Scheidung oder Auflösung des Familienkonstrukts gesund entwickeln.

Du hast deine Themen in Beziehungen, aber auch die Verantwortung in jeder Hinsicht, nicht nur zum Partner, sondern auch den Kindern gegenüber.

Es ist die Pflicht der Eltern sich schnell nach der Trennung wieder selbst zu stabilisieren und allenfalls auch einen stabilen Umgang miteinander zu finden. Um die gemeinsamen Kinder durch die Trennung begleiten zu können, ihnen Stabilität und Halt zu geben und für sie da sein zu können. Ein stabiles und harmonisches Umfeld ist für die Entwicklung der Kinder so wichtig.

Ich bekomme in den letzten Wochen und Monaten traurige und dramatische Ereignisse mit, in dem sich Eltern bekriegen, der Vater bezahlt keinen Unterhalt, die Mutter kann ihrem Job wegen der Kinderbetreuung nicht nachgehen und muss von Harz IV leben. Da werden die Kinder instrumentalisiert, manipuliert und gegen das andere Elternteil aufgehetzt. Wie soll sich da die Kinderseele gesund entwickeln?

Es geht nicht um die eigenen Befindlichkeiten, es geht um das Wohl der Kinder und da dürfen sich Eltern schon mal am Riemen reißen.

Den Kindern zuliebe sollte man den Hintern hochbekommen, sein Ego hintanstellen und genau das kann auch der entscheidende Antrieb oder Trost sein, um in die Pötte zu kommen. Gib deinem Leben einen neuen Sinn, dem Nachwuchs zuliebe.

Bei jeder Trennung spielen Kinder eine Rolle und übernehmen oft unbewusst eine große Last, die sie sehr prägt für den Rest ihres Lebens, ihre Werte und auch wie sie ihre eigenen Beziehungen leben werden.

Unsere Kinder wollen nur eines, dass ihre Eltern glücklich, friedlich und harmonisch miteinander sind. In Trennungsphasen sind die Eltern jedoch alles andere als harmonisch oder friedlich miteinander. Da fliegen die Fetzen, die gegenseitigen Vorwürfe, die Enttäuschung, die Machtspiele und Worte, die noch viel mehr verletzen und zerstören. All das bekommen die Kinder direkt oder indirekt mit und leiden darunter. Für zerschlissene und verstrittene Paare ist das Ende der Beziehung oder der Ehe oft ein Befreiungsakt, für die gemeinsamen Kinder ist es zwar ein Schicksalsschlag, kann aber auch eine Erleichterung sein, aus diesem Käfig der Lügen und des Schauspiels rauszukommen.

Dennoch werden manche Kinder krank und bei anderen Kindern zeigt es sich durch Verhaltensauffälligkeiten wie Aggressionen, Bettnässen usw. Während Kleinere eher mit Bauchweh reagieren und ängstlich sind, haben ältere Kinder Probleme in der Schule, oder spielen die Eltern gegeneinander aus.

Das sind alles Hilfeschreie der kleinen Kinderseele. Die Eltern dürfen nicht ihren Schmerz, oder ihre Verzweiflung auf dem Rücken der Kinder austragen oder diese, was noch viel schlimmer ist, für ihre Machtspiele missbrauchen und instrumentalisieren.

Jetzt sind wir kein Paar mehr, aber weiterhin Eltern

Ich wollte nie eine alleinerziehende Mutter sein, ich wollte meinem Sohn eine "heile Familie" bieten und diese um jeden Preis erhalten. Und ja, ich hatte dafür lange gekämpft, viel einstecken und noch viel mehr aushalten müssen. Meinem Sohn zuliebe, meiner Liebe zu meinem Mann zuliebe und weil ich es für mich so entschieden hatte.

Dann kam ja der Tag, an dem mein Mann mir seine Entscheidung, sich von mir zu trennen mitgeteilt hat. Ich dachte, das ist das Schlimmste, das mir je ein Mensch antun konnte. Nein, es kam an diesem Tag nicht einmal eine halbe Stunde später noch schlimmer. Mein Mann fragte unseren Sohn, ob er zu ihm zieht und mit ihm geht, denn davon gehe er aus.

Wie bereits erwähnt, mir wurde schwarz vor Augen, das durfte doch nicht wahr sein, vor mir, als ob ich gar nicht mehr anwesend wäre und als ob wir das nicht vorher kurz miteinander hätten besprechen sollen? Ich hatte keine Chance mir darüber Gedanken zu machen, ich wurde ein zweites Mal an diesem Tag überrumpelt.

Ich hatte Angst, geradezu eine Panik, meinen Sohn zu verlieren und dass er mir meinen Sohn auch noch wegnimmt, das hätte ich nicht überlebt. Vor allem wurde mir erst viel später klar, wie lange mein Mann sich schon mit dem Gedanken mich zu verlassen beschäftigt hatte. So eine Frage stellt man nicht aus einem Affekt heraus. Das war geplant und ich hatte weder die Zeit noch die Gelegenheit mir zu überlegen, was und wie wir das mit unserem Kind zum Wohle aller regeln könnten.

Das war für mich eine doppelte Katastrophe, verlassen zu werden ist das eine, aber mein Kind hätte nie in diese Situation gebracht werden dürfen, kurz nach dem er erfahren hatte, dass sich seine Eltern trennen und sich dann zwischen seinen Eltern entscheiden zu müssen. Für mich war dieser Moment nur noch grausam und viel zu früh, um überhaupt über dieses Thema zu reden. Weder ich noch unser Sohn hatten es zu dem Zeitpunkt richtig begriffen, was das gerade für uns bedeutete.

Auch wenn mein Mann zu unserem Sohn sagte, ich verlasse nicht dich, ich verlasse nur die Mama, das hat nichts mit dir zu tun, nur mit deiner Mama und mir, um unserem Sohn zu signalisieren, ihn trifft keine Schuld, hat es unseren Sohn trotzdem tief erschüttert.

Für unseren Sohn war gerade seine heile Welt zusammengebrochen. Sein großes Vorbild, sein ein und alles, ist vom Thron gefallen. Sein Vater, den er über alles liebte. Unser Sohn war immer schon ein Papakind, nie ein Mamakind. Er wollte immer schon so werden wie sein Papa, studieren wie sein Papa, einfach so ein toller Mensch werden wie sein Papa. Sein Vater war sein großes Idol und Leitbild.

Und dann fällt der "Held" vom Sockel, das Kind musste erkennen: Auch ein liebevoller Papa kann lügen, betrügen und andere verletzen. Das ist für einen jungen Menschen, der sein "Familienoberhaupt" bedingungslos liebt und einen ausgeprägten Gerechtigkeitssinn hat unerträglich. Unserem Sohn war schnell klar, mit seinem Vater und seiner Neuen möchte er nicht leben. Er sagte zu seinem Vater: Du verlässt nicht nur die Mama, du verlässt die Familie und ist bei mir geblieben.

So war es bei uns. Es gab keinen erbitterten Streit bei wem das Kind lebt, er hat es mit seinen 16 Jahren selbst entschieden, auch wenn ich es ihm gerne erspart hätte, denn all das hatte Auswirkungen auf sein weiteres Leben.

Auswirkungen auf das Leben

Hier ein Fallbeispiel aus meiner Praxis: Ich hatte einmal einen Manager im Coaching, seine Eltern hatten sich als er 10 Jahre alt war scheiden lassen und es gab einen erbitterten Kampf um das Bleibe- und Sorgerecht der gemeinsamen Kinder. Dieser Mann musste als 10-Jähriger vor der Familienrichterin die Frage beantworten: Wo möchtest du leben, bei Mama oder Papa? Es hatte ihn innerlich zerrissen. Aber er musste sich sofort bei Gericht entscheiden und das hatte ihn für immer geprägt.

Er war inzwischen über 40, hatte keine feste Beziehung und wenn, dann nie lange und keine Kinder. Sein größter Wunsch war eine Familie und vor allen eine feste Beziehung.

Das Scheidungsdrama seiner Eltern hatte Auswirkung auf sein ganzes Leben, denn er hatte beide Eltern so geliebt und war mit 10 Jahren nicht in der Lage, eine solche tief greifende Entscheidung zu fällen. Egal wie er sich entschieden hätte, er hätte sich immer gegen ein Elternteil entschieden und das zerriss die Kinderseele. Er blieb bei der Mutter und der Kontakt zum Vater brach ab. Erst in den letzten Jahren gab es leichte Annäherungsversuche sich gegenseitig kennenzulernen.

Etwas Grausameres kann man aus elterlichem Egoismus einem Kind nicht antun. Ein Kind liebt beide Elternteile, möchte von beiden geliebt werden und hat auch ein Recht darauf, von beiden geliebt zu werden.

Kein Kind sollte vor diese Wahl gestellt werden. Es gibt immer einen Weg und eine Lösung und dies darf nicht auf dem Rücken, der Liebe und der Seele des Kindes ausgetragen werden.

Aber warum musste sich mein Mann nur so verhalten?

In diesem Moment und an diesem Tag war ich nur noch wütend und konnte das alles nicht ertragen, es war die Hölle auf Erden für mich. Die einzige Frage, die in meinem Kopf hämmerte, war, warum tust du mir das an?

Erst viel, viel später hatte ich mir mit Abstand die Frage gestellt, was war sein Bedürfnis dahinter? Mich zu verlieren und unsere Ehe zu verlassen war die eine Sache, da war ja schon Ersatz, an den er sich klammern konnte, um mich und all das was wir hatten hinter sich zu lassen. Sein Bedürfnis dahinter war seine Angst, die Sorge um sein Kind, sein ein und alles zu verlieren. Nicht zu wissen, wie es in der Zukunft im Umgang mit seinem Sprössling sein wird: Er hatte nicht nur die Angst, seinen Sohn zu verlieren, sondern am Ende ganz alleine dazustehen. Denn er konnte zu dem Zeitpunkt noch nicht wissen, ob sich seine Neue wirklich von ihrem Mann trennen würde und er in seinem Leben gerade alles zerstört und beendet. Das war in dem Moment für ihn viel schlimmer, als sich von mir zu trennen. Aus dieser Angst und Panik heraus hatte er so gehandelt.

Ich hatte es schon einmal geschrieben. Es geht oft nicht um das WAS, sondern darum, WIE man etwas macht. Genau dieses WIE hatte extreme Auswirkungen auf das zukünftige Miteinander von Vater und Sohn.

Die Angst zu gehen, die Angst zu bleiben

Den Kindern zuliebe zusammenbleiben? Der Schuss geht so oft nach hinten los, denn der Druck in der Paarbeziehung geht auch immer zu Lasten der Schwächsten und das sind nun mal die Kinder. Eine Last, die auf der ganzen unglücklichen Familie liegt und deshalb kann eine Scheidung oder Trennung für alle eine Entlastung der Belastung sein.

Es ist wirklich so, dass in Beziehungen oder Ehen, die schon lange zerrüttet sind, die Paare sich aber nicht trennen, weil gemeinsame Kinder da sind, spüren es die Kleinen und leiden darunter. Das kann unter Umständen die Kinderseelen mehr belasten, als eine klare Trennung und ein friedliches und harmonisches Miteinander der Eltern.

Was wäre eine gute Lösung für das Kind oder die Kinder?

Wenn eine Trennung vollzogen wird, ist das Wichtigste, seinen Kindern mitzuteilen, dass sie nicht schuld an der Trennung sind und dass du und dein Ex-Partner die Kinder immer lieben werden.

Gib ihnen das Gefühl, immer für sie da zu sein und dass sie mit allem zu dir kommen können, egal ob du der Teil bist, der verlassen wurde oder der Teil bist, der geht - es sollte niemals auf dem Rücken der Kinder ausgetragen werden. Kinder haben nicht nur den Wunsch, sondern auch das Recht, wann immer sie das Bedürfnis verspüren zum Vater oder zur Mutter zu gehen - das sollte ihnen wenn möglich auch gestattet werden. Diese Freiheit sollte ihnen gegeben und von beiden Seiten unterstützt werden. Wenn ein Kind diese Freiheit hat und das Gefühl, beide Eltern lieben zu dürfen, dann kann es sich frei und gesund entwickeln und entfalten. Denn unsere Kinder wollen nur eines, von ihren Eltern geliebt werden und Frieden zwischen den Eltern, wie auch immer der aussehen mag.

Jedes Elternteil sollte sich fragen: Was wäre eine gute Lösung zum Wohle aller? Denn nach jeder Trennung braucht es einen Übergang, bis alles geregelt ist und sich das neue Familienkonstrukt gebildet und eingespielt hat. Der Weg dorthin kann sich sehr unterschiedlich gestalten und kann leicht sein, aber auch steinig. Steinig, weil sich die Eltern selbst Steine in den Weg legen und sich gegenseitig durch ihre Machtspiele bekämpfen.

Eine Freundin erzählte mir vor Kurzen von ihrer Scheidung und was ihr Scheidungsanwalt beim ersten Termin zu ihr sagte, besser gesagt, was seine erste Frage an sie war. "Wollen Sie nach der Scheidung viel Geld, oder wollen Sie eine heile Familie?"

Genau das meine ich mit den Steinen. Es gibt Frauen, die sind auf Rache aus und wollen, dass der Ex-Mann "blutet" und es kommen Sprüche wie: "Er soll zahlen, bis er schwarz wird."

Dann gibt es wieder Männer, die sagen: "Die bekommt keinen Cent von mir" und verweigern jegliche Unterhaltszahlungen, leider auch für die gemeinsamen Kinder. Da kann man sich den Scheidungskrieg schon ausmalen und welche Auswirkungen das auf den gemeinsamen Umgang und die Entwicklung der Kinder hat. Es liegt also einzig in der Verantwortung der Eltern, nach der Trennung keinen Rosenkrieg zu führen und zu verhindern, dass sie zu keiner vernünftigen Kommunikation mehr fähig sind.

Soweit sollte es jedoch nicht kommen, mit ein wenig gegenseitigem Verständnis, Rücksicht und vor allem klaren Regelungen kann ein harmonischer Umgang dauerhaft gelingen. Wozu das alles, man hat sich doch mal geliebt? Wem nutzt der Rosenkrieg? Anstatt den Ärger, der Trauer, dem verletzten EGO und der Wut übermäßigen Raum zu geben sollte man lieber das ehren, was einen einmal verbunden hat und nicht das, was jetzt trennt.

Manchmal kann eine gute Rechtsberatung helfen, gelegentlich braucht es auch eine Mediation, eine neutrale Schlichtungsstelle. Bei all den eigenen Befindlichkeiten dürfen die Bedürfnisse und das Wohl der Kinder nicht aus den Augen verloren werden. Wenn es den Eltern im Umgang miteinander gut geht, dann geht es auch den Kindern gut. Wenn man die Beziehung nicht aufrechterhalten kann, sollte man den Kindern wenigstens nicht schaden.

Es gibt immer eine Lösung, denn viele Paare haben sich schon vor dir getrennt. Führe Gespräche mit Freunden, die das schon erfolgreich hinter sich gebracht haben, die für dich in diesen Themen vielleicht ein Vorbild sind. Wer aus deinem Umfeld hat es schon geschafft und wie haben sie es geschafft?

Den Ex-Partner nicht schlechtreden

Nach einer Trennung sollte man den Ex-Partner nicht schlechtreden, oder über den Partner vor den Kindern herziehen. Das Kind hat nur sie beide als Elternteile und ihr habt euch einmal geliebt und euch für das oder die gemeinsamen Kinder entschieden.

Deshalb sollte man sich stets bewusst machen - wie möchte ich, dass mein Ex-Partner vor den Kindern über mich redet? Bedenke, so wie du über deinen Partner sprichst, so wird der Ex über dich auch sprechen. Wem nutzt das - vor allem, wem schadet das?

Wenn du den Partner immer nur schlecht redest, über ihn herziehst, versetzt du dein Kind in einen chronischen schlechten Emotionszustand. Wenn der gegenseitige Umgang mit dem bzw. der Ex von Kälte, Distanz, Wut, Verbitterung und Schuldzuweisungen geprägt ist, gibst du deinem Kind unterschwellig zu verstehen, dass der andere der Schuldige für die Trennung ist und es dich bevorzugen sollte. Dadurch entfremdest du zwar dein Kind vom anderen Elternteil, bist aber noch lange kein Gewinner. Du lebst vor, dass Respekt, Wertschätzung und Achtsamkeit im Umgang keine gelebten Werte von deiner Seite sind und dieses Verhaltensmuster wird dann im schlimmsten Fall von den Kindern übernommen. Bedenke: Auch hier hast du eine Vorbildfunktion.

Wie wir es für uns lösen konnten

Es war wirklich nicht einfach für mich und uns einen guten Weg zu finden. Auch bei mir war am Anfang so viel Wut und Enttäuschung und die immer wiederkehrenden Demütigungen und Kränkungen. Sein respektloses Verhalten mir gegenüber hatte nicht zur Erleichterung oder einem besseren Umgang beigetragen. Im Gegenteil, es hatte die Kommunikation und das Verhältnis zwischen Vater und Sohn verschlimmert und zusehends verschlechtert. Denn unser Sohn war alt genug, das Verhalten zu erkennen und für sich selbst zu beurteilen.

Sieben Wochen nach der Trennung und vier Wochen nach unserem Auszug aus dem Haus kam der 17. Geburtstag unseres Sohnes. Es stellte sich mir die Frage, wie verbringen wir diesen Tag? Der erste Geburtstag, an dem wir keine Familie mehr waren. Alleine der Gedanke fühlte sich für mich furchtbar an und ich musste mich erst noch daran gewöhnen, dass wir nie wieder eine Familie sein werden und dass die Geburtstage nie wieder so sein werden wie sie waren.

Wie sollten wir es gestalten? Zuerst feiert die Mama mit dem Kind und später der Papa? Ob wir uns alle drei treffen sollten und ob das gut geht? Es waren zwischen uns allen so viele Emotionen, unausgesprochene, aufgestaute Wut und mein gekränktes Ego. Dabei wünschte sich unser Sohn nichts sehnlicher, als einen harmonischen Geburtstag mit Mama und Papa.

Aber gemeinsam mit meinem Ex-Mann an einem Tisch sitzen und einen auf heile Welt machen, oder peinlich schweigend und mit bedrückendem Gefühl den Abend verbringen? Nein, das konnte und wollte ich nicht – weder für mich noch für mein Kind. Meinem Ex-Partner sagen, er soll bitte wegbleiben, das ging auch nicht. Er hatte genauso wie ich das Recht, seinen Sohn an seinem Geburtstag zu sehen und unser Sprössling hatte das Recht, seinen Vater zu sehen. Da musste ich eben mein Ego hintanstellen!

Irgendwie musste ich doch die Brücke bauen, zwischen meinem verletzten Stolz und der Liebe meines Sohnes zu seinen beiden Elternteilen. Dann hatte ich die perfekte Idee – das Schlemmerkino!

Das ist eine Veranstaltung mehrerer ortsansässiger Selbstständiger in einem "Nostalgie Kino". Das vollkommene Geburtstagsgeschenk und Programm schlechthin. Ein Kinoabend mit Livemusik, 3-Gang-Menü und einem lustigen Film. Wir mussten nicht an einem Tisch sitzen, wir saßen in einer Reihe. Wir brauchten uns nicht zu unterhalten, wir wurden unterhalten. Wir konnten entspannt einen gemeinsamen Abend verbringen, lecker essen und dabei noch Spaß haben. Also waren wir im Kino und zwischen meinem Mann und mir saßen die Kinder, unser Sohn und seine Freundin. Ich hatte eine Geburtstagstorte organisiert und diese wurde feierlich an das Geburtstagkind überreicht, während die Band für ihn spielte und der ganze Saal von Stevie Wonder "Happy Birthday" sang. Mein Sohn wollte in zwar in diesem Moment, aus Scham, in seinem Sitz versinken und war dennoch tief gerührt und berührt.

So hatte ich es geschafft, die Trennungssituation für meinen Sohn verblassen zu lassen und ihm einen unvergesslichen 17. Geburtstag beschert. Und uns Eltern hatte es gutgetan, einen entspannten und schönen Abend mit unserem geliebten Kind zu verbringen. Trotz der angespannten und miserablen Situation und all dem, was zwischen uns war. Auch wenn sich seine Eltern nicht mehr liebten, sollte unser Sohn spüren, dass seine Eltern ihn liebten.

Sogar mein Ex-Mann hatte mir für meine Idee und mein Organisationstalent gratuliert und sich für diesen wundervollen Abend bedankt.

Wo ein Wille ist, ist auch ein Weg für eine gute Lösung zum Wohle aller. Das war nur ein Beispiel dafür, wie ich mich in Konfliktsituationen immer wieder gefragt hatte: Was wäre für uns alle oder in der Situation eine gute Lösung?

Wie kannst du mit deinen Kindern in dieser Situation umgehen, wenn Erwachsene auseinandergehen? Die Eltern-Kind-Beziehung bleibt!

Wir hatten Glück im Unglück - unser Sohn war schon fast erwachsen, er konnte sich selbst entscheiden, wo er leben wollte und wie er den Umgang mit seinem Vater gestaltete. Am Anfang war unser Sohn so wütend und wollte keinen Kontakt mehr zu seinem Vater. Ich musste immer wieder intervenieren und "zufällige Situationen" erschaffen, dass die beiden sich sehen konnten. Auch wenn es mir sehr schwergefallen war. Aber mein Sohn hatte nur diesen einen Vater und der liebte seinen Sohn über alles und vermisste ihn so sehr. Die neue Liebe konnte dieses schmerzliche Loch und die Sehnsucht nach seinem Sohn nicht stopfen oder ersetzen.

Also hatte ich immer wieder Termine vereinbart, an denen mein Kind zu Hause war und sein Vater zu Besuch kam, um z. B. meinen Laptop zu reparieren, meine Steuer zu machen usw. Unser Sohn war dann zu höflich, um ihn nicht zu begrüßen, egal wie sauer er auf seinen Vater gerade war.

Mir war es auch immer wichtig meinem Sohn zu sagen, dass sein Vater ihn liebt und es immer tun würde, dass er mich zwar verlassen hatte, aber ihn immer lieben würde. So ein trotziger Teenager will das zwar nicht unbedingt hören, doch es bleibt immer etwas davon in seinem Unterbewusstsein hängen, wenn Mutti es nur oft genug sagt!

Wie kannst du mit deinen Kindern in der Situation umgehen?

Ich habe hier ein paar Ideen und Leitlinien, wie du mit den Ängsten, den Emotionen und deinen Kindern während der Trennung umgehen kannst. Vielleicht hilft es dir und gibt dir mehr Sicherheit und Stabilität.

- Möglichst im Vorfeld alle Themen klären und dann betonen, dass das gemeinsam beschlossen und vereinbart wurde. (Es sollte nicht so unglücklich verlaufen, wie es bei uns geschehen war.)
- Wenn du/ihr die Trennung euren Kindern beibringt, dann sollte die Nachricht altersgerecht sein und ohne Schuldzuweisungen, oder den Partner an den Pranger zu stellen - z. B. könnte es so lauten: “Mama und Papa verstehen sich nicht mehr ...”
- Deutlich machen und klarstellen, dass “Eltern-Beziehungen” manchmal auseinandergehen, aber Beziehungen zwischen Eltern und Kindern nicht.
- Dem Kind erklären, wie es in Zukunft sein wird - z. B. wo und wie die Wohnsituation sich verändert, wo das Kind wohnt, der Kindergarten und die Schule weiterhin besucht werden, wie der Alltag sich gestalten wird usw.
- Die Verantwortung übernehmen und den Kindern immer wieder versichern, dass sie nicht an der Trennung schuld sind und sie nichts mit der Trennung zu tun haben.
- Ältere Kinder bei Entscheidungen und Umgangsregelungen miteinbeziehen und ihnen gewisse “Freiheiten” einräumen.

- Übergabe und Übergangszeiten sind für Kinder oft sehr emotional und schwierig. (Der Loyalitätskonflikt und die Trennung der geliebten Eltern werden den Kindern in diesen Situationen besonders bewusst.)
- Den Kindern die Liebe immer wieder versichern, dass sie weiterhin geliebt werden und die Trennung nichts daran verändert.
- Die Gefühle und die Emotionen der Kinder in stressigen Konflikten wahrnehmen und nicht nur krampfhaft nach Lösungen suchen, sondern innehalten und das Kind fragen, was es gerade braucht. Mit dem Kind die Gefühle und Emotionen erforschen und dem Kind die Aufmerksamkeit schenken, die es gerade benötigt. Das braucht etwas Geduld, Achtsamkeit und Liebe und du kannst das Kind ähnlich wie bei der Wunderfrage fragen (je nach Alter): “Wenn du jetzt zaubern könntest, was würdest du dir jetzt wünschen?”, oder z. B.: “Was denkst du, was würde dein Kumpel/deine Freundin jetzt machen?”
- Wenn extreme Verhärtungen und Spannungen zwischen den Eltern bestehen, sollte sich niemand zu schade sein, sich Hilfe zu holen - z. B. Mediationsstellen von Jugendämter, oder sich selbst psychologische Hilfe.

Ich wünsche dir und deinen Kindern, dass ihr diese Zeit so harmonisch und unbeschadet wie möglich durchleben könnt.

5.

Loslassen, verabschieden und sich befreien

Auch ich musste erst einmal loslassen: unser gemeinsames Haus, Möbel, Bilder, Nachbarn, gemeinsame Freunde, unser gemeinsames Hobby das Tanzen usw. Es war schmerzhaft zu erkennen, dass es einfach für immer vorbei war. Ich musste den Gedanken loslassen, mit meinem Mann alt zu werden. Ich musste zerstörerische und unnötige Gedanken verabschieden, wie z. B. "SIE hat ihn mir weggenommen", oder "ER hat meine Familie zerstört!". (Das hatte ich tatsächlich so gedacht.)

Doch das war beim Auszug aus unserem gemeinsamen Haus nicht so einfach, es war alles noch so frisch. An so vielen Dingen hingen gemeinsame Erinnerungen und Emotionen. Dann musste alles irgendwie schnell gehen, weil ich einfach nur noch aus dem Haus raus wollte. Mir blieb wenig Zeit richtig zu packen und auszusortieren, also warf ich mit vielen Tränen alles irgendwie in die Kisten und Koffer und ab ging es in die neue Wohnung. Meine erste eigene Wohnung nach mehr als 22 Jahren.

Entrümple dein Leben, deine Wohnung, deine Vergangenheit

Lass los, was dich festhält und runterzieht. Hört sich immer wieder so klar und genial an, als ob es so leicht wäre. Doch in der Tat, es ist einer der größten Befreiungsschläge schlechthin.

Am besten fängst du gleich damit an und wirfst alle Dinge und Erinnerungen weg, die dich in der Vergangenheit festhalten. Denn was bedeutet das Wort Vergangenheit? Es ist etwas "vergangen", vorbei, ein zurückliegendes Ereignis. Das muss man sich mal verdeutlichen.

Das ist ein sehr wichtiger und reinigender Prozess. Tränen und Weinen sind erlaubt, denn manchmal muss etwas sehr heulsam sein, um dann heilsam zu sein. Manchmal muss man etwas loslassen, um für Neues Platz zu schaffen, den Kopf und die Hände frei zu haben, aber auch das Leben entrümpeln, um neben dir Platz für etwas oder jemand Neues zu erschaffen.

Den Ex-Partner aus deinem Leben verbannen

Lösche seine Kontaktdaten und alle Kontakte in sozialen Netzwerken. Du willst doch nicht ernsthaft mitbekommen, was deine verflossene Liebe in seinem neuen Leben macht und mit wem? Höre auf, dich zu quälen.

Sonderfall: Wenn Kinder da sind, kannst du den Kontakt nicht völlig abbrechen, aber beschränke die Kommunikation auf das Nötigste und bleibe vor allem sachlich. Tausche dich über Medien wie E-Mail oder WhatsApp aus, um emotionale Ausbrüche zu vermeiden. Die "Übergabe" der Kinder kannst du über "Mittelsmänner" regeln - z. B. lass den Ex-Partner die Kinder in der Schule oder bei der Oma abholen, um weitere Konflikte zu vermeiden, bis du oder ihr wieder stabil genug seid.

Höre auch auf, deinen Ex-Partner zu stalken. Ich kenne viele Frauen und Männer, die tatsächlich nachsehen, ob und wann er oder sie zuletzt online sind oder waren.

Kaufe dir neue Bettwäsche oder gleich ein neues Bett mit Matratze. Stelle die Möbel in deiner Wohnung um, kaufe dir neue Kissen, Bilder, Vorhänge und verändere eure gemeinsame Wohnung und gestalte diese um. (Wenn du wenig Geld hast, vielleicht findest du im Second-Hand-Shop und auf dem Flohmarkt etwas, oder eine Freundin/Bekannter mistet auch gerade aus und kann dir etwas geben. Es muss nicht immer viel Geld kosten.)

Entrümple gemeinsame Bilder, Urlaubserinnerungen, Geschenke des Ex-Partners. Wenn du sie nicht wegwerfen möchtest, dann ab in eine Kiste und in den Keller damit.

Weg mit Kleidungsstücken, gemeinsamen CDs, DVDs.

Höre auf, die gemeinsamen Lieder zu hören, das quält und erinnert dich nur. Erstelle dir neue "Playlisten", programmiere dich auch hier auf eine positive, leichtere Zukunft.

Das war eine meiner Strategien das "Verlassen zu werden" zu überleben und das Beste daraus zu machen und mir mein Umfeld neu zu gestalten.

Übung: Den Partner loslassen

Wichtig ist es hier, dir deiner unguten Gefühle bewusst zu werden, diese noch einmal anzunehmen, um sie dann verarbeiten und verabschieden zu können. Frage dich, willst du den Partner, oder das Bild, das du dir von ihm aufgebaut hast, wirklich loslassen, mit allen Gefühlen, die dahinterstecken? Bist du bereit dazu? Ja, dann ist diese Übung genau das Richtige für dich. Diese Übung mache ich oft mit meinen Klienten zu verschiedenen Themen und manchmal auch für meinen eigenen Seelenfrieden.

Hier geht es um das bewusste Annehmen und Loslassen deines Ex-Partners mit allen Emotionen, die dazugehören. Eine wundervolle Methode, um Liebeskummer und Trennungsschmerz zu überwinden. Viel Erfolg dabei!

Übung: Der heiße Stuhl oder die 1-2-3 Wahrnehmungspositionen

Der heiße Stuhl

1. Eigenverantwortung

Übernehme die Eigenverantwortung und treffe bewusst die Entscheidung, den Ex-Partner loszulassen. Dies kann ein oder sogar der entscheidende Schritt zur emotionalen Heilung sein.

2. Energiebilanz

Hier kann es sehr dienlich sein, eine Energiebilanz zu machen. Was ich damit meine? Schreibe dir auf eine Liste alle Punkte auf, die dich an deinem Ex-Partner und in der Beziehung gestört haben. Sei schonungslos ehrlich zu dir, schreibe alle Vor- und vor allem Nachteile des Ex-Partners und der Beziehung mit ihm auf. Das kannst du am besten in einer Tabelle machen, so siehst du das Ungleichgewicht sofort. Höre aber auf ihn zu idealisieren und dir schönzureden. Frage notfalls deine Freunde, du wirst erstaunt sein, wie ein Außenstehender deinen "Traumpartner" sieht bzw. gesehen hat.

Das kann ganz schön ernüchternd sein, wenn du mal ehrlich zu dir selbst bist. Frage dich, ist es die Person, die ich vermisse, oder das Gefühl, das er/sie in mir ausgelöst hat? Diese Frage ist berechtigt und viele meiner Klienten erschrecken, weil sie erkennen, dass sie das Gefühl lieben, welches in ihnen ausgelöst wird und nicht so sehr die Person dahinter.

3. Schreibe einen Brief

Schreibe deinem Ex-Partner einen Brief. Schreibe alles auf, was du ihm immer schon sagen wolltest, was dich gestört hatte, was dich gekränkt hatte, was dich verletzt hatte. (Du kannst die Liste der negativen Eigenschaften, die Energiebilanz als Grundlage nehmen.)

Spreche in diesem Brief alles aus und an, was dir wichtig ist, rufe dir alles in dein Gedächtnis, was dich jemals gestört hat. Das kann ein sehr langer Brief werden, lass dir Zeit beim Schreiben. Auch dieser Prozess ist heilsam.

Nichts schwelt im Unterbewusstsein (im Unbewussten) so sehr, als unausgesprochene Worte. Unausgesprochenes kann ganz schön laut sein und diese Gedanken drehen sich wie Windmühlen in deinem Kopf weiter.

4. Der heiße Stuhl

Stelle dir zwei Stühle bereit und nehme auf einem Platz. Stelle dir den zweiten Stuhl gegenüber. Auf diesem Stuhl stellst du dir jetzt vor deinem geistigen Auge vor, dass dort dein Ex-Partner sitzt. (Du kannst auch einen Zettel nehmen und seinen Namen darauf schreiben und diesen auf den Stuhl legen.)

5. Nimm deine Gefühle wahr

Bevor du deinen Brief jetzt vorliest, gehe in deine Gefühle, genau in die Emotion, die du jetzt loswerden willst. Was fühlst du? Trauer, Wut, Enttäuschung? Welches Bedürfnis steckt hinter der Emotion? Gesehen zu werden, nicht verlassen zu werden, nicht allein zu sein? Was zeigt sich und was darf gehen? Auf einer Emotions-Skala von 1–10: Wie ist es gerade, wenn 1 leicht und 10 schlimm ist? Notiere dir die Zahl deiner Emotion, um später festzustellen, was sich verändert hat.

6. Den Brief laut vorlesen

Jetzt ist deine Zeit gekommen. Dein Ex-Partner sitzt dir gegenüber auf dem "heißen Stuhl" und kann nicht weg. Du darfst ihm den Brief laut vorlesen, lass alles raus und los, was dich bedrückt und was gesagt werden will. Heule, wenn dir danach ist. Tobe und schreie ihn an.

Verabschiede dich bewusst, bedanke dich für die gemeinsame Zeit und Liebe, es gab auch schöne Momente. Dann lass deinen Ex-Partner für immer los und gebe ihn frei. Das ist ein wichtiger Schritt in deine emotionale Freiheit.

7. Wie geht es dir jetzt?

Spüre in dich hinein - wie geht es dir, wie fühlst du dich? Besser, leichter, freier? Wie hat sich deine Zahl auf deiner Emotions-Skala verändert?

8. Beenden der Übung

Du kannst die Übung jetzt beenden, den Brief zerreißen, verbrennen, die Asche im Wind zerstreuen oder in der Toilette hinunterspülen. Ganz wonach dir ist. Du hast die Wahl und die Freiheit, nimm sie dir! Oder du machst weiter mit der 2. Variante.

Die erweiterte Möglichkeit – 1-2-3-Wahrnehmungsübung

Für Fortgeschrittene

Diese Übung kannst du alleine oder noch viel besser mit einem Freund/Freundin machen, die/der dich durch die Übung leitet und dir die Schritte vorliest und dir die Fragen stellt. Vergiss nicht dein Ziel, dich von deinem Ex-Partner zu verabschieden und ihn loszulassen.

Du stellst dieses Mal 3 Stühle auf. Einen für dich, das ist Stuhl 1, die ICH-Position, einen für deinen Ex-Partner, diesen nennen wir Stuhl 2, die DU-Position und einen 3. Stuhl als Schiedsrichter, Mentor oder als Beobachter - das ist die sogenannte Metaebene. (Zur Erleichterung, kannst du dir gerne wieder die Namen auf einen Zettel schreiben und auf die jeweiligen Stühle legen.)

Die Metaebene dient dazu, einen Blick und den Fokus als neutralen Beobachter auf bestimmte Situationen mit Abstand zu werfen. Mal angenommen die Metaebene (Stuhl 3) wäre eine befreundete Person. Wenn dieser Mensch jetzt beide anderen Positionen, die Meinungen und alles andere von außen beobachtet hätte, was würde diese Person sehen, hören und wahrgenommen haben? Was würde diese Person euch raten?

Dann gehst du wie in der Übung der heiße Stuhl die Schritte 1–7 durch und beendest nicht bei Schritt 8, sondern gehst bei Punkt 9 weiter.

9. Wie bei der Übung "Der heiße Stuhl"

Du sitzt auf deinem Stuhl in der ICH-Position und hast deinem Ex-Partner den Brief vorgelesen, du hast ihm alles gesagt, was dir auf der Seele gebrannt hat, was du immer schon mal loswerden wolltest. Jetzt spüre in dich hinein. Wie geht es dir jetzt?

10. Distanziere dich von der Position

Jetzt stehe auf, atme ein paarmal ganz tief und fest ein und wieder aus. Gehe ein paar Schritte, strecke und recke dich, lass noch einmal bewusst los und freue dich darüber, endlich "gehört" worden zu sein.

11. Nun setze dich auf Stuhl 2, die DU-Position, den Stuhl deines Ex-Partners

Spüre dich in diese Position ein, fühle was er wohl fühlt, wenn er das alles gehört hat. Was ist seine Meinung dazu? Wie geht es ihm jetzt, wenn er das alles gehört hat? Was will dein Ex-Partner dir jetzt vielleicht sagen? Stelle hier die Frage: "Du hast jetzt alles gehört, was ... dir gesagt hat, wie geht es dir damit?" Lausche in dich hinein, das kann ganz schön spannend sein, wenn du dich mal in die Gedanken und Gefühle deines Ex-Partners hineinversetzt. Lass es einfach zu, sprich aus dieser Position den/die Stuhl/Position an, auf dem/der du gerade noch gesessen hast. Du siehst und sprichst jetzt mit den Augen, dem Mund deines Ex-Partners und siehst dich auf deinem Stuhl sitzen und zuhören. Sag auch hier alles, was kommt. Das kann auch befreiend und ernüchternd sein, wenn du es zulässt und ehrlich zu dir bist.

Hier kannst du einiges über dich erfahren. Aber vielleicht ist es auch so, dass es deinem Ex-Partner leidtut und er dich hier um Vergebung bittet, sich auch von dir verabschieden möchte, oder freigegeben werden will. Sei ehrlich zu dir.

12. Distanzieren

Wenn du auf dieser Position 2, die DU-Position (dein Ex-Partner) fertig bist, dann steh bitte wieder auf, geh ein paar Schritte, atme bewusst ein und aus, lass los, was du gerade gespürt und gefühlt hast. Schüttle dich und strecke und recke dich. Gehe bewusst aus den Gefühlen deines Ex-Partners und der Position heraus.

13. Der 3. Stuhl – die Metaebene oder der Berater/Beobachter

Nachdem du bewusst aus den Gefühlen der 2. Position wieder herausgegangen bist, setze dich auf den dritten Stuhl, den Stuhl des Beobachters, des Beraters.

Stelle dir hier die Frage: "Beobachter, Berater, was hast du von dieser Position aus gehört, was ... (Name des Ex) dem Ex-Partner gesagt hat und du hast gehört, was der Ex-Partner zu ... (dein Name) gesagt hat – was würdest du als Außenstehender sagen oder raten? Wie hast du die beiden wahrgenommen? Wie haben sie sich gegenüber verhalten? Wie sollten sie sich verabschieden? Was wäre eine gute Lösung für beide?"

Nimm auch hier alle Empfindungen wahr und sehe es mit den Augen eines Betrachters, dann sprich zu den beiden.

14. Distanziere dich wieder

Wenn du mit dieser Metaebene des Betrachters fertig bis, lasse auch hier wieder alle Emotionen/Gefühle bewusst los und spüre dich wieder voll und ganz in dich und deine Emotionen ein.

15. Abschluss

Setze dich zum Abschluss der Übung noch einmal auf deinen Stuhl, deine ICH-Position. Wie geht es dir jetzt? Verabschiede dich endgültig, lass deinen Ex-Partner für immer los. Bedanke dich noch einmal für die gemeinsame Zeit und bitte auch deinen Ex um Vergebung, für all deine Fehler und Verletzungen, die du deinem Partner bewusst oder unbewusst zugefügt hast.

Denn auch Vergebung ist ein wichtiger Schritt zur emotionalen Heilung. Sag es nicht einfach so, fühle es von ganzem Herzen.

Wie sind deine Gefühle und Emotionen, wenn du jetzt deine Skala neu betrachtest? Was hat sich verändert, wie gut hast du losgelassen, wie frei fühlst du dich?

Jetzt kannst du die Übung endgültig beenden, den Brief zerreißen, verbrennen, die Asche im Wind zerstreuen oder in der Toilette hinunterspülen. Ganz wonach dir ist. Mache es für dich und deine emotionale Freiheit und lass auch diesen Brief los. Schreibe am Abend in dein Glücks- oder Erfolgstagebuch, was du jetzt denkst und fühlst. Es wird dir in ein paar Monaten und Jahren noch einmal ganz neu vorkommen und du wirst dir auf die Schulter klopfen und dich bei dir selbst bedanken, diesen bewussten Schritt des Zulassens und Loslassens gegangen zu sein. Gratuliere dir zu diesem Loslass-Ritual und feiere dich.

Zwei weitere und etwas kürzere Übungen zum Thema Loslassen:

Die Energie-Bilanz, um den Ex-Partner vom Sockel zu holen

Diese hatte ich bereits in der vorangegangenen Übung angesprochen. Eine Möglichkeit, um zu reflektieren und zu betrachten, wo du stehst, wo du hinwillst, was an deiner Beziehung gut war. Was hat dir in der Partnerschaft Energie geschenkt und was hat sie dir geraubt?

Mache dir eine Liste, eine Energie-Bilanz: Auf der einen Seite notierst du, was gut in der Beziehung war und auf der anderen Seite, was schlecht war. Was hat dir an ihm/ihr gefehlt, was hättest du dir gewünscht? Sei bitte ehrlich. Schreibe alles auf, was dir in den Sinn kommt, auch alle Kränkungen, Verletzungen und Demütigungen, denn diese gibt es in der Trennungsphase zu genüge. Hör bitte auf, dir deinen Ex-Partner schönzureden, oder dass in der Beziehung alles so toll war. Wenn es wirklich für beide Seiten so schön gewesen wäre, warum ist es dann zur Trennung gekommen?

Wenn du diese Liste fertiggestellt hast, mache einen Strich darunter. Schaue dir deine Beziehungs- und Energie-Bilanz an. War wirklich alles so schön?

Was raubt dir Energie? Was war schlecht?	Was gibt dir Energie? Was war gut?
______________________	______________________
______________________	______________________

Was siehst du, was kannst du erkennen, wo ist das Ungleichgewicht?

____

____

Was ist deine persönliche Bilanz? Welche Erkenntnis ziehst du daraus?

____

____

Was willst du daraus lernen und für dich mitnehmen?

____

____

Was sind deine nächsten Schritte? (Strategie, Ziel, Plan)
Wovon möchtest du dich befreien?

Du kannst die Übung Energie-Bilanz in weiteren Bereichen deines Lebens anwenden und übertragen – z. B. im Beruf und für Projekte: Was raubt dir im Beruf deine Energie, wo sind deine Energieräuber und was gibt dir Kraft, Power und Lebensfreude? Was sind die Vor- und Nachteile deines Vorhabens, deines Projektes oder deiner Investition?

Oder auf Freunde übertragen: Wer raubt dir deine Kraft? Dort gibt es sogar oft Energie-Vampire, die dich bis auf das Blut aussaugen ... Viel Spaß beim Erkennen, loslassen und frei werden!

Den Ex-Partner vom Sockel holen

Du kannst die Energie-Bilanz als Vorlage für diese Übung nehmen und deinen Ex-Partner vom Thron holen, auf den du ihn gestellt hast. Die Übung läuft im Grunde auf dasselbe hinaus! Mache dir eine Liste mit Eigenschaften, die dich an deinem Lebensgefährten oder in der Beziehung gestört haben. Das kann sehr ernüchternd sein und auch befreiend auf deinem Weg. Vorausgesetzt, du bist ehrlich zu dir, wenn nötig, mache es mit einer Person deines Vertrauens, denn ohne rosarote Brille ist es effektiver. Wirklich, bei dieser Übung ist so manch einer Klientin nicht nur ein Licht, nein, ganze Kronleuchter aufgegangen.

Liste der Eigenschaften, die mich am Ex-Partner gestört haben:

____

____

Liste der Dinge, die mich an der Beziehung gestört haben:

____

____

Die Idealisierung und die Glorifizierung des Ex-Partners ist ein reines Hirngespinst und entspringt einzig und alleine deinen Gedanken, deiner Fantasie. Genauso wie jegliche Selbstverurteilung und Selbstquälerei. Beides findet im Kopf statt, nicht in der Realität, nicht im Außen. Ich sage immer: Angst entsteht im Kopf, Mut auch! Sei mutig und lass deine quälenden Gedanken los.

Mehr dazu erfährst du über die Glaubenssätze im Kapitel 7.

6.

ÖKO-Check: Den eigenen Anteil überprüfen

Beziehungs-Bilanz

"Eine glückliche Liebe hat immer drei Wurzeln:
Die Bereitschaft, den Anderen als das anzunehmen,
was er ist, ohne ihn verändern zu wollen.
Das Vertrauen in die gegenseitige Zuneigung,
ohne Beweise dafür zu verlangen.
Den Mut, das Herz zu öffnen,
ohne Netz und doppelten Boden."
Jochen Mariss (*1955), Autor und Fotograf

Zu jeder Beziehung gehören mindestens zwei Menschen, zu jeder Trennung auch. Denn selbst wenn einer geht, ist der andere trotzdem betroffen und sollte sich seinen eigenen Anteil ansehen.

Was genau war mein Anteil?

Schmerzliche Selbsterkenntnis: Ich hatte mich zum Teil gehen lassen, war zu dick geworden und für meinen Mann nicht mehr attraktiv genug. Um seine Bedürfnisse zu befriedigen, hatte er sich eben etwas Schlankeres und für ihn Attraktiveres gesucht.

Auch dass ich so unglücklich und unzufrieden in diesem Haus und an diesem Ort war, konnte er nie verstehen. Er war den ganzen Tag bei der Arbeit und hatte auch nicht das Gefühl oder Gespür für negative Energien oder ein störendes Umfeld (in diesem Fall die Nachbarn) und meinte oft "Du mit deinem esoterischen Scheißdreck", sorry, seine Worte.

Ja, ich war unglücklich, unzufrieden, manchmal auch nörglerisch, mein Burn-out mit den Depressionen und meine große OP steckten mir noch in den Kochen. Ich musste für ihn immer stark sein. Ich war für alle der Fels in der Brandung und nun konnte ich schon lange nicht mehr der Fels sein, sondern brauchte selbst Hilfe und eine Schulter zum Anlehnen. Immer wenn es mir psychisch schlecht ging, dann begann ich mit dem emotionalen ESSEN und mein Mann zog sich nach und nach von mir zurück. Eine sehr schlechte Kombination.

Was war unser gemeinsamer Anteil?

Zu jeder Beziehung gehören zwei und zu jeder Trennung auch! Warum hatte es nach all den Jahren mit uns nicht mehr funktioniert? Was war mit uns geschehen, wir hatten uns doch mal so geliebt?

Da war immer ein starkes WIR und jeder ließ den anderen sein ICH sein. Was wohl lange unser Erfolgsgeheimnis war. Wir hatten uns in all den Jahren weiterentwickelt, sind gereift, hatten unsere eigenen Persönlichkeiten, Glaubenssätze, Muster, Hobbies, Werte, Neigungen, Vorlieben und Interessen entwickelt.

Gegenseitig in den Hobbies und Interessen den anderen unterstützt und jedem seinen Freiraum gelassen, den er gebraucht hatte. Eigentlich perfekt, oder?

Rückblickend gesehen war es jedoch so, dass irgendwann jeder nur noch sein Ding gemacht hatte. Gemeinsame Wochenenden waren oft Zufall. Das Haus war groß genug und wir konnten uns zurückziehen und dem anderen aus dem Weg gehen. Wir hatten uns jeder in eine andere Richtung entwickelt und waren zwar noch im selben Lebenszug, doch schon lange nicht mehr im selben Abteil unterwegs.

Manchmal verändern sich die Interessen innerhalb einer Partnerschaft und die eigenen ungelebten Träume werden wieder laut, manchmal zu laut und irgendwann kann man sie nicht mehr überhören.

Am Ende einer Beziehung neigen viele Menschen dazu, die Schuld für das Scheitern und das Verlassenwerden bei sich zu suchen. Sie fangen an sich selbst zu kritisieren, sich selbst schlechtzureden bis hin zu Selbstverurteilung. Oder das krasse Gegenteil: Die Schuld wird nur auf den Partner abgewälzt und der eigene Anteil völlig vergessen. Die hat nichts mit Selbstreflexion zu tun und bringt wirklich niemandem etwas.

Kleine Beziehungs-Inventur als Tabelle

Für die "schnelle" Übersicht biete ich dir diese Art der Tabelle an.

Welche Energie oder welchen Gewinn ziehe ich aus dieser Beziehung?	Welche Energie oder welchen Gewinn zieht mein/e Partner*in aus der Beziehung?

Welchen Nachteil habe ich in dieser Beziehung? Was investiere ich? Was raubt mir die Energie?	Welchen Nachteil hat mein Partner? Was raubt dem/der Partner*in die Energie?

Die ausführliche Beziehungs-Bilanz

Frage dich bitte: Was war dein eigener Anteil an der Trennung? Übernehme die Eigenverantwortung und gehe in die Selbstreflexion.

Wie hast du dich verhalten?

Was hat deinen Partner an dir gestört und was hat er dir gespiegelt?

Was waren deine und eure Themen? Worüber habt ihr euch gestritten?

Ein paar positivere Fragen zur Beziehungs-Bilanz

Was hat dir gefehlt und du hast es nicht gesagt? Worüber konntest du nicht reden?

Was hättest du dir von deinem Partner oder in der Beziehung gewünscht?

Welche Erwartungshaltung hattest du, die dein Partner nicht erfüllen konnte oder wollte? (Deine Erwartungshaltung bestimmt deinen Enttäuschungsgrad.)

Wovon möchtest du in der nächsten Partnerschaft weniger?

Wovon möchtest du in der nächsten Partnerschaft mehr?

___

___

Was macht dich wirklich glücklich?

___

___

Hier geht es nicht um Schuldzuweisungen, es geht um eine Art Inventur. Eine Bestandsaufnahme und sich wirklich bewusst zu machen, wie und warum es zur Trennung gekommen ist.

Jede Selbstreflexion, selbst wenn sie noch so schmerzlich ist, trägt zur Selbsterkenntnis und zum "Heilungsprozess" bei. Diese Fehler machst du in der nächsten Beziehung oder im Job nicht mehr. Denn du nimmst dich mit in die nächste Beziehung und damit auch deine eigenen ungelösten Themen, Erwartungen und Probleme.

Hier dürfen wieder Tränen fließen, weinen befreit und ist heilsam! Immer wenn du auf dem Weg nach Lösungen suchst, löst sich auch schon was.

Liebeskummer und der Trennungsschmerz sind nun mal emotionale Wunden, die tief sein können und oft sogar aus der Kindheit stammen. Gerade nach einer Trennung und vor allem, wenn man verlassen wurde, kommen viele emotionale Wunden und Verletzungen hoch.

Und der weit größte Teil sind ungestillte Bedürfnisse und Ängste verlassen zu werden, z. B. aus der Kindheit oder vorherigen Beziehungen.

Da wir alle ein ganz normales Bedürfnis nach Liebe, Zärtlichkeit, Geborgenheit, Zuneigung, Nähe und Sicherheit haben, ist an der Tatsache, dass es schmerzt, nichts Verwerfliches.

Kritisch wird es erst, wenn wir den Partner für unser Glück oder Unglück verantwortlich machen und er unsere Bedürfnisse stillen soll. Dann befinden wir uns in einer konditionierten Hilflosigkeit, einer emotionale Abhängigkeit, einer Bedürftigkeit und im Mangel.

Leider werden solche emotionalen Abhängigkeiten oft mit Liebe verwechselt.

Aussagen und Gedanken wie: "Ich kann nicht ohne meinen Partner leben", "Ich brauche ihn doch!" usw. Diese Aussagen sind Anzeichen von Bedürftigkeit und Mangel an Selbstliebe und Selbstwert, den der Partner ausgleichen soll.

Diese Bedürftigkeit nach Bedürfnisbefriedigung hat nichts mit Liebe zu tun, auch wenn es uns in den Rosamunde Pilcher oder Hollywood Filmen so vorgegaukelt wird.

Ich habe letztens einen wundervollen Satz gelesen, leider finde ich die Quelle nicht mehr. "Wahre Liebe beruht auf Selbstliebe. Wenn Selbstliebe mit einem anderen Menschen geteilt wird, ist es echte Liebe."

So in etwa war die sinnbildliche Aussage, die ich mir merken konnte. Die Kernaussage darin ist doch: Wer sich selbst liebt, kann auch jemand anderen wirklich lieben und ist kein "Suchender" oder "Bedürftiger".

Ebenso ist Eifersucht kein Liebesbeweis, sondern ein Besitzanspruch und zeugt von Verlustängsten und wiederum Mangel an Selbstwert und Selbstliebe.

Was nach einer Trennung bleibt, ist oft ein angeknackstes Selbstbewusstsein und Zweifel an sich und seiner Liebenswürdigkeit und selbstzerstörerische Gedanken.

Aber ACHTUNG! Wichtig ist, nicht im Jammertal zu verharren, oder noch schlimmer, in eine negative Gedankenspirale zu verfallen.

Gedanken wie, ich habe keine glückliche Beziehung verdient, oder ich bin nicht liebenswert usw. Das ist pure Selbstverurteilung und Selbstabwertung. Schlimm ist nicht der eigentliche Verlust, sprich die Trennung von deinem Partner, sondern die Enttäuschung sich so geirrt zu haben. Das erzählen mir meine Klienten immer wieder.

7.

Die Energie der Gedanken – mehr Lebenslust, statt Lebensfrust!

Mehr gute Gedanken ergeben mehr gute Gefühle

Achte auf Deine Gedanken, denn sie werden Deine Worte!
Achte auf Deine Worte, denn sie werden Deine Taten!
Achte auf Deine Taten, denn sie werden Deine Gewohnheiten!
Achte auf Deine Gewohnheiten, denn sie werden Dein Charakter!
Achte auf Deinen Charakter, denn er wird Dein Schicksal!
Jüdischer Talmud

Dieses wundervolle Sprichwort sagt schon alles aus. Die Art und Weise wie wir denken hat Einfluss auf unsere körperliche und psychische Gesundheit. Denn deine Gendanken werden deine Wahrheit, dein Leben und damit auch dein Lebenslauf.

Damit schreibst du das Buch deines Lebens, stellst die Weichen für den Zug deines Lebens, programmierst dein Navi und damit dein Gehirn. Was hörst du, was liest du, wo sind deine Gedanken? Womit fütterst du dein Gehirn, welche geistige Nahrung nimmst du zu dir? Welche Informationen lässt du in dein Gedankengut? Sind die gut, deine Gedanken? Tun sie dir gut, deine Gedanken? Tun sie deinem Umfeld gut?

Übernehme die Verantwortung für dein Leben selber!

Dein Input bestimmt deinen Output, das ist bei deiner geistigen Nahrung nicht anders, als bei deiner körperlichen Nahrung. Eine gesunde Ernährung wird dir deinen Körper gesund erhalten, gesunde geistige Nahrung wird dir deine geistige Gesundheit erhalten.

Wenn deine Gedanken ständig um deinen Ex-Partner kreisen, dann ist dies nicht gesund und es ist Zeit diese loszulassen. Negative Gedanken setzen negative Emotionen in Gang und diese negativen Emotionen verzerren das Urteilsvermögen und unsere Bewertung der Wirklichkeit. Je negativer deine Emotionen sind, umso mehr entfernst du dich der Realität. Die Schlussfolgerung daraus ist, du redest und benimmst dich womöglich sehr destruktiv.

Die Macht deiner Gedanken

Negative Glaubenssätze und unser innerer Dialog und "Quatschkopf" machen es uns nicht immer leicht. In diesem Kapitel erfährst du einige Ideen, wie du damit umgehen und anfangen kannst, deine Gedanken zu überprüfen und Tipps, wie ich es geschafft habe, die Macht über meine Gedanken zu erlangen. Glaube mir, bei mir war in der schweren Zeit nicht nur "Sahne" im Kopf.

Nach der Trennung waren in mir viel Wut und sehr viele zerstörerische, nicht förderliche Gedanken. Vor allem abends und an den Wochenenden kamen die negativen Monster in meinen Kopf und nagten an meinen Gedanken und damit an meinem Gemüt und meiner emotionalen Stimmung.

Ich bin normalerweise immer irgendwie gut gelaunt und versuche allem etwas Positives abzugewinnen. Aber in dieser Phase ging es mir eben auch mal schlecht. Dennoch war mir bewusst, ich muss etwas verändern und das war mein Denken.

Und hier musste ich die Verantwortung für das, was ich denke und fühle übernehmen, denn es ist mein Leben, das ich mit meinen Gedanken und Worten kreiere und gerade dabei war es zu vergiften. Ich hatte selbst gespürt, wie schlecht ich über meinen Ex-Partner, über mich und die Trennung gesprochen hatte. Es zog mich runter und tat weder mir noch meinem Umfeld gut.

Mir war klar, in all der Wut und Trauer dem Partner gegenüber zu verharren, ist wie selbst Gift zu schlucken und zu erwarten, dass der andere daran stirbt. Man vergiftet nur sich selbst, seine Gedanken und die daraus entstehenden Gefühle und damit sein Leben. Und aus diesen destruktiven Gedanken werden negative Emotionen, die uns krank machen, Stück für Stück. Das ist emotionaler Selbstmord auf Raten.

Wir können unsere Vergangenheit nicht verändern, wohl aber, wie wir darüber denken und reden. Und wenn wir sie annehmen, dann können wir sie als einen Teil unserer Biografie integrieren. In dieser Trauer dürfen wir uns selbst annehmen und lernen, uns zu lieben und uns Gutes zu tun.

Den Pausenknopf drücken

Wenn sich das Gedankenkarussell gerade mal wieder dreht, der Sturm im Kopf gerade wieder tobt, dann ist es Zeit, den Pausenknopf zu drücken und sich bewusst zu fragen, wo bin ich gerade mit meiner Aufmerksamkeit? Bin ich bei mir, oder ist meine Aufmerksamkeit bei meinem Ex, kümmere ich mich gerade gedanklich um meine Angelegenheiten oder um die des Partners? Was brauche ich? Was ist das Bedürfnis hinter meinen Gedanken?

Ich hatte gelernt den Trennungsschmerz zu akzeptieren und mir mit Liebe zu begegnen und durfte erleben, wie Trauer mit viel Selbstliebe gemischt viele emotionale Wunden geheilt und zu mehr Lebensfreude und Leichtigkeit geführt hatten.

Du wirst es nicht glauben, was ich alles getan hatte, um aus meinem emotionalen Jammertal herauszukommen. Ich wusste aus meinen Ausbildungen - wir können durch unsere Gefühle und Emotionen unseren Körper beeinflussen und wir können durch unseren Körper und die richtige Bewegung wiederum unsere Gefühle beeinflussen. Das nennt man heute "Embodiment", darunter wird die Wechselwirkung zwischen Körper und Psyche verstanden und dass das eine das andere beeinflusst und umgekehrt.

Frei nach dem Motto: "Bist du glücklich, informiere dein Gesicht und bewege dich!"

Hier eine Liste, wie ich meine Stürme im Kopf beruhigen konnte:

- Ich saß stundenlang grinsend im Auto oder im Geschäft und irgendwann hatte es funktioniert und nicht nur mein Gesicht hatte gelächelt, nein, meine Stimmung und meine Seele auch. (Es fühlt sich am Anfang blöd an, doch es ist so effektiv, probiere es einfach aus, du wirst sehen, es wirkt Wunder.)
- Um mich abends nicht einsam zu fühlen, hatte ich mit Freundinnen per WhatsApp oder Facebook gechattet.
- Ich hatte mir ganz viele DVDs angesehen, oder bin von Zeit zu Zeit alleine ins Kino gegangen und nur Filme, die mich zum Lachen gebracht hatten konsumiert – manche waren auch völlig sinnbefreit.
- Mit einem Buch bewaffnet saß ich in einem Kaffeehaus, damit mir zu Hause nicht die Decke auf den Kopf fiel, das wurde dann irgendwann mein zweites Wohnzimmer. Ein positiver Nebeneffekt nach ein paar Wochen war: Mein Lieblingsessen und mein Getränk kamen schon ohne Bestellung an den Tisch, immer mit der Frage: Wie geht es dir? Das hatte sich sehr vertraut und gut angefühlt.
- Irgendwann hatte ich angefangen spazieren zu gehen, dann zu walken und mit Joggen weitergemacht. Bewegung tut gut, heilt, lenkt ab und regt die Produktion von "Glückshormonen" an, die in der Stressphase im Keller ist. Positiver Nebeneffekt hierbei war, die Figur und Fitness wurden positiv beeinflusst.
- Meine Ernährung hatte ich bewusst umgestellt und mich gesünder ernährt.
- Ich hatte alte Kontakte z. B. zu Klassenkammeraden wiederaufleben lassen, zu denen ich seit mindestens 20 Jahren keinen Kontakt mehr hatte. Zum Teil war es superlustig und zum Teil so, dass ich es nicht weiter verfolgen wollte.

- Ich hatte Freundschaften geknüpft, für die ich vorher nicht offen gewesen wäre.
- Mir einen neuen Tanzpartner gesucht, weil ich das Tanzen nicht aufgeben wollte und er war viel mehr als nur ein Tanzpartner. Er war in dieser schweren Zeit ein wundervoller Freund und Herzensmensch für mich.
- Ich war bei meinen Kollegen zum Coaching, zur Familienaufstellung, zum Wingwave-Coaching, zur Hypnose, alles was ich meinen Klienten auch anbiete, hatte ich mir in dieser Phase selbst gegönnt und mich meinen Themen gestellt.
- Über Facebook hatte ich Kontakt zu einem Coaching-Kollegen und wir waren in einer ähnlichen Situation der Trennungsphasen und daraus war eine tiefe Freundschaft entstanden. Wir waren an den Wochenenden stundenlang frühstücken. Bei unseren Spaziergängen hatten wir uns mehr oder weniger gegenseitig in den Gesprächen bereichert und gecoacht. Er wurde in der Zeit mein engster Vertrauter und mein “Best Friend”. Ich bin heute noch dankbar, dass wir uns in dieser Zeit hatten.
- Bücher gekauft und Seminare besucht, die meine Persönlichkeit gestärkt hatten und dadurch hatte ich wieder neue Menschen kennengelernt.
- Auf YouTube hatte ich mir sehr viele Videos zum Thema positives Denken, Persönlichkeitsentwicklung usw. angesehen und aufgesaugt.
- Ich bin mit Freundinnen auf Konzerte gegangen, die ich mit meinen Mann nie besucht hätte.
- Tiefere Gespräche mit meinem Sohn geführt und auf dem Sofa gekuschelt, das hätten wir früher so nie gemacht. (Der Kleine war zu der Zeit 17 Jahre alt.)

- Das hawaiianische Vergebungsritual Ho´oponopono kam in mein Leben und wurde ein fester Bestandteil.
- Viel meditiert. Ich kann das am besten in der Natur.
- Ich hatte jeden Abend in mein Dankbarkeits- und Glückstagebuch geschrieben, heute würde ich es Journaling nennen.

Was kannst du für dich tun, dass es dir schnell wieder gut geht? Dazu möchte ich dir folgende Übung anbieten.

Übung: Schaffe dir deine emotionale Rettungs-Insel und packe deinen Notfallkoffer

Als ich nach dem Umzug so Stück für Stück die Kisten und Koffer ausgepackt hatte, war ich auf eines meiner Schatzkästchen gestoßen. Ich machte diese kleine Box auf und entdeckte viele kleine und große Kostbarkeiten aus meiner Vergangenheit. Da waren z. B. mein kleines goldenes Kreuz, das ich zur Konfirmation geschenkt bekommen hatte, eine Haarsträhne aus meiner Teeniezeit, ein kleiner Liebesbrief, eine von mir handbemalte Holzschatulle, eine alte Kassette mit Musik aus den frühen 80er-Jahren, eine kleine Puppe, die meine Mutter einmal für mich gemacht hatte und viele Kleinigkeiten, die mich emotional tief berührten und auf eine Reise in eine andere Zeit und Gefühle mitgenommen hatte.

Was ich feststellen durfte – das Öffnen dieser kleinen Box hatte mich sofort aus meinem emotionalen Schmerz herausgerissen und es fühlte sich für diesen Augenblick an, als wenn mich jemand auf eine schöne Insel entführt hätte und ich den Zauber spüren und in den Händen halten durfte.

Das brachte mich auf die Idee, mir dieses als bewussten Gefühls-Anker zunutze zu machen und mir für die Notfälle meine Rettungs-Insel zu kreieren und dafür meinen Notfallkoffer oder meine Box zu packen.

Für diesen "Koffer" hatte ich mir extra eine kleine Box ausgesucht, griffbereit neben meinem Bett platziert. Diese füllte ich nach und nach mit Dingen wie z. B. meinen lieblings ätherischen Ölen, meinen Räucherstäbchen, Bildern von meinem Sohn als er noch ein Baby war und sooooo süß lachte, das es sofort meine Stimmung hob und ich mitlachen musste, meinem MP3-Player mit meiner Lieblings-Playliste, meinem Parfum, das ich mir selbst zusammengestellt hatte, der Telefoniste meiner Freunde (symbolisch, als Gedankenstützte, dass ich sie immer anrufen kann, wenn ich sie brauche), meinem Journaling-Tagebuch, ein paar Lieblings-Zitaten, einem Badesalz, das mich daran erinnern sollte, mich selbst zu verwöhnen, einem neuen Buch, ein paar Gummibärchen und etwas Schoki durften nicht fehlen usw.

Auch das Füllen des "Notfallkoffers" war ein Prozess, der mich und meine Gedanken ablenkte. Ein Koffer für alle Sinne, zum Schmecken die Schokolade, zum Riechen die Düfte, zum Hören die Musik, zum Anfassen und Schreiben mein Tagebuch, für das Visuelle die Zitate und Bücher, meine Liste mit den Dingen und Ideen, die ich schnell tun kann, um mich auf meine Rettungs-Insel zu beamen (die erkläre ich dir im nächsten Abschnitt) usw.

Wenn das nicht ein perfekter Koffer nicht nur für alle Sinne, sondern auch für alle Fälle ist?

Jetzt bist du dran. Mache dir deine Gedanken und lege dir deine persönliche Liste an, was du in deinen Koffer packen möchtest, um dich schnell auf deine Rettungs-Insel begeben zu können. Schreibe sie auf ein Blatt, in dein Tagebuch, auf einen Zettel, den du kopieren kannst und in deine Tasche oder deine Box legen oder an die Wand pinnen. Es ist egal wie und wo, wichtig ist, dass du es schnell zugänglich hast, ebenso deinen Notfallkoffer.

Schreibe dir auf diese Liste Dinge, die du tun kannst, um in gute Gedanken zu kommen und die dich ablenken und glücklich machen. Was kannst du dir in deinen emotionalen NOTFALLKOFFER packen, um dich schnell wieder in einen Gute-Laune-Zustand zu versetzen?

Und du suchst dir eine schöne Kiste oder Box symbolisch als deinen Notfallkoffer aus und packst die Kiste oder du machst es für dich nur schriftlich. Du entscheidest, was für dich stimmig ist und das eine schließt das andere nicht aus, im Gegenteil.

Wenn du es schriftlich machst, dann teile es in verschiedene Zeitzonen ein, da wir nicht jeden Tag gleich viel Zeit oder auch Geld zu Verfügung haben. Ich kenne einige Familien, die auseinandergebrochen sind und bei der die Frau erst mal ohne jegliche finanzielle Mittel dastand, bis der Unterhalt vom Gericht geregelt wurde.

Es gibt so viele Dinge, die uns guttun und die wir uns täglich gönnen können und die auch nicht viel kosten müssen.

Hier ein paar Beispiele für dich, was du "einpacken" kannst:

- 4 Min. dein Lieblingslied hören (Playliste erstellen)
- 1 Min. ein Bild ansehen, das dich an einen positiven Glücksmoment erinnert. (z. B. dein Kind, dein Lieblingsort, ein energetisches Symbol)
- 2 Min. in den Spiegel schauen und dich anlächeln. (Glaub mir, dein Lächeln kann dir deine ganze schlechte Laune verderben.)
- 1 Stunde laufen gehen, spazieren gehen oder Rad fahren
- 1 Stunde einfach nur raus in die Natur

- 1 Stunde in die Badewanne mit Kerzen und Lieblingsduft und danach mit einem Body-Öl verwöhnen
- 1 Stunde dein Duftlämpchen oder deinen Zerstäuber mit ätherischen Ölen genießen, die deine Stimmung erhellen, wie z. B. Grapefruit, Orange, Zitrone, Bergamotte, Neroli, Petit Grain, Ylang Ylang, Muskatellersalbei, Rosengeranie
- 1 Stunde dein Duftlämpchen oder deinen Zerstäuber mit tröstenden ätherischen Ölen, wie z. B. Mandarine rot, Rosengeranie, Vanille-Extrakt, Benzoe Siam genießen
- 1 Stunde in der Bücherei stöbern und dir ein Buch ausleihen
- 3 Stunden Fitnessstudio mit Sauna
- 20 Min. positive Zitate lesen, oder sie dir aufschreiben und in deiner Wohnung verteilen
- 1/2 Stunde das hawaiianische Vergebungsritual Ho´oponopono praktizieren (Du kannst es auf eine Zettel schreiben und in die Box legen.)
- 10 Min. jeden Abend, am Morgen oder in diesem Moment in dein Tagebuch schreiben
- 1 Stunde Yoga oder Meditation
- 1 Stunde dein Bücherregal nach ungelesenen Büchern durchforsten, ich bin mir sicher, auch du findest noch ungelesene Exemplare und hast jetzt die Zeit und Möglichkeit, diese zu lesen.
- 2 Stunden Kino mit Freunden, oder auch mal allein
- 1 Stunde spontan Massage, oder zumindest schon mal den Termin vereinbaren und die Vorfreude genießen. (Wenn du kein Geld dafür hast, kannst du dir ein Fußbad machen und dir die Füße massieren.)
- 1 Tag mit Freunden verbringen

- 2 Stunden mit Freunden kochen
- 1 Stunde etwas wegwerfen, was dich nicht mehr glücklich macht, aber befreiend wirkt
- 1 Stunde Podcasts oder Video-Podcasts anhören und sehen, die dich auf positive Gedanken bringen. (Ich habe einen Podcast und auf YouTube einen Kanal Gisa Steeg, dort kannst du dir Anregungen holen und Interviews hören, wie andere Menschen ihre Krisen überwunden haben und wieder glücklich geworden sind.)
- 3 Tage Kurzurlaub, oder einen richtigen Urlaub
- 1 Stunde mit Freunden spazieren gehen
- 2 Stunden Freunde abends auf ein Glas Wein einladen oder mal einen Mädelsabend manchen
- 1 Stunde Eis essen gehen
- Schoki oder Gummibärchen kaufen
- 2 Stunden DVD schauen, auch diese kannst du über Freunde oder eine Bibliothek kostenlos ausleihen oder einen Film streamen.
- 30 Min. Blumenstrauß kaufen und sich mehrere Tage daran freuen

Die Liste kannst du endlos für dich weiterführen, das sind Ideen und Anregungen und es ist bestimmt für jeden Geldbeutel etwas dabei.

Jetzt bist du dran. Es ist deine Liste und deine Notfallkiste: Wie oben bereits beschrieben – es kann alles sein, von einem spontanen Kurzurlaub, über eine neue Frisur, bis hin zu einer Zettelsammlung mit vielen positiven Zitaten oder neuen Glaubenssätzen ... egal was – Hauptsache deine Gedanken werden auf etwas Positives gelenkt und deine Stimmung verbessert sich.

Was kannst du dir Gutes tun? Was macht dich glücklich? Was kommt in deine/n Koffer/Box?

Jammerfreie Zone einrichten!

Worte können betören, Worte können zerstören, Worte können wie Feuer auf der Seele brennen. Worte und Glaubenssätze haben Macht, also achte auf deine Worte und deine Gedanken!

Jammern nutzt dir und deinem Umfeld nichts, es zieht alle nur runter. Also achte bewusst auf deine Worte, wo ertappst du dich beim Jammern? Wo schluckst du das Gift und hoffst, der andere stirbt daran? Denke an die Auswirkungen auf deinen eigenen Körper und dein Gemüt.

Wenn du den ganzen Tag jammerst, wie schlimm es dir geht und du die/der arme Verlassene bist, machst du dich zum Opfer deines eigenen Schicksals. Willst du das wirklich? Wenn du deinem Umfeld alles wieder und wieder brühwarm erzählst, bleibst du im Schmerz und in den negativen Gedanken. Darüber zu reden ist wichtig und in Ordnung, aber ich rede vom unaufhörlichen Jammern. Deine Wunden und dein Schmerz können so nicht heilen. Du bleibst und suhlst dich in deinem eigenen Leid. Denke daran, wenn du aufhörst zu jammern, bist du kein Opfer und es ist ein großer Unterschied, ob man im Opferstatus bleibt oder sich als Betroffene der Umstände fühlt.

Ich empfinde inzwischen Jammern als akustische Luft- und Umweltverschmutzung. Seinen Jammerlappen bei anderen gefragt, oder ungefragt auszuwringen beeinflusst die Umwelt und das Umfeld negativ. Frage dich, wie wirken andere Menschen, die im Dauer-Jammer-Modus sind auf dich? Fühlst du dich mit ihnen wohl? Wie sieht es aus, willst du als emotionaler Mülleimer für deine Freunde ausgenutzt werden und mit ihren Problemen "vollgekotzt" werden? Dann frage dich, bist du gerade dabei einen Freund oder eine Freundin als emotionalen Mülleimer oder Ersatz-Therapeuten zu missbrauchen? Schütze dich und deine Freunde, geh bitte achtsam und liebevoll mit dir und deinen Gedanken um.

Hast du schon einmal jemanden erlebt, der sich glücklich gejammert hat? Wenn man mit der akustischen Luftverschmutzung aufhört, dann können aus Wunden Wunder werden! Glaube mir, ich habe schon viele Wunder gesehen und eine gute Gedankenhygiene hat noch niemandem geschadet.

Die Macht deiner Gedanken, der Quatschkopf in unserem Kopf

Wir können nicht nicht denken, doch wie wir denken, das können wir lenken. Alles was wir denken, macht etwas mit uns. Es ist nie wirklich still in unserem Kopf, da quatscht es unaufhörlich. Ich frage mich, kommt daher der Begriff "Quatschkopf", weil es in unserem Kopf quatscht und uns denkt?

Laut mehreren wissenschaftlichen Studien denken wir Menschen durchschnittlich 60.000–70.000 Gedanken pro Tag. Das ist eine Menge und die meisten dieser Gedanken sind unbewusst oder sogar negativ und setzen sich folgendermaßen zusammen:

- 70 % flüchtige, nebensächliche Gedanken
- 27 % negative, destruktive Gedanken
- 3 % positive, aufbauende, kreative Gedanken

Ca. 70.000 Gedanken pro Tag und davon 70 % unbedeutend, 27 % negativ und nur 3 % positive Gedanken, dann kannst du dir ausmalen, wie sich das in Krisen noch mehr verstärkt und Auswirkungen auf uns hat.

Jeder dieser Gedanken hat eine Macht auf uns und eine Schwingung und Frequenz und beeinflussen unsere Stimmung und das, was wir aussenden. Deshalb ist Gedankenhygiene so wichtig.

Gedankenhygiene

"Reden über Probleme,
lässt Probleme wachsen.
Reden über Lösungen,
lässt Lösungen wachsen."

Steve de Shazer

Oft stecken wir in Liebeskummer, Trauer und in dem Gefühl verlassen worden zu sein fest, zum einen, weil alte erlittene Verletzungen und schmerzhafte Erfahrungen wieder hochkommen, zum anderen, weil wir zu negativ über uns und unser Leben denken. Man kann sich in negative Gedanken hineinsteigern und auch wieder hinaus!

Am Ende einer Beziehung neigen viele Menschen dazu, die Schuld für das Scheitern und das Verlassenwerden bei sich zu suchen. Sie nehmen ihre eigenen Schwächen als Ausreden, fangen an sich selbst zu kritisieren, sich selbst schlechtzureden bis hin zu Selbstverurteilung. Die Selbstverurteilung hat nichts mit Selbstreflexion zu tun und bringt niemanden weiter.

Diese Personen sind all zu oft in den negativen Fantasien verhaftet und bauen sich ein Bild von sich selbst auf, das weit entfernt ist von jeglicher Realität. Denn die eigene Wirklichkeit ist nicht die Realität und deshalb ist mir das Thema Glaubenssätze so wichtig, denn es hat unmittelbar etwas mit unserem Selbstwert und Selbstbewusstsein zu tun und was wir unbewusst oder bewusst denken. Das ist der Quatschkopf in unserem Kopf.

Die Dominanz und Macht der Glaubenssätze

Du kannst die Trennung akzeptieren, jedoch nicht die dazugehörigen negativen Glaubenssätze und Gedanken.

Lass dich nicht davon dominieren von all dem, was du denkst, oder was dich denkt. Übernehme die Macht über deine Gedanken. Eine Trennung, Scheidung oder ein grundsätzlicher Umbruch ist deshalb auch nie ein Scheitern, sondern immer nur ein Weg der Veränderung, ein Wendepunkt. Ein neuer Lebensabschnitt beginnt und es kann auch etwas ganz Neues entstehen.

Du kannst anfangen, dein neues ICH zu erkennen und zu stärken. Hier kann die bewusste Arbeit mit negativen Glaubenssätzen sinnvoll sein, um ihnen die Macht zu nehmen. Wenn du deine Gedanken veränderst, veränderst du deine Welt und du kannst die Krise und den Übergang stressfreier und mit weniger Angst überstehen. Grundsätzlich geht es darum, das verzerrte Denken über sich selbst und die Trennung positiv zu verändern.

Oft zeigen sich noch nicht verheilte Wunden, die aus alten Erfahrungen stammen. Alle noch so schmerzhaften Erkenntnisse sind ein Prozess, ein Reifeprozess auf dem Weg des inneren Wachstums und der Veränderung.

Und je schneller unangemessene, limitierende und alte Glaubenssätze, die nicht mehr dienlich sind, erkannt und verändert werden und im gleichen Zuge neue "installiert" werden, umso leichter fällt der Übergang und der Neubeginn.

Was sind Glaubenssätze?

Über Glaubenssätze als solche könnte ich schon ein Buch schreiben und fasse mich deshalb hier kurz. Am einfachsten sind

Glaubenssätze wohl mit folgendem Zitat von Henry Ford (1863-1947, amerik. Großindustrieller) erklärt!

"Ob du denkst,
du kannst es,
oder du denkst,
du kannst es nicht:
Du wirst auf jeden Fall recht behalten."

Glaubenssätze werden auch Überzeugungen, Einstellungen, Beliefs oder Meinungen genannt - sogenannte Wahrnehmungsfilter.

Sie werden überwiegend aus Generalisierungen unseres Erlebten abgeleitet. Diese inneren Einstellungen und Erlebnisse beeinflussen, was und wie wir denken, sprechen und handeln. Es sind Leitideen, die wir für wahr halten. Glaubenssätze helfen uns dabei, Informationen rasch und sicher einzuordnen und schnell darauf zu reagieren.

Glaubenssätze entstehen, indem wir in der Kindheit die Glaubenssätze von wichtigen Bezugspersonen, hauptsächlich den Eltern, aber auch von Lehrern, Geschwistern, Freunden oder anderen für uns wichtigen Personen übernehmen. Sie sind geprägt durch die in der Kindheit erlebte "Liebe", erlittene Verletzungen, bedeutende Lebenseinschnitte und entstanden aus liebevollen, aber auch aus schmerzlichen Erfahrungen vergangener Beziehungen.

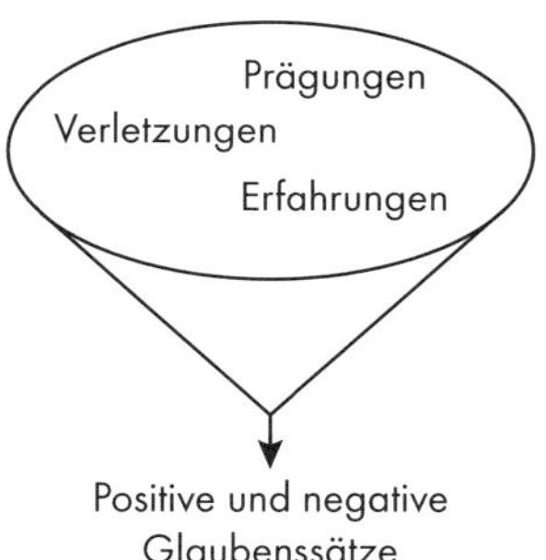

Wir filtern z. B. unsere Erfahrungen, Prägungen, Konditionierungen, Verletzungen usw. und daraus entstehen unsere Glaubenssätze.

Man unterscheidet zwischen unterstützenden und einschränkenden, also limitierenden Glaubenssätzen – diese sind uns leider nicht immer bewusst.

Unterstützende Glaubenssätze helfen uns dabei, unsere Wünsche, Träume und Ziele leichter zu erreichen und nähren unseren Selbstwert.

- Mir wird alles gelingen.
- Wer wagt, gewinnt.
- Ich werde geliebt.
- Ich bin ein guter Partner und ein Geschenk.
- Ich habe einen wundervollen Partner.
- Mein Leben ist schön.
- Ich bin liebenswert.
- Ich kann alles erreichen, was ich erreichen möchte.
- Ich schaffe das! Wir schaffen das!
- Ich vertraue und glaube an unsere Beziehung.

Einschränkende Glaubenssätze hindern uns an der Erfüllung unserer Wünsche und Ziele und auch Beziehungen. Bei Trennungen entstehen Glaubenssätze bzw. werden sogar noch negativ gefestigt und nagen an unserem Selbstwert.

Das können folgende Sätze sein:

- Ich werde nur geliebt, wenn ich Leistung bringe. (Die wenn – dann Glaubenssätze)
- Das schaffe ich nie.

- Ich kann nie wieder vertrauen.
- Ich bin nicht gut genug, ich brauche noch diese oder jene Ausbildung, Seminar usw.
- Ich bin nicht gut genug, ich muss mich noch mehr anstrengen, um dem Partner zu gefallen.
- Ich bin es nicht wert, geliebt zu werden.
- Ich werde nie wieder glücklich sein!
- Ich werde mich nie wieder verlieben!
- Es liegt nur an mir, dass es nicht funktioniert hat!
- Nur ich leide, meinem Ex-Partner geht es super!
- Ich habe in der Beziehung wieder versagt.
- Ich bekomme nie wieder einen Partner/Partnerin.
- Mich will eh niemand.
- Ich bin zu dick, zu dünn, zu dumm, zu intelligent usw.

Dies zu glauben ist reine Selbstquälerei und niemandem nützlich. Negative und limitierende Glaubenssätze sind ein hochaktives Selbstsabotageprogramm.

Hier ein paar Beispiele, wie Glaubenssätze entstehen können

Beispiel Nummer 1

Beate wurde nie gelobt oder beachtet und fühlte sich nicht gesehen und ungeliebt. Immer wenn sie ihrer Mutter im Haushalt half, wurde sie beachtet und gelobt. Daraus entstand der Glaube: Nur wenn ich anderen helfe, bekomme ich Anerkennung und Liebe. Das überträgt sich natürlich auch auf heutige Beziehungen. Sie wird alles tun, um Liebe, Anerkennung und Wertschätzung zu bekommen, nur um sich gesehen und geliebt zu fühlen. Genau deshalb wird sie im Business und in ihren Beziehungen ausgenutzt.

Beispiel Nummer 2

Helmut wurde als Kind von einem Hund angegriffen und gebissen. Es entsteht der Glaubenssatz "Alle Hunde sind gefährlich".

Und nun rein hypothetisch: Eine Lehrerin hat zu dir in der Schule gesagt, du kannst nicht singen. Eine Freundin sagt irgendwann, du singst aber schräg und falsch. Daraus ist dann der Glaubenssatz entstanden: "Ich kann nicht singen!". Wenn du das über dich glaubst, dann wirst du wohl kaum einem Chor beitreten. Mit gezieltem Gesangsunterricht könntest du jedoch die Fähigkeit des Singens erlernen und dieser Glaubenssatz würde sich auflösen. Solange du aber daran glaubst, wirst du keinen Unterricht buchen und solange bleibt dieser Glaubenssatz bestehen. Tröste dich, du kannst aber auch ohne Unterricht singen. Nur für dich alleine im Auto oder unter der Dusche und du brauchst kein Publikum, nur gute Laune.

Genauso sieht es mit dem Glaubenssatz aus: "Ich bin es nicht wert, geliebt zu werden". Wenn du dir heimlich doch einen Partner wünschst und unbewusst diesen Glauben in dir trägst, wie soll sich dieser Partner verhalten, wenn du selbst glaubst nicht liebenswert zu sein?

Egal was er tun oder lassen wird, du wirst in all seinen Handlungen und Worten nach den Bestätigung deines Glaubenssatzes suchen und beim kleinsten Gegenwind meldet sich dein Unbewusstes und fühlt sich bestätigt. Es schreit ganz laut in deinem Kopf: Ich wusste es doch, ich bin es nicht wert, geliebt zu werden! Und schon haben wir die selbsterfüllende Prophezeiung. Das Selbstsabotageprogramm ist hochaktiv am Werk und der Fokus auf all dem Negativen. Die liebevollen Umarmungen,

Komplimente, die Wertschätzung, all das wirst du nicht sehen, weil in dir das Programm läuft, das kann ja gar nicht sein.

Einen weiteren typischen Glaubenssatz erkennst du an folgenden Formulierungen z. B.: Wenn, dann ...

Die wenn/dann-Lüge:

- wenn ich den richtigen Partner habe, dann bin ich glücklich ...
- wenn mein Partner mir ... erfüllt, dann ist er der richtige
- wenn mein Partner meine Erwartungen erfüllt, dann können wir glücklich werden
- wenn ich noch die Ausbildung gemacht habe, dann bin ich endlich ... gut genug

Wie sagte William Wanker bei einem Vortrag:
Vergiss das WENN, nimm gleich das DANN.

Glaubenssätze entmachten

Der erste Schritt, um an limitierenden Glaubenssätzen zu arbeiten ist diese zu erkennen, indem du eine Art Bestandsaufnahme durchführst. Frage dich in Bezug auf deine bisherigen Beziehungen und Partnerschaften, was hast du über dich und deinen Partner geglaubt? Vielleicht erkennst du in den genannten Beispielen schon den einen oder anderen Glaubenssatz, der zu dir und deiner Situation passt.

Was denkst du über dich und deine Beziehungsfähigkeit? Nehmen wir mal das Beispiel: Ich bin nicht liebeswert oder nicht wert, geliebt zu werden. Glaub mir, diesen haben viel mehr Menschen verankert, als du denkst.

Wenn wir diesen hinterfragen und du dich fragst: Ist das wirklich so? Welche Antworten würdest du bekommen? Ist das wirklich so, dass du nicht liebenswert bist? Wurdest du in deinem Leben noch nie geliebt? Hat dich der Ex-Partner etwa wirklich nie geliebt? Wenn du Kinder hast, lieben dich deine Kinder nicht? Wie sieht es mit deinen Eltern oder Geschwistern aus, haben die dich auch nie geliebt? Woher kannst du denn wissen, dass du nicht geliebt wirst oder nicht liebenswert bist? Hast du sie gefragt? Haben sie dir das gesagt? Woher kannst du wissen, dass dein Glaubenssatz oder dein Gefühl stimmt?

Übung: Nimm deinem Glaubenssatz seine Macht

Schreibe deinen limitierenden Glaubenssatz auf und beantworte für dich folgende Fragen. Im Download-Bereich findest du auch die passende PDF dazu. Link: www.gisa-steeg.com/download

Wie lautet dein limitierender Glaubenssatz?

____

____

Ist das wirklich so? Woher kannst du wissen, dass es so ist? Ist es wahr?

____

____

Woher kommt diese Überzeugung? Wer sagt das?

Wie lange glaubst du das vermutlich schon so? Woher kommt das Gefühl? Ist es ein aktuelles oder kennst du diese Emotion, z. B. aus der Kindheit, vergangenen Beziehungen?

Wann hast du angefangen, so über dich und dein Leben zu denken?

Denken wichtige Bezugspersonen (Vater, Mutter, Kinder, Partner) in deinem Leben ähnlich wie du?

War die Person, die dir diesen Glaubenssatz nähergebracht hatte, ein gutes Vorbild in diesem Bereich?

Ist das wirklich so oder glaubst du, dass es so ist? Was genau ist an diesem Glaubenssatz lächerlich oder absurd?

Wem nutzt es, so über dich zu denken?

Woran genau hindert dich dieser Glaubenssatz? (glückliche Beziehung, Job)

Wie würde deine Zukunft ohne diesen Glaubenssatz aussehen, wie würdest du dich fühlen, wie wäre deine Beziehung? Wer wäre bei dir?

Welchen Preis musst du letztlich in Bezug auf dir nahestehende Menschen zahlen, wenn du an diesem Glaubenssatz festhältst?

Welchen emotionalen oder finanziellen Preis musst du zahlen, wenn du an diesem Glaubenssatz festhältst? Was kostet es dich emotional, finanziell oder vielleicht sogar gesundheitlich?

Fazit

Du kannst die Trennung akzeptieren, jedoch nicht die dazugehörigen negativen Glaubenssätze und Gedanken! Es zu akzeptieren bedeutet, einen inneren Frieden mit dir zu schließen und mit dem, was gerade ist.

Und wenn du gerade wieder in einen Gedanken verfällst, so einen Partner werde ich nie wiederfinden, dann drehe den Gedanken um, sag dir: "Genau das ist der Plan."

Mache dir bitte immer wieder klar, es gibt Gründe, warum die Beziehung gescheitert ist und warum sie vorbei ist. Warum es eine Person aus deiner Vergangenheit nicht in deine Zukunft geschafft hat und nicht einmal mehr ein Bestandteil deiner Gegenwart ist. Sei realistisch und schaue dir notfalls noch einmal die Beziehungs-Bilanz an, um klarer zu sehen. Es liegt nicht an dir, dass es nicht funktioniert hat, es liegt an euch beiden!

Affirmationen als kraftvolles Werkzeug

Affirmationen sind ein kraftvolles Werkzeug, wie du aus deinem negativen Gedankenkarussell aussteigen kannst und deinen lieblosen und negativen inneren Dialog stoppen und umkehren kannst.

Richtig angewandt ist es ein Schlüssel zu deinem Unterbewusstsein und wird im Mentaltraining erfolgreich als Autosuggestion engesetzt.

Eine Affirmation ist eine positiv wertende, bejahende Verwendung eines ganzen Satzes oder eines einzelnen Wortes. Das deutsche Wort Affirmation hat seine Wurzeln im lateinischen Wort: affirmati und übersetzt bedeutet es Beteuerung oder Versicherung.

Affirmationen sind wie Glaubenssätze Aussagen, die unsere Gefühle positiv wie negativ beeinflussen können. Im Grunde sind das Gedanken, die Glaubenssätze untermauern, denn sie kommen immer wieder. Etwas zu denken, bedeutet auch zu affirmieren. Deshalb ist es immer wieder so wichtig sich bewusst zu machen, was wir denken. Wir denken sowieso, warum nicht gleich positiv!

"Der Kopf ist rund,
damit das Denken die Richtung wechseln kann."
Francis Picabia (Werk: Aphorismen)

Diese positiv formulierten Aussagen oder Glaubenssätze können sich am Anfang etwas sperrig oder unwahr anfühlen. Oder wie es mir mal rausgerutscht ist: "Das fühlt sich an, wie Sahne auf Scheiße." Ich möchte dich trotzdem bitten, dich zu öffnen, denn irgendwann kannst du den emotionalen Mehrwert von positiven Affirmationen erkennen und verankern. Du wirst diese immer mehr in deinem Leben nutzen für deine Veränderungsarbeit und somit deine Schwingung erhöhen. Du kannst sie dir z. B. auf ein schönes Papier schreiben und in deinen persönlichen Notfallkoffer – dein Schatzkästchen – legen.

Ich arbeite gerne mit Suggestionen, das sind Affirmationen, die ich im Coaching oder in der Hypnose anwende. Sie wirken tief im Unterbewusstsein oder im Unbewussten weiter. Diese erarbeite ich mit der Zustimmung und in der Zusammenarbeit mit meinen Klienten. Ich bekomme immer wieder die Rückmeldung, wie kraftvoll diese Sätze wirken, sich verankern und zu den eigenen werden.

Affirmationen sind kurze Sätze, die du wiederholt zu dir selbst sagst, oder die du auf Zettel schreibst und dir immer wieder laut vorliest. Sie können ein Schlüssel sein, um deinem Gehirn neue Denkmuster beizubringen und können dein verzerrtes Denken positiv verändern.

Wie kannst du diese Affirmationen für dich anwenden?

Zuerst einmal klärst du, welche Affirmationen zu dir und deiner Situation passend sind. Dann kannst du sie dir auf einen Zettel, ein Blatt Papier oder in dein Tagebuch schreiben.

Du kannst dir diese Sätze ebenfalls auf ein oder mehrere Post-its schreiben und dir diese in der Wohnung oder am Arbeitsplatz so platzieren, dass du sie siehst und automatisch liest. Das kann z. B. im Bad der Spiegel sein, an Türen oder am PC im Geschäft. Dort, wo es für dich sichtbar und stimmig ist.

Dann kannst du dir diese Sätze mantrenartig immer wieder in einer Art Autosuggestion innerlich oder laut vorsagen, denn sie wirken tief in deinem Unbewussten weiter.

Beispiele für positive Affirmationen

Beispiele, um alleine glücklich zu sein

- Ich lebe in einer liebevollen, nährenden Beziehung mit mir selbst.
- Ich liebe mich.
- Liebe ist ein wunderbarer Bestandteil meines Lebens.
- Ich öffne mich für ein neues Leben und lerne es zu genießen.
- All meine Erfahrungen und die Trauer machen mich im Herzen stärker.

Beispiele für eine erfüllte Beziehung/Beziehungswunsch

- Ich öffne mich für eine neue Liebe.
- Ich bin bereit für eine neue Liebe.
- Ich liebe es geliebt zu werden.
- Ich bin es wert geliebt zu werten. Mir wird alles gelingen.
- Ich werde geliebt.
- Ich bin ein/e gute/r Partner/in und ein Geschenk.
- Ich habe eine/n wundervollen Partner/in.
- Ich bin liebenswert.
- Ich kann alles erreichen, was ich erreichen möchte, auch eine erfüllte Beziehung.
- Ich schaffe das! Wir schaffen das!
- Ich vertraue und glaube an unsere Beziehung.

Affirmationen, um den Schmerz und Partner loszulassen

- Ich verzeihe dir und gebe dich frei.
- Ich vergebe dir und mir.
- Ich bin dankbar für die schöne Zeit, die wir hatten.
- Ich bin dankbar für die Liebe, die ich erfahren durfte und gebe dich frei.
- Ich bin geheilt.
- Ich kann gut für mich allein sorgen.
- Ich lebe und ich liebe.

Wenn dir noch andere Affirmationen einfallen, dann nutze sie, spüre in dich hinein, was ist für dich stimmig. Alle Gefühle, Gedanken, Emotionen oder Ideen, die dir kommen und für dich hilfreich sind, sind erlaubt und du darfst damit arbeiten.

Diese Übungen sollen dir helfen, deine negativen Glaubenssätze umzuwandeln und neue nützliche zu integrieren.

Louise Hay beschreibt es so schön:

"Ein gebrochenes Herz ist auch ein offenes Herz."

Ein Herz, das für Heilung geöffnet ist, ist auch offen für eine neue Liebe, offen für ein neues Leben, offen für ein neues Abenteuer. Für was öffnest du dich und dein Herz und was macht Sinn dafür loszulassen?

Die Gedanken positiv programmieren

"Auf die Dauer der Zeit
nimmt die Seele die Farben
deiner Gedanken an."

Oder anders ausgedrückt:

"Das Glück deines Lebens
hängt von der Beschaffenheit
deiner Gedanken ab!"

Zwei Zitate von Marc Aurel (Marcus Aurelius 121–180), ein römischer Kaiser und Philosoph, der zu seiner Zeit bereits erkannt hatte, dass sich die Gedanken auf dein Leben, Lebensglück und deine psychische und physische Gesundheit auswirken. Sie bestimmen dein Leben und damit deinen Lebenslauf. Du kannst die Ereignisse um dich herum nicht beeinflussen, deine Gedanken und was du daraus machst aber sehr wohl.

Positiv zu denken, mehr Lebensfreude und Mut sind wie ein Muskel, der trainiert werden kann, ein mentaler Muskel. Dinge und Tatsachen, die wir immer wieder denken und wiederholen, werden im Gehirn fest "verankert" und es entstehen neue neuronale Vernetzungen.

Wie bereits erwähnt, ist die Macht und Energie deiner Gedanken unendlich stark und frei. Was ist alles für dich noch möglich, wenn du einfach den Mut schöpfst, um wieder nach vorne zu schauen? Was, wenn du dir Hilfe bei einem Coach oder Therapeuten suchst? Das musst du nicht allein durchstehen. Allein ist viel möglich und mit der richtigen Unterstützung noch viel mehr. Selbst ich war als Coach bei einem Coach und bin es immer mal wieder, denn das hilft mir auch meine Themen anzuschauen und zu lösen. Diese werden mir dann in der nächsten Beziehung oder Begegnung nicht mehr passieren. Es ist keine Schande sich Hilfe zu holen, es ist eine Abkürzung auf deinem Weg.

Hier kommen ein paar wundervolle Übungen, deine Trauer und deine Emotionen anzunehmen und zu transformieren.

Emotions-Coaching – die Achtsamkeitsübung

Denke an den Pausenknopf. Schenke dir und deinen Emotionen und deinen Bedürfnissen mehr Achtsamkeit, ich spreche hier nicht vom Jammern, nein, es steckt hinter jeder Emotion ein Bedürfnis.

- Atme erst einmal tief ein und aus. (Pause)
- Was ist das Bedürfnis hinter dem Gefühl?
- Was brauchst du gerade?
- Auch du kannst deine Welt und dein Denken durch mehr Achtsamkeit verändern.

3 Schritte zu mehr Achtsamkeit und Wohlgefühl

1) Nimm deine Gefühle/Emotionen richtig wahr. Wo genau spürst du den Schmerz, die Trauer, das allein sein, das verletzt sein ...? Nimm an und spüre es.

2) Fühle in dich hinein, welches Bedürfnis steckt dahinter?
Nicht allein sein zu können oder wollen?
Die Angst allein zu sein?
Das Gefühl verlassen worden zu sein?
Das Bedürfnis anerkannt und geliebt zu werden, es allen recht machen zu wollen bis zur Selbstaufgabe?
Was ist es bei dir?

Lass alles zu und schreibe es auf.
Was zeigt sich gerade? Was wird dir bewusst?

Hier geht es wieder nicht darum, sich selbst zu verurteilen, sondern selbst zu erkennen, was ist das Thema hinter dem Thema. Warum reagierst du gerade in dieser und ähnlichen Situationen mit dieser Emotion? Woher kennst du diese Gefühle? Wie alt warst du damals? Was genau löst in dir dieses Gefühl und damit auch die entsprechende Reaktion aus? Einfach annehmen, achtsam spüren und fühlen, was gerade ist, ohne Wertung.

Wenn du gespürt hast, was du wirklich brauchst, dann bitte.

3) BITTE
Bitte um Hilfe, um ein Gespräch, eine Therapie, wenn nötig und um gehört zu werden. Bitte dich selbst um Vergebung oder die Person, die dir vergeben soll. Schuldzuweisungen helfen dir und deinem Gegenüber nicht weiter.

Ho´oponopono

Die Macht der Vergebung

So wie es eine Macht der Gedanken gibt, so gibt es auch eine Macht der Vergebung. Es sind so viele kleine und große Schritte, die unser Leben verändern können. Nicht jede Technik, nicht jede Methode ist die richtige für jeden, deshalb biete ich dir verschiedene Möglichkeiten an und eine davon ist diese hier.

Als ich nach meiner Trennung noch sehr tief in meiner Wut, Trauer und auch im Zorn auf meinen Ex und seine Neue war, kam eine Kundin zu mir und erzählte mir etwas von Ho´oponopono - einem hawaiianischen Vergebungsritual.

Im ersten Moment dachte ich, was ist das für ein Blödsinn, so ein Schmarren - ein paar Sätze vor sich hin brabbeln und gut ists. Aber ich kannte sie und hatte sie sehr zu schätzen gelernt. Das, was sie sagte, hatte immer Tiefgang und mich oft zum Nachdenken und zur Selbstreflexion angeregt.

Dann dachte ich mir: Hey, was habe ich schon zu verlieren außer meiner schlechten Laune, meiner Wut und meiner Trauer? Nichts, ich kann nur gewinnen und mein Umfeld damit auch. Also hatte ich mal gegoogelt, was Ho´oponopono ist und oh Wunder, ich war positiv überrascht. Heute bin ich meiner Freundin sehr dankbar, dass sie mich behutsam an dieses machtvolle und kraftvolle Ritual der Vergebung herangeführt hat. Es hatte in mir sehr viel inneren Frieden und Liebe entflammt, genau das, was ich in dieser Zeit so bitter nötig hatte.

Heute ist es in meinen Seminaren und Vorträgen ein fester Bestandteil, den weder ich noch meine Teilnehmer jemals vermissen möchten. Und immer, wenn ich im "Unreinen" mit mir oder einer Person bin, wende ich dieses Ritual an und erhöhe meine Schwingung damit und das hat positive Auswirkungen auf mein Umfeld.

Was ist Ho´oponopono?

Es ist ein Vergebungsritual in mehreren Schritten. Eine "Konfliktlösung" von den hawaiianischen Kahunas (Schamanen) angewandt und überliefert. Übrigens ist Ho´oponopono heute in den USA eine anerkannte Therapieform. Es wirkt geradezu wie ein Wunder, wenn man in Resonanz kommt mit den eigenen Gefühlen wie Zorn, Ärger, Wut, Hass, Unverständnis, Trauer usw. und diese Gefühle und Emotionen in positive Energie und Liebe umlenken kann.

Laut verschiedenen Überlieferungen wird Ho´oponopono als eine geistige Reinigung definiert, die ursprünglich als Familienkonferenz abgehalten wurde. Und heute noch zur Verbesserung der zwischenmenschlichen Beziehungen durch Gebet, Aussprache, Schuldbekenntnis, Reue und gegenseitige Vergebung zelebriert wird.

Ho´oponopono erlaubt es dem Menschen, die Fähigkeit zu erlangen, über die wechselseitige Vergebung, sich selbst und anderen zu vergeben und zu heilen. Durch die einfache Anwendung kann es auch alleine durchgeführt werden.

Wir alle wissen, dass eine unaufhörliche Gedankenhygiene emotional und körperlich heilend wirkt und durch Mantren und Gebete sogar noch unterstützt werden kann. Deshalb wirken Ho´oponopono Gebete kraftvoll, füllend, nährend und energetisch auf deine Gefühls- und Gedankenwelt ein.

Denn wir können nur in eine Richtung denken, positiv oder negativ und dadurch unsere Gefühle gezielt verändern.

Es geht soweit, dass die eigene Seele und die Emotionen durch die vielen positiven Impulse, die das positive, liebevolle

Denken verursacht, konstruktiv beeinflusst werden. Wie schon erwähnt, entstehen im Gehirn neue neuronale Verbindungen.

Ich hätte es nicht gedacht, aber es funktioniert wirklich. So konnte ich meinem Ärger und meiner Wut gegenüber meinem Ex-Mann und seiner Neuen immer dann positiv begegnen, wenn ich mich mal wieder in meiner Gedankenspirale in der Abwärtsschleife befand.

Die Kurzform der 4 Sätze

Hier sind die vier Ho´oponopono Sätze als Suggestionsformen und Mantren mit deren Bedeutung.

1. Es tut mir leid (das bedeutet, ich nehme das Problem an).
2. Bitte verzeih mir (wenn ich dich oder andere bewusst, oder unbewusst verletzt habe).
3. Ich liebe dich (ich liebe mich und dich bedingungslos).
4. Ich danke dir (und ich danke mir, dass ich das Problem erkennen und heilen durfte).

Für mich war die größte Herausforderung in das Gefühl der Liebe zu gehen und diese Sätze von ganzem Herzen zu fühlen und es nicht nur so vor mich hin zu sagen, sondern es wirklich von innen heraus so zu empfinden. Auch den Mut zur Vergebung und dieses ehrlich im Herzen zu spüren, war für mich in den Momenten, in denen eigentlich mein Zorn und meine Wut so präsent waren, die schwierigste Herausforderung.

Ich hatte sie angenommen, mein Herz geöffnet und durfte den inneren Frieden, die Vergebung und die Liebe spüren. Und ich gebe zu, am Anfang war es nicht leicht, es fühlte sich an, wie "Sahne auf Scheiße", aber mit der Zeit wurde es immer leichter und leichter. Und mit etwas Übung war es ganz einfach, schnell in diese positiven Gefühle zu kommen.

Irgendwann hatte ich aus diesen 4 Sätzen für mich mein ganz eigenes Ritual entwickelt, weil es sich für mich so besser angefühlt hatte. Ich war immer schon sehr kreativ und hatte mein eigenes "Ho´oponopono Gisa Special" daraus gemacht.

Mein ganz persönliches Ho´oponopono Ritual

Ich musste in der Zeit lernen, mir selbst zu vergeben und mich selbst wieder zu lieben. Allein der Satz "Ich vergebe mir." war für mich so wichtig und schwierig, wie der Satz "Ich vergebe dir.".

1. Es tut mir leid (ich nehme das Problem an).
2. Bitte vergib mir. - Ich vergebe dir. - Ich vergebe mir.
3. Ich liebe dich. - Ich liebe mich.
4. Ich danke dir. - Ich danke mir.

Immer wenn ich dieses Ritual wie Mantras innerlich gesprochen hatte und mich bewusst mit meinem Herzen verbunden hatte, ins Mitgefühl für mich und meinen Ex-Partner gegangen bin, dann durfte ich die Macht der Vergebung und der Liebe spüren. Es war so heilsam und so kraftvoll die Macht der Vergebung zu erleben und zu fühlen, ein innerer Frieden machte sich breit und blieb. Genau das spiegelte sich dann im Miteinander wieder.

Wenn du das Ritual beginnst, dann spüre in dich hinein und fragen dich wie schon bei den anderen Übungen, wie sind deine Gefühle, wenn du die Emotions-Skala von 1-10 betrachtest. 10 ist wie immer ganz stressig und unwohl und 1 ist super drauf.

Dann setze dich entspannt auf einen Stuhl und stelle beide Füße fest auf den Boden, atme tief ein und aus. Wenn du magst, schließe die Augen und stelle dir vor, wie aus deinen Füßen Wurzeln in den Boden wachsen und du dich mit der Erde verbindest. Atme weiter entspannt ein und aus, dabei lass deinen Atem und deine Energie in die Wurzeln strömen. Vielleicht spürst du auch schon, wie über diese Wurzeln, mit jedem Atemzug mehr und mehr Energie, Liebe und Stärke zurück in deinen Körper strömen und dein Herz umhüllen. Verbinde dich mit dem Gefühl der Liebe und mit deinem Herzen. Dann denke noch einmal an die besagte Person und den gemeinsamen Konflikt.

Jetzt beginne die Sätze laut und deutlich auszusprechen und vor allem auch, sie zu fühlen.

1. Es tut mir leid.
2. Bitte vergib mir. - Ich vergebe dir. - Ich vergebe mir.
3. Ich liebe dich. - Ich liebe mich.
4. Ich danke dir. - Ich danke mir.

Wiederholde diese Sätze mind. 3 x hintereinander. Zum Abschluss spüre noch einmal in dich hinein, wie hat sich dein Wert auf deiner Emotions-Skala verändert?

Spürst du, wie wertvoll und tief dieses Ritual wirkt und was für ein machtvolles Werkzeug es ist?

8.

Die Chance in der Krise erkennen

Oder: Was ist das Gute am Schlechten? Für was ist es gut? Klingt komisch, aber frage dich wirklich: Für was ist es gut?

Am Anfang ist der Schmerz noch so groß und man will es nicht wahrhaben, so oft stellt sich im Nachhinein heraus, dass einem nichts Besseres hätte passieren können. Also: Was ist das Gute am Schlechten?

Die ersten positiven Gedanken in dein Leben lassen

Wie oft habe ich in meinen Coachings und Seminaren gehört, mir hätte nichts Besseres passieren können, als dass mich mein Ex-Partner verlassen hat, danach habe ich die Liebe meines Lebens kennengelernt oder ich bin so glücklich wie noch nie zuvor. Auch Sätze wie: Ich hätte mich nie aus dieser Beziehung/Ehe befreit (alleine diese Formulierung ist erschreckend) und bin so froh, dass mein Ex-Partner den ersten Schritt gemacht hat, auch wenn es am Anfang wehgetan hat, mein Leben hat danach erst richtig begonnen.

Oft wird einem erst später klar, was man schon innerhalb der Beziehung ausgehalten hat, wie lange man schon ausgeharrt hat, ohne es selbst wahrzunehmen, was einen unglücklich oder unzufrieden macht. Weil man ja nicht weiß, wie es anders sein könnte und welche Möglichkeiten einem offen stehen.

Den spannendsten Satz, der mich fasziniert und aber gleichzeitig zutiefst geschockt hatte, war von einer Frau Mitte 60, deren Mann vor ein paar Jahren verstorben war. Sie sagte zu mir: "Frau Steeg, mein Leben hat erst begonnen, als ich meinen Mann nach über 40 Jahren Ehe begraben habe. Ich habe immer sein Leben und seinen Willen gelebt, nie mein Leben! Jetzt lebe ich, jetzt komme ich an erster Stelle."

Lieber spät als nie!

Meine persönliche Liste: Was ist das Gute am Schlechten?

Als mein Mann von heute auf morgen weg war, war klar, ich musste mich und mein Leben neu organisieren. Ich stellte mir, wie bereits beschrieben, immer wieder die Frage, was sind die nächsten Schritte und was wäre jetzt eine gute Lösung? Ich wurde zu dieser Zeit auch gefragt: "Gisa, wie bist du sofort ins Tun gekommen und warum? Nach einer Trennung fallen so viele Menschen in ein emotionales und tiefes Loch, nur du offensichtlich nicht. Warum nicht?"

Gute Frage. Ich denke, es hat mit meiner inneren Grundhaltung zu tun, niemals aufzugeben, eine Kämpferin zu sein, aus der Opferrolle ausgestiegen zu sein, die Verantwortung für mein und das Leben meines Sohnes übernommen zu haben.

Diese innere Haltung gab mir in der Zeit Stärke und Vertrauen in mein Leben und meine Fähigkeiten. Genau das brauchte ich, um meine Existenz zu sichern. Ich hatte mir ein stabiles Umfeld geschaffen und Freude an meinem Job. Die Ehe ist auseinandergegangen und die Familie zerbrochen, aber ich hatte noch genügend Grundpfeiler, auf die ich mein neues Leben aufbauen konnte. Auch hatte ich mich mental gestärkt und mich an viele Sätze, die ich in meinem bisherigen Dasein gehört hatte, erinnert und zu meinen Leitsätzen gemacht. Heute würde ich dazu Affirmationen oder Suggestionen sagen.

Ein Satz war zum Beispiel mein Konfirmationsspruch mit 16 Jahren: "Der Herr ist mein Hirte, mir wird nichts mangeln." Oder wie ein Österreicher vor über 25 Jahren mal zu mir gesagt hatte, "Gisa, und ist der Berg auch noch so steil, a bisserl was geht allerweil!"

Auch wurden der Sätze wie: "Nicht aufgeben!" "Gisa, da geht noch was ..." zu meinen persönlichen Mantren und Affirmationen!

Was war jetzt bei mir das Gute am Schlechten?

Es kamen Dinge, Menschen, Herzensbegegnungen in mein Leben, von denen ich vorher nichts wusste und die ich nie wieder missen möchte.

- Menschen, denen ich mit meinem Mann nie begegnet wäre und die mich bereichern.
- Ich hatte Gespräche geführt, die ich mit meinem Mann nie geführt hätte, die mich emotional, geistig genährt und weitergebracht haben.
- Ich hatte angefangen, meine eigenen Wünsche, Bedürfnisse und Ziele wahrzunehmen und umzusetzen. Ich bin heute dort, wo ich mit meinem Mann niemals hingekommen wäre.
- Ich habe angefangen, mich selbst zu lieben und werde von so vielen Menschen geschätzt und geliebt.
- Ich habe gelernt, ein gesundes NEIN zu sagen und gebe heute selbst Kurse im NEIN sagen.

- Ich habe Bücher gelesen, Seminare, Weiterbildungen, Workshops besucht, die mich und meine Persönlichkeit gestärkt haben und dieses Wissen kann ich an andere weitergeben und dadurch Menschen stärken und in ihre Kraft bringen. Mit meinem Mann wäre das nicht möglich gewesen.
- Ich hatte Aktionen gestartet und mir eine Löffelliste gemacht, die hätte ich nie umgesetzt, wäre mein Mann bei mir geblieben. Z. B. habe ich einen Tandem-Sprung gemacht, Hypnose gelernt, bin nach Wien, Amsterdam und Barcelona gereist, bin einen Halbmarathon gelaufen, schreibe gerade dieses Buch und weitere Bücher folgen.
- Ich hatte mich auf einer Single-Plattform angemeldet und die witzigsten Dates gehabt, die man sich nur vorstellen kann.
- Ich hatte mich verliebt und wieder entliebt ... und wieder Liebeskummer und Trennungsschmerz erlebt.
- Ich hatte den besten und den schlechtesten Sex nach meiner Ehe. Sorry, muss auch mal gesagt werden.
- Ich hatte gelernt, meinen Körper zu lieben und mich selbst liebenswert zu finden.
- Egal wo ich bin, treffe ich mich mit Menschen und Persönlichkeiten, die ich online z. B. über Facebook kennengerlernt habe und daraus sind wundervolle Freundschaften entstanden, die ich nie wieder missen möchte.
- Ich kann Kontakte pflegen, die in meiner Ehe nie auf diese intensive Weise entstanden wären.

Diese Liste könnte ich noch um so viele schöne Dinge ergänzen und verlängern. Denn jede Trennung bietet dir, deinem Leben und der LIEBE eine neue Chance, du musst es nur sehen wollen.

Wie gesagt, ich hatte das Beste daraus gemacht, weil ich erkannt hatte, ich bin nicht verantwortlich für die Dinge und für das, was andere tun. Ich bin nur verantwortlich für meine Reaktion darauf! Ich habe die Wahl, wie ich darauf reagiere und was ich daraus mache. Bleibe ich in der beliebten Opferrolle, oder entscheide ich mich für einen Rollen- und Perspektivenwechsel, um in die eigene Stärke und das eigene Selbstwertgefühl zu gehen. Das nennt man auch ein selbstbestimmtes Leben zu leben. Das kann sehr kraftvoll und der entscheidende Wendepunkt sein, denn jede Trennung bietet dir ungeahnte neue Chancen.

Jede Trennung bietet der Liebe eine neue Chance

Sicher kannst du dir das noch nicht vorstellen, dass dein Beziehungsaus einen Sinn haben soll - geschweige denn noch etwas Gutes. Aber, es ist sooft so! Schau dir mal meine Liste an, was alles Gutes und wirklich Schönes in mein Leben gekommen war und mit wie viel Power und Energie ich durchgestartet bin.

Und nach einer gewissen Zeit - häufig erst nach Jahren - wird es auch dir bewusst werden, dass die Trennung vom damaligen Partner oder die Scheidung auch etwas Gutes hatte. Folgende Beispielsätze höre ich nach Jahren immer wieder von ganz unterschiedlichen Menschen, Freunden, Interviewpartnern und Klienten.

- "Dadurch, dass ich wieder alleine war, habe ich meinen heutigen Partner kennengelernt. Ich war noch nie so glücklich wie heute."
- "Durch die unschöne Trennung (die ich niemandem wünsche), konnte ich erst meine Persönlichkeit voll entfalten. Heute bin ich ein ganz anderer Mensch und ich bin sehr froh darüber."
- "Meine neue Liebe ist ein Geschenk für mich!"
- "Erst nach der Beziehung habe ich gemerkt, was ich alles für meinen damaligen Partner aufgegeben habe, wie sehr ich mich für ihn aufgeopfert hatte."
- "Jetzt habe ich eine Beziehung und einen Partner gefunden, der meine Bedürfnisse mit mir teilt und auf mich eingeht. Es ist wundervoll, so jemanden an seiner Seite zu haben."

- "Nach dem mein Ex-Partner gegangen ist, habe ich die Liebe meines Lebens kennengelernt."
- "Mein Leben hat begonnen, als mein Partner mich verlassen hat."

Übung: Erstelle deine persönliche Liste: Was ist das Gute am Schlechten?

So und nun bist du dran. Schreibe dir alles auf, was du immer schon einmal machen wolltest, aber aus irgendwelchen Gründen nie getan hast. Jetzt kannst du selbst nach dem Positiven deiner Trennung suchen. Du darfst träumen und deinen Wünschen freien Lauf lassen.

Mal angenommen, du hättest 10 Wünsche frei ...
Was könnte das bei dir sein?

____

____

Welche guten Dinge werden jetzt erst durch die Trennung für dich möglich?

____

____

Was kannst du jetzt endlich ohne deinen Partner verwirklichen?

Welche Ausbildung, welche Reise, welchen Sport?

Was kannst du Negatives zurücklassen?

Wenn du den Gedanken an das Positive der Trennung NOCH nicht zulassen kannst, lass ihn weg. Das kommt später von ganz alleine. Dann setze dir einfache Ziele, frage dich z. B. wo willst du in einem, zwei, fünf der in zehn Jahren sein?

Und wer weiß, wem du auf dem Weg des Lebens begegnest, vielleicht deiner großen Liebe, vielleicht entdeckst du ein neues Hobby, eine neue Leidenschaft, ein neues Land?

9.

Energieräuber loslassen und eine positive Lebenswelt erschaffen

Dein Umfeld

Ein ganz wichtiger Punkt: Dein Umfeld kann für dich eine wundervolle Unterstützung sein, oder dich sogar noch mehr runterziehen. Viele sagen: "Du bist die Summe der 5 Menschen, mit denen du dich umgibst!"

Deshalb suche dir Menschen, die dich emotional und geistig nähren und aufbauen. Und keine "falschen Freunde" und Energieräuber, die aus Sensationsgier nur nach Neuigkeiten deiner Trennung fragen, sich an deinem Leid laben wollen, um es danach weiterzutratschen.

Das "Getratsche" kenne ich zu gut. Wenn du deine Ruhe willst, nicht darüber reden willst, einfach mal "NEIN" sagst, dann kommt noch ein beleidigtes "Ich-meine-es-ja-nur-gut-mit-dir" hinterher. Und zack wird noch eine Portion "schlechtes Gewissen" reingewürgt. Du brauchst jetzt Freunde und Menschen, die dir guttun und keine Energieräuber. Die Sensationsgeilen drängen sich auf, aber wenn es ums Anpacken, wie z. B. Umzug oder der Gleichen geht, sind sie schnell wieder weg.

Was ich damit meine erkläre ich an Hand einer ganz skurrilen Geschichte, die mir mit einem Paar passierte (ich sage ganz bewusst nicht Freunde), mit dem mein Ex-Mann und ich 3 Jahre gemeinsam Tanzkurse belegt hatten. Dieses Pärchen hatte unsere Trennung hautnah mitbekommen, weil wir von heute auf morgen nicht mehr gemeinsam zum Paar-Kurs erschienen waren.

Mir hatte das Tanzen so viel Spaß gemacht und ich wollte es nicht aufgeben und hatte mir mithilfe der Tanzschule sofort nach unserer Trennung einen neuen Tanzpartner gesucht. Mein neuer Tanzpartner war eines der besten Geschenke des Lebens, die mir nach der Trennung passieren konnten. Danke liebes Universum, ich hatte ihn mir nämlich bestellt. Denn ein paar Tage zuvor sagte ich zu einem Freund, ich bräuchte jetzt einen schwulen Freund, der für mich da ist, der mich mal in den Arm nimmt, aber nichts von mir will. Mein Tanzpartner erfüllte gleich zwei meiner Wünsche in einem. Er war homosexuell (bzw. ist es immer noch) und ein toller Tanzpartner. Diese Tatsachen waren ein Geschenk für mich und ich kann eine derartige Freundschaft jeder Single-Frau und natürlich umgekehrt jedem Single-Mann nur empfehlen, die nicht auf der Suche sind und nur eine Begleitung oder eine/n Tanzpartner/in suchen. Da sind wundervolle, verständnisvolle Gespräche mit Tiefgang und herzlichen Umarmungen inklusive, genau das, was die geschundene Seele in dem Moment braucht.

Wie gesagt, eines Abends waren wir bei einer Veranstaltung der Tanzschule und dort trafen wir auf das besagte Paar. Ich war superglücklich, hatte großartig ausgesehen, mir ein schickes Kleid gekauft, war 30 Kilogramm leichter und voller guter Laune und

Spaß an diesem Abend. Einfach mitten in meinem neuen glücklichen Leben, mit viel Lebensfreude und Leichtigkeit. Mein Tanzpartner tat mir einfach nur gut und wir waren auf der Tanzfläche eine gelungene Einheit. Dann kam es, die "verbale Inkontinenz" und sie traf mich völlig unvorbereitet und unerwartet. Solche Situationen beginnen ja bekanntlich ganz harmlos. "Gisa, wie geht es dir denn?" Ich antwortete: "Danke, mir geht es super, ich fühle mich sehr gut!" Daraufhin werde ich mittleidig, wie ein kleines Kind am Arm gestreichelt, geradezu getätschelt und mit folgenden Worten bedacht: "Gisa, dir muss es nicht gut gehen!"

In meinem Kopf erst mal ein "Hääääh!" Das ist das schwäbische "Wie, bitte?" Mein Gehirn befand sich in einer Schockstarre, da war gerade eine vollkommene Blockade und Leere in meinem Kopf über so viel Unsinn. Kennst du das auch, dass dir erst mal die Worte fehlen? Ich konnte das gerade nicht fassen und als ich es wohl doch irgendwie geschafft hatte, die Fassung zurückzugewinnen, fragte ich sie, wie sie das denn meinte? Daraufhin kam ein weiteres: "Gisa, dir muss es nicht gut gehen!" Ich fragte sie noch mal, wie meinst du das jetzt? "Gisa, ich will dir nur den Druck nehmen, es muss dir nicht gut gehen!"

Oh mein Gott, dann war bei mir der Groschen gefallen und ich hatte es endlich verstanden. In ihrer Gedankenwelt war ich das arme Opfer, das vor einem halben Jahr nach 30 Jahren von ihrem Mann verlassen wurde und das sich auch so zu verhalten hatte. Das arme Ding, welches eine Runde Mitleid verdient hatte, ihr kann es doch nicht gut gehen, nach so einem Schicksalsschlag. Der Spaß und das Lachen können nicht echt sein, die muss doch bestimmt noch leiden und zeigt es nur nicht. Da biete ich mich doch gerne als Kenner und Retter an.

Aber sie hatte die Rechnung ohne mich gemacht. Ich bin nach der Trennung sofort aus der Opferrolle ausgestiegen, oder besser gesagt, den Schuh hatte ich mir gar nicht angezogen. Klar hatte auch ich geweint und gelitten, aber ich hatte mein Leben selbst in die Hand genommen.

Diese Situation war mir tatsächlich noch ein zweites Mal passiert und – da war ich schon etwas vorbereitet. Ich hatte ihr klar und deutlich zu verstehen gegeben, wenn ich sage, dass es mir gut geht, dann geht es mir gut und dass es ihre Meinung ist und sie diese gerne behalten kann. Das Gesicht und der Blick waren unbezahlbar. Ab da habe ich bewusster meine Freunde gewählt, hatte mir positiv denkende und unterstützende Menschen gesucht. Keine Personen, die vermeintlich wissen, wie es mir geht oder noch besser, wie es mir zu gehen hat.

Verstehst du, was ich meine? Es gibt immer Menschen, die es ja nur gut mit dir meinen und dich noch in einen Rechtfertigungszwang bringen, weil es dir gut geht und du nicht wie erwartet reagierst, oder so lebst, wie sie es von dir erwarten, dass du zu leben hast. Ein wohlwollendes und nährendes Umfeld sieht dich nicht als Opfer oder bemitleidenswert an und damit klein – es baut dich auf. Manchmal verändert sich die Umgebung und die Menschen um dich herum von allein. Denn durch einen Umzug befindest du dich automatisch in einer neuen Gegend, oder gemeinsame Freunde wenden sich ab.

Mach dir nichts daraus. Die Menschen, die dich wirklich lieben und schätzen werden weiter für dich da sein. Andere, von denen du nie Unterstützung oder Hilfe erwartet hättest, stehen dir plötzlich zur Seite. Du wirst erstaunt sein, wie kraftvoll und bereichernd diese Herzmenschen sein können. In den größten Krisen des Lebens kannst du erkennen, wer Freund und wer Feind ist. Das Leben und die Freunde sortierten sich neu.

Es ist vielen Frauen in meinem Umfeld und Klientinnen so ergangen, dass sie von heute auf morgen nicht mehr von gemeinsamen Bekannten und Paaren eingeladen wurden, weil ein Single plötzlich als Bedrohung und Konkurrenz angesehen wurde und eine unterschwellige Eifersucht sich breitgemacht hatte. Manche sogenannten treuen Ehe-Männer boten der "Single-Frau" ihre Hilfe beim Möbel- oder Lampen anschrauben an und wollten dann gleich bei den betreffenden Frauen "schrauben", um sie zu trösten. Egal wie, als Single-Frau wirst du schnell entweder als leichte Beute oder als Bedrohung angesehen.

Kennst auch du solche Situationen? Mir ist das zum Glück nur einmal passiert.

»Die Wunderlichen«

Wie bereits beschrieben, wurden mein Leben und mein Lebensgefühl leichter und leichter, ich hatte mein Single-Dasein annehmen und genießen können. Das Wort und das Gefühl "Leichtigkeit" war ganz neu in meiner Existenz. Diese Lebensfreude und Leichtigkeit hatte ich ausgestrahlt und mich auch auf Facebook gezeigt und gepostet, um meinen Freunden und auch meiner Familie, die sich zeitweise Sorgen um mich gemacht hatten, zu zeigen, es geht mir gut.

Es gab ein Pärchen in unserem Bekanntenkreis, über die ich mich irgendwann nur noch gewundert hatte und so hatte ich sie für mich "die Wunderlichen" getauft.

Ich war inzwischen viel unterwegs, hier und da im Kino, auf Konzerten und Veranstaltungen. Dort hatte ich dann "die Wunderlichen" zufällig getroffen. Da nahm mich der Mann beiseite und sprach mit väterlichem Ton: "Gisa, lass dir mal was von mir sagen. Das auf Facebook, das mit der Leichtigkeit, das bist doch nicht du. Das bist du nicht. Glaub mir und lass dir das von mir mal sagen!"

Erst mal sehr tief einatmen. Okay, die Schockstarre meines Gehirns war mir bereits bekannt, denn auch hier ist mir wirklich nichts mehr dazu eingefallen. Um antworten zu können, musste ich meine Kinnlade vom Boden hochholen. Ich hatte mich höflich für seine Meinung bedankt (frag nicht, wo diese Höflichkeit herkam, lag wohl am Schock). Dann hatte ich ihn gefragt, wenn er mich doch schon auf Facebook verfolgt, warum er denn nie was kommentiert oder liked? Der Herr meinte nur: "Nö, so was mache er nicht."

Ich hatte nur noch genickt, mich bedankt und ihm gesagt, dass ich darüber nachdenken werde, auch wenn ich nicht wirklich verstehe, was er meine und was sein Bedürfnis ist, mir so etwas zu sagen und mit welchem Recht! Das hatte er natürlich nicht verstanden.

Doch der eigentliche Hammer des Abends kam erst noch. Schlimmer geht immer. Als dieser Mann mir so belehrend in mein Ohr gesprochen hatte, kam seine Frau fast schon wie eine Furie angerannt, hakte ihren Gatten am Arm ein und riss ihn von mir weg mit den Worten: "Das ist mein Mann."

Da war mir endgültig nichts mehr eingefallen. Ich schüttelte den Kopf und war nur noch entsetzt. In meinen Gedanken hatte ich mich gefragt, was ist aus diesem früher sehr gut befreundeten Paar geworden? Wo sind "unsere" Freunde geblieben? Möchte ich mich mit solchen Menschen umgeben, oder kann ich für immer gehen?

An diesem Abend war ich nach Hause gegangen und hatte ihn auf Facebook "entfernt". Meine klare Entscheidung, das kann weg, solche "Spanner" brauche ich nicht mehr! Ich danke Facebook für diese Funktion. Mein Leben darf leicht sein, meine Freundesliste und mein Lebenszug auch!

Ich brauche niemanden, der über mein Leben urteilt, obwohl er meine Umstände, mich und meine Entwicklung nicht kennt. Der mich auf Facebook stalkt, um etwas zu erzählen zu haben, für den mein Leben spannender war als sein eigenes.

Und ich setze noch eines obendrauf: Es gibt Menschen, die sich lieber mit dem Leben der anderen beschäftigen, weil sie sich dann nicht mit ihren eigenen Themen oder Problemen beschäftigen müssen.

Mein Fazit

Meine Macken reichen mir, ich brauche nicht noch die der anderen, oder die, die die anderen denken, die ich haben sollte.

Es ist mein und dein gutes Recht, Freunde, Bekannte und Menschen loszulassen, die dich und mich nur runterziehen wollen.

Denn oft ist es so, dass Menschen sich selbst keine Leichtigkeit oder Lebensfreude gönnen und es dir dann auch nicht zusprechen können.

Ist das Single-Dasein ein Makel?

In manchen Köpfen ist das Single-Dasein wirklich ein Makel. Damit meine ich nicht den fehlenden Selbstwert und die Sehnsucht, die durch den Partner gestillt werden soll. Nein, damit meine ich das Umfeld, Freunde, Familie oder Kollegen, die doch ganz genau wissen, was dir fehlt zu deinem Glück und dass du allein auf jeden Fall auch einsam sein musst und ihr Mitleid verdient hast. Das musste ich auch immer wieder erleben.

Oftmals wurde mir nicht nur, weil ich verlassen wurde, Mitleid entgegengebracht, nein - auch weil ich jetzt ein armer Single war. Als ob das eine Krankheit oder ein Makel wäre. Ich war nicht krank, ich war nur Single. Das war nicht meine eigene Lebenseinstellung und Grundhaltung, sondern die meines Umfeldes. Da wurde mir Unglaubliches und ganz viel geistiger Müll entgegengebracht und gesagt - auf manches konnte ich nur noch mit viel Humor oder Kopfschütteln antworten.

Ein kleiner Auszug und besondere Schmankerl der "geistigen Inkontinenz" mancher Mitmenschen ... vielleicht kommt dir der eine oder andere Satz bekannt vor?

- "Ich mach mir Sorgen um dich, kommst du denn finanziell jetzt über die Runden?" - Oh, du kannst mir ja gerne etwas überweisen, wenn du dich so sorgst.
- "Du nimmst so ab, geht es dir so schlecht?" - Nein, ich nehme ab, weil es mir gut geht und ich nicht mehr aus FRUST futtere.
- "Du bist ja noch jung, schön und intelligent, du wirst schon wieder jemand finden." - Ach ja und weil das so ist, hat sich

meiner eine andere gesucht. (Okay, in Wirklichkeit hatte ich mich da nicht ganz so gepflegt ausgedrückt, den Satz hatte mir mein Ex-Mann gesagt.)

- Als es dann langsam Richtung Weihnachten ging, wurde es ganz schlimm. "Ach du Arme, bist ja an Weihnachten ganz alleine und was machst du denn erst an Silvester so alleine?" - Kannst mich ja einladen - "Ach nee, wir haben doch die Familie da." - Dann höre bitte auf mir einzureden, dass ich allein bin, ich bin mit meinem Sohn auch eine Familie.
- Oder vor fast drei Jahren, als ich mich im November von einem Partner getrennt hatte, weil ich es nicht mehr aushalten konnte. Ich war lieber glücklich alleine, als unglücklich in einer Beziehung. Da kamen doch wirklich Freunde und Bekannte auf mich zu, die meinten: "Wie, du hast dich so kurz vor Weihnachten und Silvester getrennt? Das kannst du doch nicht machen, was machst du dann so ganz allein? Da bist du doch einsam, oder?" "Ach, dein Sohn wohnt ja auch nicht mehr bei dir, tut mir so leid, dass du an den Feiertagen einsam bist, warum hast du dich denn so kurz vor Weihnachten getrennt?" Man beachte, der 01.11. ist für manche kurz vor Weihnachten. Sogar der Ex-Partner, den ich verlassen hatte, meinte: "Ich habe wenigsten meine Familie, aber du bist jetzt ganz allein."

Hast du dir mal das Fernsehprogramm in der Zeit vor Weihnachten angesehen? Da sind dann nur noch Filme und Weihnachtsgeschichten zu sehen, die genau diese Haltung suggerieren - als Single oder alleinstehende Person bist du an Weihnachten alleine, traurig und einsam. Na danke, man kann jedem, "wenn man es nur gut mit ihm meint", sukzessive einreden, dass man als Single alleine ist und dass man automatisch einsam ist. Obwohl ich mich so nie gefühlt hatte und innerlich stabil war, hat es so langsam auch bei mir gefruchtet. Diese permanente Dauerberieselung an Mitleid von Freunden, Kunden, Klienten und der Familie und das ständige Bedauern "du armer, einsamer Single tust mir leid" und das noch vor Weihnachten, nagte so langsam an mir. Irgendwann hatte auch ich das Gefühl, ach Gott, ich bin an Weihnachten allein und dann wohl einsam.

Das machte wirklich etwas mit mir. Ich hatte es zugelassen, dass sie mit ihren Füßen durch meinen Kopf gelatscht sind und Trampelpfade hinterlassen hatten. Dieser ganze Quatsch, den mir die anderen eingeredet hatten, hatte tatsächlich auch bei mir Früchte getragen und mich emotional in eine Abwärtsspirale geführt, in der ich vorher nicht war. Es war übrigens das dritte Weihnachten nach der Trennung von meinem Mann.

Es gibt immer eine Lösung und einen Weg, auch um dem Geschwätz aus dem Weg zu gehen. Ich hatte es für mich so gelöst: An Heilig Abend spät nachmittags feierte ich mit meinem Sohn und seiner Freundin, später war ich bei meiner Freundin zum Raclette eingeladen gewesen und dort waren auch andere Freunde und Singles. Wir hatten eine wundervolle Zeit zusammen, viel gelacht, lecker gegessen und einfach den Abend genossen und niemand war einsam oder allein.

Am ersten Weihnachtsfeiertag war ich dann wie ursprünglich noch mit Ex-Partner geplant, aber allein auf meine Insel Mallorca geflogen. Dort hatte ich eine kleine Ferienwohnung und konnte all meine Lieblingsplätze und meine ganz persönlichen Kraftorte aufsuchen, einfach sein. Alleine sein, ohne einsam zu sein und vor allem ohne Mitleid.

Das Mitleid von außen, die Stigmatisierung von Singles und Alleinstehenden oder auch das selbstempfundene Leid als Single, das viele wohl haben, oder eingeredet bekommen, ist weit verbreitet.

Das Single-Dasein kann ein Fluch oder Segen sein. Das Glas kann halb leer oder halb voll sein. Das ist eine grundlegende

Lebenseinstellung und kann dich dein Leben negativ oder positiv betrachten lassen. Du hast die Wahl: Siehst du diesen Lebensabschnitt als Fluch, oder als Chance für einen Neubeginn?

Single-Phasen sind heute etwas ganz Normales und treten sogar bei vielen öfters im Liebesleben auf. Diese Erfahrung durfte ich seit 2014 auch machen.

Denn die Beziehungsfluktuation steigt an und das wird in Zukunft sogar noch zunehmen. Trennungen sind keine seltenen Phänomene mehr oder gar ein Makel. Beziehungen wie meine, die fast 30 Jahre lang bestand, werden immer seltener. Damit werden Singles in allen Altersbereichen und Generationen mehr und selbstverständlicher. Meine Freundinnen und ich lachen immer wieder und sagen uns, wir machen dann, wenn wir alt sind eine "Alters WG" auf und lassen es uns gut gehen. So ist keine oder keiner von uns allein und wir können liebevoll auf den anderen achtgeben. Das ist unsere Art, keine Angst vor der Einsamkeit aufkommen zu lassen, denn wir brauchen keine Angst zu haben, wir sind nie allein, wir haben ja immer noch uns selbst.

Daher rate ich jedem Single, die Phase ohne Partner positiv zu gestalten, für seine eigene Entwicklung zu nutzen und mehr innere Zufriedenheit zu erlangen, denn genau das strahlst du dann aus und ziehst den richtigen Partner an.

Positive Gespräche

Führe nur noch Gespräche, die dich wirklich weiterbringen und bevorzuge tiefe Unterhaltungen. Suche dir Menschen, die an deinem Weiterkommen interessiert sind und denen dein Wohlergehen am Herzen liegt. Manchmal ersetzt ein gutes Gespräch mit der richtigen Person oder einem Freund schon einen Therapeuten.

Zu mir hat ein guter Freund ein paar Tage nach der Trennung gesagt: "Gisa, es tut mir so leid für dich, dass das Glück dich verlassen hat." Ich hatte ihm tief in die Augen geschaut und geantwortet: "Mein lieber Freund, erst mal hat mich nur mein Mann verlassen und ob mich das Glück verlassen hat, oder ob das jetzt mein Glück ist, stellt sich noch heraus." Er schaute mich erstaunt an und meinte: "Wow, kann man das so sehen?" Meine Antwort: "Ja, kann man und Frau auch!" Er antwortete nur noch: "Gisa, du bist eine starke Frau" Ich sagte ihm mit Tränen in den Augen: "Danke, stark sein ist im Moment die einzige Option, die ich habe."

Und dann hat er mich zum Mittagessen eingeladen und wir hatten uns über Gott und die Welt unterhalten. Gute Gespräche ergeben gute Gedanken.

Mir wurde klar, dass manche meiner Freunde gar nicht wussten, wie sie mir in der Phase begegnen sollten. Viele waren einfach unsicher und in ihrer Unsicherheit hatten sich die einen abgewandt und die anderen hatten mich mit ihrer Führsorge bombardiert und fast schon bedrängt, weil auch bei ihnen das Helfersyndrom durchgebrochen war.

Mein Fazit

Sprich mit deinen Freunden und sag ihnen, was du brauchst, was dir guttut, nimm ihnen die Unsicherheit im Umgang mit deiner Trauer und deinem Liebeskummer. Und wenn du Ruhe und Abstand brauchst, dann werden sie es verstehen.

Und dann gibt es auch noch die anderen, die Sensationsgeilen, setze denjenigen ihre Grenzen, die dich aus reiner Sensationsgier nach Neuigkeiten belagern. Das sind dann auch die Personen, die dir ein beleidigtes "Ich habe es ja nur gut mit dir gemeint, was bist du nur so zickig!" hinterherschmettern. So Energieräuber braucht kein Mensch.

Wenn du anfängst, deinen Eigenwert zu erkennen, wird es dir schwerfallen, mit Menschen zusammen zu sein, die das nicht tun!

10.

Steh auf und lebe – der Neubeginn!

Die verflixten ersten Male

"Zur Hölle mit den Umständen,
ich erschaffe Möglichkeiten."
Bruce Lee

Vielleicht kennst du das auch und dir wird bewusst, nichts ist oder wird, wie es einmal war. Es wird nie wieder eine Familie in dieser Form geben und auch keine gemeinsamen Familienfeste mehr. Spätestens bei den ersten Geburtstagen, bei den ersten Feiertagen, den ersten Jahres- oder Hochzeitstagen, dem ersten Weihnachten, dem ersten Silvester spürst du, dass es nie wieder solche gemeinsamen Erlebnisse geben wird. Für viele Menschen sind die Urlaube allein noch viel schlimmer. Wo möglich sogar an Orten, die man früher mit der ganzen Familie oder dem Partner*in besucht hatte.

Wie hatte es vor Kurzem eine Freundin formuliert: "Die verflixten Sonntage und Urlaube!"

Ich hatte sie gefragt, wie sie das denn meine und sie erzählte mir dann, wie schwierig es für sie an den Wochenenden ist. Unter der Woche sei sie durch die Arbeit beschäftigt und abgelenkt, nur an den Sonntagen fühle sie so eine Leere und Einsamkeit.

Ihre Freundinnen waren meist in Beziehungen oder hatten Familie und dadurch keine Zeit für gemeinsame Unternehmungen. Sie selbst wollte sich dann auch nicht aufdrängen und hatte sich einen neuen Sport gesucht, den sie gut an den Wochenenden ausüben kann. Der dann die ganzen Sonntage ausfüllen kann.

Und die Urlaube waren für sie jedoch viel schlimmer. Mit einer Freundin zu fahren war fast unmöglich, wie gesagt, die meisten waren in festen Beziehungen. Durch ihr Hobby buchte sie jetzt Sporturlaube und bekam automatisch Anschluss mit Gleichgesinnten und es fanden sich gemeinsame Gesprächsthemen.

Ja, ich konnte mich an meine ersten Wochenenden und Sonntag nur zu gut erinnern und diese gefühlte Leere. Unter der Woche konnte ich mich mit blindem Aktionismus und Arbeit ablenken. Aber da waren noch die Wochenenden und sie zogen sich so. Ich hatte ihn so vermisst, nach fast 30 Jahren war ich es nicht gewohnt allein zu sein.

An Sonntagen waren wir meist als Familie zusammen und hatten etwas unternommen, oder ich hatte eine meiner Fortbildungen. Auf jeden Fall war ich immer irgendwie beschäftigt.

Am Sonntagabend hatten wir seit Jahren unseren Tanzkurs mit anschließendem "Einkehrschwung" und der war ja nun auch Vergangenheit.

Die gemeinsamen Rituale und Freunde hatte ich vermisst und es ging mir tatsächlich sehr ähnlich in dieser Zeit. Sämtliche meiner Freundinnen waren in einer Beziehung oder hatten eine Familie. Wenn sich manchmal eine Freundin mit mir am Sonntag getroffen hatte, hatte ich das Gefühl, sie macht es aus reinem Mitleid und wäre lieber mit dem Partner oder der Familie unterwegs. Ich konnte also das, was mir diese Freundin im Gespräch erzählte sehr gut nachvollziehen.

Für mich mussten damals neue Wochenendrituale her. Da Bewegung bekanntlich wohltut und heilt, hatte ich an den Sonntagen meine Sportschuhe angezogen und war losgelaufen, erst walken, dann ganz langsam joggen und dann immer mehr und mehr. Ich hatte mir eine Sport-App heruntergeladen und konnte damit meine Fortschritte beobachten und mich selbst an mir messen und motivieren.

Irgendwann hatte ich Gleichgesinnte kennengelernt und wir hatten uns über Sport austauschen können, Sport verbindet.

Dann hatte ich über das Internet ein "Freizeitportal" gefunden und mich angemeldet, um dort vielleicht einen neuen oder zusätzlichen Tanzpartner zu finden. Dort hatte ich dann viele verschiedene Freizeitaktivitäten entdeckt und unter anderem ein Freizeitwochenende für Singles.

Ich dachte mir, warum nicht? Ein Single-Camp mit "Bespaßungsprogamm" für Erwachsene, wie cool ist das denn? Als Kind war ich immer gerne auf Wochenendfreizeiten oder in Feriencamps gefahren. Es war wirklich sehr schön und ein abwechslungsreiches Programm, mit "Kennenlernspielchen", Cocktail-Workshop, Discoabend mit DJ, Baumwipfel Pfad und Bergwerks-Challenge.

Dort hatten sich viele Singles kennengelernt und es waren Freundschaften entstanden. Diejenigen, die ohne Erwartungshaltung angereist waren, die hatten richtig Spaß und Freude.

Doch es gab auch Teilnehmer, die hatten falsche Hoffnungen an dieses Event geknüpft und waren in der Erwartung angereist, dort ihren Traummann oder ihre Traumfrau zu finden, anstatt einfach nur Menschen kennenzulernen und das Wochenende gemeinsam zu genießen. Es war ein Freizeitwochenende für Singles, um gemeinsam etwas zu unternehmen und keine Singlebörse. Manchen war das "Ich-bin-auf-der-Suche" so sehr ins Gesicht geschrieben, dass sie vergessen hatten zu entspannen und einfach nur Spaß zu haben.

Falls dich so etwas interessiert und du Lust hast es einmal auszuprobieren, der Veranstalter war active & friends, der Aktivurlaub & Reisen für Singles organisiert.

http://www.activeandfriends.de/reisen-fuer-singles.html
(Stand Sep. 2019)

Freundinnen hatten mir von Single-Apps in verschiedenen Städten erzählt. Die sollen wohl auch gut sein, wenn man mal jemanden zum Ausgehen, Kino oder Theater sucht.

Ich selbst bin in ein paar Gruppen und auf WhatsApp verbunden. In diesen werden Veranstaltungen, Konzerte, Weinfeste oder Wanderungen geteilt und jeder ist herzlich eingeladen, wenn er Lust und Zeit hat daran teilzunehmen. Es ist kein Muss und man ist auch herzlich willkommen, wenn man sich aus Zeitgründen mal 4 Wochen nicht melden kann.

Vielleicht wäre das eine Idee für dich und du gründest mit ein oder zwei Freunden eine Gruppe und die wächst dann mit der Zeit von alleine, weil hier und da mal jemand zu einem Treffen mitgebracht wird und wenn die Person Lust hat, kann sie mit in die Gruppe aufgenommen werden. Das funktioniert bei uns super und wir haben viel Spaß, in immer wieder wechselnden Besetzungen. Man kann allein weggehen, ohne allein zu sein. Irgendjemand aus der Gruppe ist immer da und es ist eine schöne Gelegenheit neue Leute kennenzulernen.

Glücklich allein, geht das?

Kann man allein glücklich sein? Ja, man kann als Single sehr glücklich sein und ein erfülltes Leben leben. Es gibt genügend Paare, die zu zweit unglücklich sind und in ihrer Partnerschaft gefangen fühlen.

Ein Neubeginn bedeutet nicht sofort eine neue Partnerschaft oder Beziehung anzustreben, sondern sich selbst zu sortieren und zu finden. Sich die Frage stellen, wer bin ich ohne einen Partner?

Die eigenen Themen anzusehen und aufzuarbeiten, um sie dann nicht in die neue Beziehung zu tragen.

Leider gibt es viel zu viele Menschen, die eine innere Leere und Bedürftigkeit verspüren und diese dann durch den nächsten Partner zu stillen versuchen. Sie fühlen sich alleine nicht gut genug. Sie erleben sich emotional leer und ihr Leben lang nicht geliebt, das soll gefälligst der/die Partner*in tun.

Diese Personen definieren sich einzig über ihre Beziehung oder ihren Beziehungsstatus.

Eine Partnerschaft ist kein Allheilmittel

Für eine gute und gesunde Beziehung ist es notwendig, auch mal alleine leben und funktionieren zu können, ohne einsam zu sein. Wer also sein Single-Dasein dafür nutzt, seine Persönlichkeit zu entwickeln und dieses "Alleinsein" zu üben, bewusst zu erkennen und zu lernen, was er braucht, wenn es ihm nicht gut geht und er schwach und mutlos ist, der belastet später seine Beziehung und seine/n Partner*in nicht mehr als nötig.

Wer dies allerdings nicht gelernt hat, der gerät leicht in die Erwartungshaltung, den Partner für das eigene Glück verantwortlich zu machen. Wer sich darauf verlässt und dieses erwartet, wird in jeder neuen Beziehung den gleichen Problemen begegnen und neue Krisen heraufbeschwören, wenn der/die neue Partner*in diese Erwartungshaltung nicht erfüllen kann oder will.

Bleibt die "Erfüllung" der eigenen Wünsche und Hoffnungen aus, kann auch ein liierter Mensch überfordert sein und sich einsam fühlen – trotz einer Beziehung! Denn es ist die innere Leere nicht gefüllt, sondern nur das Loch vorübergehend gestopft.

Nach dem ersten verliebt sein entsteht wieder diese innere Unzufriedenheit und Leere, die vielleicht vorübergehend gedeckt oder eher verdeckt war.

Man hat zwar den/die Partner*in ausgetauscht, jedoch nicht die Probleme. Dies hat man wieder eingepackt, weil man sich ja selbst in die neue Beziehung mitgenommen hat.

Du siehst also: Das eigene Glück von Dingen oder Personen abhängig zu machen, ist eine Illusion. Auch wenn das Motiv, die Liebe, noch so schön, edel und verlockend sein mag. Oder wie es der Trainer und Therapeut Robert Betz immer so schön in einem Beispiel formuliert: Da treffen sich zwei Bedürftige, beide haben leere Taschen und erwarten der/die Partner*in soll diese füllen. Dann fassen sie dem anderen in die Tasche und müssen feststellen, die anderen sind ja auch leer. Unzufrieden, weil die eigene Bedürftigkeit nicht gestillt werden kann, wird der/die nächste Partner*in gesucht. Die Suche und die Sehnsucht gehen weiter, hangeln sich von einem Tag zum nächsten, oder von einem/er Partner*in zum nächsten in der Hoffnung, dieses Tal des Jammers möge bald ein Ende haben.

Wer sich so fühlt und denkt, lebt mit seiner Energie nicht im Hier und Jetzt, sondern lebt in der Erwartungshaltung und immer nur in der Hoffnung, bald wieder eine/n Partner*in zu haben, der die eigene gefühlte Leere füllt.

Ist das nicht verschenkte Lebenszeit?

Das Einzige, das dir dauerhaft helfen wird, deinen Selbstwert und deine Selbstliebe zu steigern und mit den Herausforderungen des Lebens besser umzugehen, ist, eine positive Einstellung zu dir selbst und Vertrauen, Liebe und Stabilität in deinem Leben zu entwickeln.

Das Geheimnis, um allein glücklich sein zu können

Du beginnst dein Leben zu ändern, indem du anfängst, an dir zu arbeiten und dich selbst zu lieben, glücklich zu werden und deine Träume und Wünsche verwirklichst. Auf diese Weise wird dir nicht nur jeder Tag mehr Freude machen, sondern du führst ein erfüllteres und zufriedenes Leben und strahlst dieses auch aus.

Und wenn du dieses ausstrahlst, wirkst du attraktiver und dann ziehst du auch zufriedenere und glücklichere Menschen in dein Leben, das ist das Gesetz der Resonanz.

Kümmere dich also zuerst um dein eigenes Seelenheil und Glück. Wenn du allein glücklich und zufrieden bist, dann funktioniert's früher oder später auch mit der Partnerschaft wieder. Denn auch Beziehungsfähigkeit ist erlernbar und ein Prozess. Und dann kannst du die Liebe in all ihren Facetten genießen, ohne von ihr oder dem/r Partner*in abhängig zu sein. Im Partner kann man nicht das finden, was man selbst bei sich nicht findet. Wir ziehen diejenigen an, die uns spiegeln.

Ich stelle meinen Klienten oft Fragen und eine davon ist: Was hast du bei deinem Partner gesucht, was du dir selbst nicht geben konntest? Ich weiß, diese Frage ist nicht ganz einfach zu beantworten, denn sie bedarf einer ehrlichen Selbstbetrachtung und Selbstreflexion. War es Liebe, Vertrauen, Anerkennung, Wertschätzung ...?

Hier ein paar der Antworten:

- Einen Partner zu dem ich aufschauen kann, der mich nicht unbedingt so nimmt, wie ich bin, ich will nicht stehen bleiben, auch nicht in einer Beziehung, niemand ist fehlerfrei ... ich schon gar nicht.
- Wertschätzung, Anerkennung, Liebe und Sicherheit.
- Ich habe die Bestätigung in meinem Selbstwert gesucht und gehofft, es bei ihm zu finden. Tja, Trugschluss, denn mein Selbstwertgefühl kommt nur durch mich selbst. Musste ich jetzt erst lernen.
- Jemand, der mein Selbstvertrauen aufbaut.
- Halt, Stabilität und Liebe.
- Alles! genau in der Reihenfolge: Liebe, Anerkennung, Wertschätzung, Stabilität, Halt ... für mich Grundvoraussetzung für jede Beziehung. Gesucht hab ich das nicht, sondern gesehen oder nicht. Ich weiß, wer ich bin ... und die Facetten, die ich in mir trage (Unsicherheiten, Unfähigkeiten etc.), das darf mir mein Partner gern ein bisschen pushen, wachrütteln oder sinnvoll kritisieren.
- Wertschätzung, Stabilität, Sicherheit und eine Schulter, an die ich mich anlehnen kann und darf.
- Männlichkeit
- Liebe, Ehrlichkeit und Vertrauen
- Geborgenheit, Sicherheit, Selbstbestätigung.

- Jemand, dem ich mich öffnen kann und mich fallenlassen kann.
- Wenn man durch den Prozess ist, ist die Antwort einfach und eindeutig. Nichts. Nichts suche ich. Der Grund es dennoch zu tun, ist: Schönes gemeinsam zu erleben und Liebe ist doch ein schönes Motiv diese zu suchen!
- Jemand ... der mich liebt, wie ich bin ... ohne Erwartung, einfach nur ankommen ...

Diese Antworten spiegeln sehr deutlich den inneren Mangel und die Leere, die durch einen Partner gestillt werden soll, denn die Frage war: "Was hast du im Partner gesucht, was du dir selbst nicht geben konntest?"

Leider begegnen mir im Coaching so viele Menschen, die an ihren eigenen Erwartungen an den/der Partner*in scheitern und dann enttäuscht sind, wenn er/sie es nicht erfüllt oder erfüllen kann. Sie sind oft in einer Erwartungshaltung gefangen, ohne selbst zu wissen, was sie erwarten und sind dann unzufrieden und unglücklich und wissen nicht warum.

Deshalb lerne dich und deine Bedürfnisse selbst kennen, stärke dein ICH, deinen Selbstwert, deine Selbstliebe und deine innere Stabilität. Und dann brauchst du keine Krücken, um in deinem Leben laufen zu können und du wirst auch keine/n Partner*in mehr anziehen, der dich als Krücke braucht oder missbraucht, um seinen/ihren Selbstwert zu nähren. Durch deine neue Ausstrahlung wirst du dann auch keine "Krücken", Bedürftige oder Energieräuber mehr in dein Leben ziehen.

Führe eine Beziehung mit dir selbst!

Vor Kurzem saß ich mit einer Freundin in einem Café und wir plauderten über Trennungen, Scheidungen, Beziehungen, das Leben als Single, über mein Buch und vieles mehr. Sie ist für mich nicht nur eine wundervolle Freundin, sie ist auch eine taffe und starke Frau, die seit ihrer Scheidung für sich und die Kinder eine gesicherte Existenz aufgebaut hat.

Sie hat ihr Leben aufgeräumt, noch einmal studiert und Karriere gemacht. Als Single kommt sie gut klar und lebt ein selbstbestimmtes Leben.

Und dann sagte Sie einen wundervollen Satz: "Ich habe eine Beziehung mit mir!" Sie braucht keine Beziehung, um gut genug zu sein und sich selbst zu lieben.

Ein Mangel an Selbstliebe und Selbstbewusstsein ist einer der Gründe, warum so viele Menschen ihre Kraftquelle und ihr Lebensglück ausschließlich in einer Beziehung suchen. Sie werden geradezu "beziehungssüchtig", weil sie nicht alleine sein können. Diese Tatsache verschließt auch den Zugang zu den eigenen Ressourcen und Kraftquellen und die eigene Tankstelle bleibt leer.

Genau darum geht es mir in diesem Kapitel: Möglichkeiten und Lösungen aufzuzeigen, alleine glücklich sein zu können, ohne einsam zu sein. Zu lernen, wie man sich selbst liebt und sich Schritt für Schritt ein Leben aufbaut, um nach der nächsten Beziehung oder Trennung nicht wieder in ein schmerzliches Loch und Jammertal zu fallen und wieder diese Leere, diese Sehnsucht, diese entsetzliche Trauer zu spüren.

Ich lade dich auf eine Reise zu dir selbst ein. Sie beginnt mit einer Seelenbilanz und endet mit einer Seelenbalance. Du lernst mehr und mehr, was dir wichtig ist und nicht mehr deinen jeweiligen Partnern. Wer du wirklich bist und was Selbstliebe bewirken kann. Was dich, deine Bedürfnisse und deine Seele nährt und damit meine ich nicht, Ersatzbefriedigungen wie Schuhe kaufen oder Gummibärchen, oder wie bei mir gerade eine Überdosis Toffifee als Nervennahrung, weil der Abgabetermin für dieses Buch näher rückt.

Wie wäre es mit einer Dosis Liebe, Vertrauen und Anerkennung, um nur ein paar Beispiele zu nennen, die wir als Ressourcen in unseren Wahrnehmungstrichter füllen und unseren Selbstwert und unser Selbstbewusstsein nähren. Und wie wäre es mit einer "Liebesbeziehung" zu uns selbst, zu unserem Job, zu unseren Freunden, zu unseren Hobbys und dann zu unseren Liebespartnern. Dann können wir aus unseren eigene Kraftquellen schöpfen und unser Selbstwert und unser Selbstbewusstsein können wachsen.

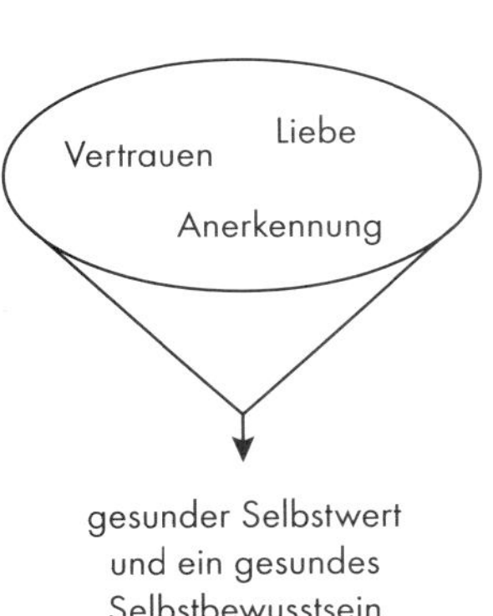

Übung: Der Lebenskuchen!

Diese Übung ist am klassischen Lebensrad aus dem Coaching angelehnt.

Mal angenommen dein Leben wäre ein Kuchen und du würdest deinen Kuchen in verschiedene Lebensbereiche einteilen und diesen dann in einzelne Stücke schneiden, genau in der Gewichtung, welchen Raum bzw. welchen Anteil prozentual die Bereiche in deinem Leben einnehmen. Wo sind die Sahneschnittchen deines Lebens, wo kannst du aus dem Vollen schöpfen? Welche Abschnitte nähren dich und deine Seele und machen dich glücklich, zufrieden und ausgeglichen?

Es geht darum zu erkennen, welchen Anteil z. B. deine Beziehung in deinem Leben einnimmt und wenn dann die Partnerschaft wegbricht, ob dann dein Leben wie ein Kartenhaus zusammenfällt.

Es soll sichtbar machen, welche Anteile dem Lebensgerüst Stabilität und Halt geben und woran man arbeiten kann, um dort die nötige Dynamik und seine eigenen Kraft- und Energietankstellen zu erschaffen.

Meine Freunde und in der Familie dachten viele, dass ich nach dem mich mein Mann verlassen hatte erst einmal in ein tiefes Loch und eine Leere fallen würde, weil ich bis zu diesem Zeitpunkt schon mehr als zweidrittel meines Lebens mit ihm verbracht hatte. Ich war bei unserem Kennenlernen 15 und er 18 Jahre alt. Klar war ich nach der Trennung wütend, natürlich war ich sauer, verletzt und hatte ihn und das, was wir fast 30 Jahre miteinander hatten vermisst. Es nicht zu tun wäre unnatürlich gewesen. Aber ich hatte mir wohl immer schon eine gewisse Freiheit, Stabilität in meinem Umfeld, im Job und mit Freunden erschaffen, dass ich nicht abgestürzt war. Menschen und Freunde, die für mich da waren, mein Job, der mir Spaß gemacht hatte, Hobbys, die ich wieder angefangen oder dann eben alleine weitergeführt hatte. Dass es so war, ist mir erst viel später bewusst geworden. Immer dann, wenn mir die Frage gestellt wurde: Wie hast du es geschafft? Ich hatte mir trotz des gemeinsamen WIR über all die Jahre auch ein starkes ICH bewahrt und ein eigenständiges Leben aufgebaut. Das war wohl eines meiner Erfolgsgeheimisse und dass ich es geschafft hatte, danach mein ICH neu zu definieren.

Übung: Wie würde dein Lebenskuchen aussehen?

Es geht es darum, den Istzustand zu ermitteln, um daraus den Sollzustand, sprich wie du es dir wünschen würdest, definieren zu können und vor allem zu sehen, was eine gute Lösung für dich wäre.

Wenn du eine Bestandsaufnahme machst, dann zeichne auf ein leeres Blatt Papier einen Kreis stellvertretend für deinen Lebenskuchen und dann unterteile diesen in deine Lebensbereiche. Wie ist dein Leben im Moment aufgeteilt, welchen Anteil, welches Stück des Kuchens und damit deines Lebens nehmen z. B. deine Partnerschaft oder deine Beziehung ein, dein Job, deine Hobbys und Freizeitaktivitäten, wie z. B. Wandern, Sport, Yoga, Schach, Bücher lesen ... usw.

Wie sieht es mit deinen Freunden aus? Wann triffst du dich mit ihnen, vielleicht sogar zum Sport oder auf ein gutes Glas Wein? Wie steht es um die Familie allgemein, hast du ein gutes Verhältnis zu deinen Geschwistern, Eltern, Cousins? Mit Familie sind nicht allein deine Partnerschaft oder deine Kinder gemeint, sondern vielleicht auch die des Ex-Partners, wenn sie eine Rolle spielt und die im Härtefall auch komplett wegfallen kann.

Und nun zur eigentlichen Übung

Folgendermaßen kannst du es unterteilen:

- Partnerschaft/Beziehung (Familie)
- Job/Beruf
- Freizeit/Hobby
- Freunde
- Familie (vielleicht die eigene, die des Mannes, die der Frau?)

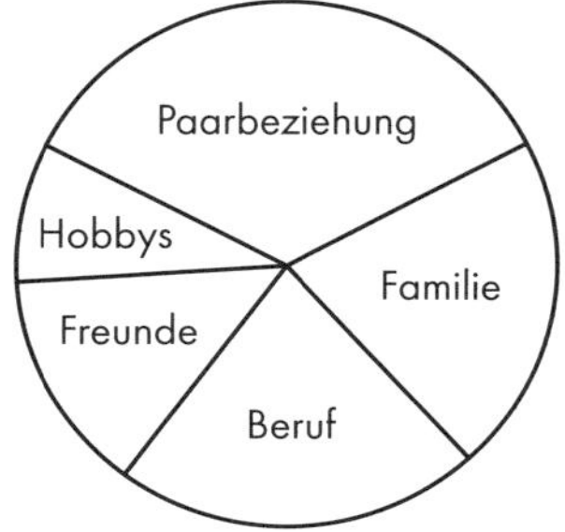

Das Diagramm ist beispielhaft aufgezeichnet, so könnte dein Lebenskuchen aussehen. Wie sieht dein Sahnekuchen aus? Wo kannst du deine Krafttankstellen entdecken und wo vielleicht sogar deine Energieräuber? Wie genau sieht die Bilanz aus? Dann nimm bitte einen farbigen Stift und schraffiere den Bereich, der nach der Trennung wegbricht. Das kann auch die Familie des Ex-Partners sein, der die Hälfte des Familienanteils ausmacht.

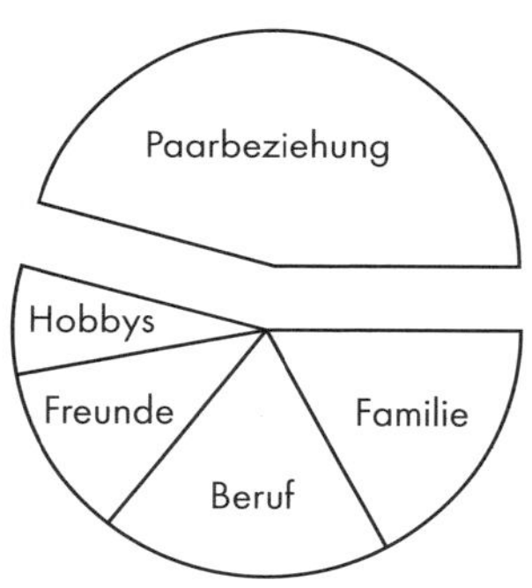

Hier ist im Kuchendiagramm die Familie fast zur Hälfte weggebrochen.

Betrachte dein neues Bild: Was bricht nach der Trennung oder Scheidung weg? Welchen Anteil hat deine Beziehung in deinem Leben eingenommen? Kannst du es jetzt wahrnehmen, wo du deine Kraft und Energie hineingesteckt, aber auch daraus gezogen hast? Vielleicht denkst du auch noch einmal an die Übungen "Energie- oder Beziehungs-Bilanz", um das Bild für dich zu verdeutlichen.

Bei manchen Menschen macht der Beziehungsanteil mehr als 50 % der Lebensbereiche aus und dann es ist kein Wunder, dass eine Lücke entsteht, die so schnell nicht aus dem Inneren gefüllt werden kann. Wie kannst du jetzt diesem Anteil in deinem Leben wieder mehr Inhalt geben, ohne sofort eine neue Beziehung anzustreben?

Die gute Nachricht ist: Das Lebensrad lässt sich für deine Zukunft neu gestalten und kreieren. Genauso, dass du nicht mehr in dieses Loch zu fallen brauchst. Du lernst in den weiteren Übungen, deine Energieräuber zu erkennen und loszulassen. Dann steht dir schon mal einiges an Power zur Verfügung und wieder Vertrauen für deinen Neustart zu gewinnen.

Werde zum Schöpfer deines Lebens!

Was du dazu brauchst? Du brauchst nur dich, den Mut und Willen zur Veränderung. So kannst du dir neue Kraft- und Energiequellen erschaffen, um dein wahres ICH zu erkennen, zu leben und dadurch alleine glücklich und zufrieden sein zu können.

Zeichne dir einen neuen Lebenskuchen: Wie soll deine Zukunft aussehen? In welche Lebensbereiche möchtest du deine Energie reinstecken und wo und wie möchtest du deine Kraft tanken und deine Seele nähren?

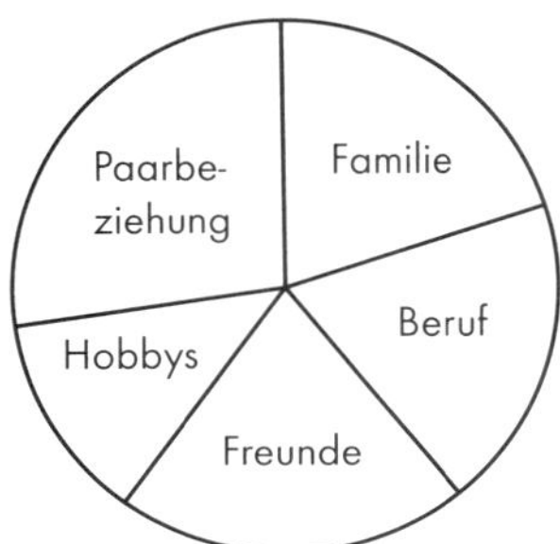

So könnte dein ausgeglichenes zukünftiges Lebensrad aussehen.

Nun, hast du es erkannt und einen Entschluss gefasst? Es geht im Weiteren darum, Wege zu finden und diese umzusetzen.

Eine Beziehung mit sich selbst aufbauen

Nachdem du deinen IST-Zustand erkannt hast, frage dich, würdest du mit dir selbst gerne eine Beziehung führen wollen? Wärest du die Person, die du lieben würdest? Was hast du deinem Partner zu geben, bist du liebenswert, oder liebesbedürftig? Die meisten Beziehungen scheitern an dem Mangel an Selbstvertrauen und der Selbstliebe.

Du fragst dich vielleicht, wie finde ich diese Selbstliebe, oder sagst dir der Selbstliebe- und Selbstwert-Mist geht mir auf den Keks. Es gibt dir das Gefühl, mit dir stimmt vielleicht etwas nicht?

Mir ging es früher auch so. Da sagte mein Trainer und Ausbilder: "Gisa, du musst dich selbst mehr lieben, dann tun es auch andere. Wie sollen dich andere lieben und wertschätzen, wenn du es selbst nicht tust?"

Ich dachte echt, wie, Selbstliebe und so ein Quatsch. Mache ich doch, kann ich doch und was soll das denn bitte? Und wenn ich das nicht kann, dann sag mir endlich wie das geht! Gib mir ein Rezept, wie ich das hinbekomme, aber hör auf so einen Unsinn zu verzapfen. Das gab mir immer noch mehr das Gefühl nicht gut genug zu sein und das etwas mit mir nicht stimmte.

Und ja, er hatte recht. Ich hatte mich damals selbst nicht geliebt und nicht wertgeschätzt. Das war in meinen Worten zu hören und darin, wie ich über mich selbst gesprochen hatte, denn so hatte ich auch über mich gedacht. Das war der Quatschkopf in meinem Kopf, das unbewusste Programm, welches ablief. All die kleinen fiesen Gedanken, aus alten Mustern und Prägungen, ich bin zu dick, ich bin nicht gut genug, nur wenn ich gebe und mich aufopfere, bin ich liebenswert, bla, bla, bla und es schnatterte unaufhörlich und suchte im Außen Bestätigung. Ein Selbstsabotageprogramm wie aus dem Lehrbuch.

Inzwischen hatte ich gelernt, diese umzukehren und helfe meinen Klienten, die oft nach gescheiterten Beziehungen mit mangelndem Selbstwert, mangelnder Selbstliebe und frisch geschürten Selbstzweifeln zu mir kommen. Sie bedauern so viele Fehler gemacht zu haben und verurteilen sich selbst. Da höre ich Sätze wie: "Hätte ich nicht so viele Fehler gemacht, dann wäre die Beziehung nicht auseinandergegangen."

"Ich bin halt so (z. B. nicht liebenswert) und deshalb ist mein Partner fremdgegangen!"

Bitte beachte: Beziehungen, egal in welchem Verhältnis - ob jetzt eine Partnerschaft oder im Job - sind immer Lektionen und Lernchancen, denn sie spiegeln uns oft auf schmerzliche Weise unsere Defizite und Wunden, an denen wir wachsen und heilen dürfen. Die richtigen Fragen können dich auch hier wieder unterstützen.

Übung: Mehr Selbstliebe und Selbstbewusstsein - mehr Mut zum ICH!

Wie wäre es, wenn du dein Leben endlich selbstbestimmt in die Hand nimmst, alle Zweifel und Bedenken über Bord wirfst und endlich mehr Mut zum ICH hast?

Wenn du deinen Wahrnehmungstrichter und Filter bewusst füllen kannst, um das Ergebnis dessen, was unten rauskommt, positiv zu beeinflussen?

Ich habe sehr viel positives Feedback zur Erstauflage meines Buches erhalten und dort war immer wieder eines sehr deutlich herauszulesen: Die Trennung hatte sehr am Selbstwert und Selbstbewusstsein genagt. Dieses Kapitel zum Thema Selbstbewusstsein, Selbstliebe und Selbstwert hat den Leser*innen die Augen geöffnet und sie motiviert, genau dort anzusetzen. Dieses und die Loslass-Übungen waren für sie das Training mit der größten Hebelwirkung und am nachhaltigsten, um gestärkt aus dieser Krise hervorzugehen.

Deshalb mache dir dazu nicht nur deine Gedanken, sondern mache die Übung unbedingt schriftlich.

Was oder wer kann mich auf meinem Weg zu mehr Selbstliebe und Selbstvertrauen unterstützen? (Buch, Training/Seminar/Kurs, Coaching, Freund/Freundin)

Was hindert dich daran? Welche Glaubenssätze hindern dich daran? Hier kannst du dir deine Glaubenssätze zum Thema Selbstliebe anschauen und wie schon beschrieben bearbeiten, oder einfach gefragt: Ist das wahr, was du über dich denkst?

Wer hindert dich daran? Von wem lässt du dich zu sehr beeinflussen, wer zieht dich runter? Wer sind deine persönlichen Energieräuber, die nicht an deinem Wachstum interessiert sind und dich klein halten? Wie kannst du diese aus deinem Leben und Umfeld verbannen?

Was würde in deinem Leben einfacher werden, wenn du selbstbewusster wirst und dich selbst mehr lieben würdest? Wie würdest du aussehen? Wie würde dein Licht strahlen? (Denk an die Wunder-Frage-Übung.)

Lasse deiner Fantasie freien Lauf, bitte setze dich nicht unter Druck. Du kannst dir gerne jeden Tag eine Frage herauspicken, die gerade besonders wichtig für dich erscheint und diese in deinem Tagebuch bearbeiten.

Wenn dir hier wieder hinderliche Glaubenssätze begegnen, schreibe sie auf und bearbeite sie mit der Glaubenssatz-Übung.

Denke bitte daran: Nur wenn du dir immer wieder die richtigen Fragen stellst, wirst du die richtigen Antworten für dich und dein Leben erhalten. Dein Unterbewusstsein wird dir dabei behilflich sein und nach Lösungen suchen. Wenn du dann eine Entscheidung triffst, ist das ein großer Schritt. Denn in dem Moment deiner Entscheidung formt sich dein Schicksal neu. Der wichtigste Schritt bei allem ist immer der erste Schritt in die Umsetzung.

Aber Achtung: Keine Entscheidung zu treffen, ist auch eine Entscheidung und wie bereits gesagt, eine Entscheidung ist nur so viel wert, wie sie umgesetzt wird.

Von den Vorbildern lernen

Bereits von unserer Kindheit an lernen wir von und durch Vorbilder und dieses Muster können wir uns gezielt zunutze machen.

Es ist nicht das Ziel, sich Götzen zu erschaffen, selbst ernannten Gurus hinterherzulaufen, sondern zu betrachten, wer hat das schon erreicht, was du noch erreichen möchtest? Wer ist schon in seiner Persönlichkeit so, wie du es gerne sein würdest?

Dabei geht es nicht darum, sich zu vergleichen, denn das wäre der falsche Ansatz. Dieser führt in den meisten Fällen zu noch mehr Unzufriedenheit und Minderwertigkeitsgefühlen.

Es geht darum, bewusst zu beobachten. Was machen diese Vorbilder gut, wie machen sie es und warum? Wie haben sie das erreicht, was du in deinem Leben noch erreichen möchtest?

So kannst du in manchen Situationen innehalten und dich fragen: Was würde mein Vorbild jetzt sagen, denken oder machen, wie würden diese ihren Selbstwerttrichter füllen?

Es geht einzig und alleine darum, sich Inspirationen und Anregungen zu holen, sie in dein Leben zu transferieren, sprich zu deinem zu machen, aber keinesfalls eine Kopie zu werden, oder dir Masken aufzusetzen. Es gibt da draußen schon genügend Fakes und auch alles, was unecht ist hat niemals einen Bestand und kann auf Dauer nicht aufrechterhalten werden. Deshalb kannst du nur dich entwickeln und die beste Version deines Selbst sein. Denk daran, die anderen gibt es schon.

Nun überlege dir fünf Personen, die dich inspirieren und für dich ein Vorbild sein können. Das müssen nicht immer Menschen in deinem Umfeld sein, es können auch berühmte Persönlichkeiten oder Personen des öffentlichen Lebens sein. Es kann zum Beispiel jemand aus der Vergangenheit sein, ein ehemaliger Lehrer, eine Freundin, deine Oma, die nach dem Krieg 6 Kinder alleine großgezogen hatte, oder der Opa, der eine Firma gegründet hatte, oder ein Jemand, der heute vielleicht nicht mehr lebt.

Schreibe dir die Eigenschaften und Erfolge auf, die dir besonders an deinen Vorbildern gefallen. So bekommst du eine Ahnung, wie du dein Leben gestalten und ausrichten möchtest und welche

Eigenschaften zu dir passen würden. Hier geht es darum, zu beobachten und wahrzunehmen.

Die fünf Personen, die mich inspirieren:

____

____

Wie haben sie es geschafft, diese Persönlichkeit zu entwickeln und ihre persönlichen Erfolge zu kreieren?

____

____

Was kann ich daraus lernen?

____

____

Wo sind deine Erfolge?

Welche Erfolge hast du schon feiern können? Was hast du erreicht, obwohl es dir niemand zugetraut hat? Wo sind deine Stärken?

In meinen Coachings und Trainings begegnen mir immer wieder Menschen, die stundenlag über ihre Fehler, Misserfolge oder

Schwächen referieren können. Wenn ich dann gezielt nach ihren Stärken oder Erfolgen frage, wird es oft sehr still!

Manche hängen sich ihre Misserfolge wie eine Medaille um den Hals. Anstatt die vielen, wenn auch noch so kleinen, einzigartigen Erfolge zu sehen und zu feiern. Wie wäre es, diese wie kostbare Perlen aneinanderzureihen und sie sich als Kette des erfolgreichen Lebens umzuhängen! Hört sich das nicht grenzgenial an? Die Perlenkette der kleinen Erfolge und Kostbarkeiten deines Lebens!

Oder steht dir hier wieder einer deiner Glaubenssätze aus der Kindheit im Weg? Vielleicht so etwas wie: "Nimm dich nicht so ernst.", oder "Eigenlob stinkt.", dann kannst du diese mit der Glaubenssatz-Übung endgültig mal loswerden!

Was genau bedeutet Erfolg für dich?

Leider leben wir in einer "Schneller-höher-weiter-besser-Zeit". Das Leben pulsiert und jeder sagt dir, wie du noch erfolgreicher wirst und redet dir damit unterschwellig ein, nicht gut genug zu sein.

Als ob du es nicht schon bist!

Du bist gut genug und erfolgreich und siehst es nur noch nicht, du bewältigst jeden Tag mit Bravour.

Erfolg ist sehr subjektiv und bedeutet für jeden etwas ganz anderes! Für ein Kind, das gerade die Schnürsenkel selbst binden kann, für einen Manager, der Milliarden zu verwalten hat oder eine Mutter, die ihre drei Kinder großgezogen hat – für all diese Menschen hat Erfolg eine andere Bedeutung!

Was ist für dich Erfolg? Wo warst du besonders mutig? Kannst du deine bisherigen Erfolge auch genießen? Halte mal inne und mache dir bewusst, was du bisher schon geleistet hast und genieße den Moment! Feiere dich und deine Erfolge und deinen ganz besonderen MUT, mit und ohne Freunde! Du bist es wert! Denke an dein Tagebuch und schreibe deine Erfolge auf.

Meine Erfolge:

____

____

Was ist Mut für dich?

Mut ist nicht nur die pure Abwesenheit von Angst. Mut hat viele Facetten und kann wie jeder "mentale Muskel" trainiert werden und hilft dir, selbstbewusster und stärker zu werden.

Wenn wir mutig sind, macht uns das Leben nicht nur viel mehr Spaß, sondern wir fühlen uns lebendiger und leichter. Wenn wir unserem Herzen folgen und mutig sind, dann können wir über uns hinauswachsen. Wir spüren diese Lebensfreude und Leichtigkeit in uns, weil verschiedene Glückshormone und Botenstoffe in unserem Körper ausgeschüttet werden, wie z. B. das Glückshormon Serotonin. Mutig sind wir, wenn wir etwas tun, obwohl wir Angst davor haben und wenn wir es geschafft haben, fühlen wir uns danach viel selbstbewusster, stärker und unser Selbstvertrauen wächst.

Da fällt mir wieder ein wundervolles Zitat von einem unbekannten Autor ein:

"Mache aus deinen Ängsten MUT,
aus deinen Enttäuschungen LIEBE,
aus deinen Einschränkungen FREIHEIT,
... genauso wirst du glücklich."

In jeder Angst steckt eine Energie und Kraft, die du in Mut umwandeln kannst, weil die Angst ein Gedanke und eine Emotion ist. Jeder Gedanke, der mit irgendeiner Emotion "aufgeladen" oder wie ich als NLPlerin sagen würde gekoppelt ist, erzeugt eine magnetische Kraft, die ähnliche Gedanken anzieht. Deshalb ist Mut wie ein magnetischer Gedanke, wie ein Samenkorn, der noch weitere Mutausbrüche nach sich zieht.

Angst entsteht im Kopf - Mut auch. Und wenn die Angst da ist, kannst du sie liebevoll fragen: Wovor möchtest du mich schützen? Dann erkennst du weitere Glaubenssätze und kannst sie auflösen und der Angst dankbar sein, dass sie dir diesen Weg gezeigt hat.

Wie mutest du dich den anderen zu?

In der Redewendung "sich jemandem zumuten" steckt das Wort MUT. Mut, sich zu zeigen, mit allen Facetten, Fehlern, ohne Maske, das bedeutet, sich und seine Bedürfnisse sichtbar zu machen, für sich **selbst** und für die Mitmenschen.

Damit meine ich nicht, sich unzumutbar zu machen, jeglichen Anstand, Respekt oder die Kinderstube zu vergessen, sich nach altem Schweiß stinkend oder laut pöbelnd in einen Flieger zu setzen und die Nerven der Mitmenschen zu strapazieren.

Damit meine ich, ob du klar und deutlich sagen kannst, was du fühlst, was du denkst, was du brauchst, was du willst. Kleidest du dich so, wie es dir gefällt, oder wie es dein Umfeld, dein/e Partner*in von dir erwartet?

Hast du dich deinem Umfeld, deinem/er Partner*in, oder deinem/er Ex-Partner*in so zugemutet, wie du bist, oder hast du dich bis zur Unkenntlichkeit angepasst und dich verbiegen lassen?

Wann genau bist du ganz du selbst? Wann eine Kopie, wann in der Rolle, wie es von dir erwartet wird? Natürlich gibt es immer im Leben verschiedene Rollen und die dementsprechende Erwartung an diese Rolle. Als Mutter/Vater wird etwas anderes von dir und deinem Verhalten erwartet, als wenn du im Business z. B. vor deinen Kunden oder deinem Chef stehst. Darauf werde ich später noch näher eingehen.

Trotzdem stelle ich dir die Frage: Wann traust du dich zu dir und deinen Bedürfnissen zu stehen und mutest dich so zu, wie du bist?

Besser gefragt: Kennst du deine eigenen Bedürfnisse, kannst du diese wahrnehmen, oder vielleicht nur die deiner jeweiligen Partner oder Mitmenschen?

Damit meine ich nicht, völlig egoistisch auf Kosten der anderen sein Ding durchzuziehen. Ein gesunder Selbstwert hat weder etwas mit Egoismus noch mit Selbstaufgabe zu tun.

Was ich damit meine, erkläre ich dir kurz in einem Beispiel. Meinem Ex-Mann hatten wohl keine Kleider an mir gefallen und ich musste mir, wenn ich ein Kleid angezogen hatte, Sprüche anhören wie: In Hosen gefällst du mir besser. Das war die harmlose und positive Variante von, in Kleidern gefällst du mir nicht. Als ich einmal mit einem Kleid vom Shopping nach Hause kam und es stolz vorführte, meinte er nur: "Na ja, das kannst du dann anziehen, wenn wir nicht gemeinsam unterwegs sind." Wupps, danke, ich hatte verstanden, mit dem Kleid gehe ich nicht mit dir weg. Aus dieser jahrelangen Prägung, Kleider stehen mir nicht, meinem Mann gefalle ich in Kleidern nicht, ist bei mir dann ein natürlicher Bestand an Hosen im Kleiderschrank entstanden und ich hatte bewusst oder unbewusst darauf verzichtet, Kleider zu tragen.

Ganz einfach, weil mir mein Mann dann immer signalisiert hatte, ich gefalle ihm nicht. Nach meiner Trennung hatte ich mir ganz viele Kleider gekauft. Ich hatte mich mit Kleidern ausgetobt, endlich meine Weiblichkeit gelebt – ich hatte es für mich gebraucht, für mich getan. Ich hatte mich in meinen Kleidern einfach sauwohlgefühlt und mir wurde dann erst bewusst, welchen Blödsinn ich mir da unbewusst hatte einreden lassen.

Das Kleiderthema war sein Thema und nicht meines. Ich hatte es in der Partnerschaft aber zu meinem Thema gemacht und mich angepasst und indirekt verbogen.

Genau zu diesem Thema kann ich dir noch ein paar Beispiele aus dem wahren Leben berichten. So erzählte mir eine Frau, dass sie bei ihrem Mann nur als Frau zählte, wenn sie High Heels trug. Selbst wenn sie unter starken Rückenschmerzen litt und sich zur Entlastung flache und dennoch sehr schicke Ballerinas angezogen hatte, kam von ihm, aber mit diesen Schuhen gehe ich mit dir nicht weg. Sie hatte sich dann unter Schmerzen die High Heels angezogen, um Ruhe und Frieden zu haben und sich keinen weiteren Angriffen und Erniedrigungen auszusetzen.

Eine andere Frau erzählte mir, dass sie nach der Ehe angefangen hatte, auszuprobieren, was ihr selbst schmeckt und sich Gerichte gekocht, die sie sich immer schon wünschte, aber ihr Mann dieses Essen nicht wollte. Sie war so lange mit ihm zusammen, dass sie verlernt hatte, was sie selbst an leckeren Speisen liebt, was ihr schmeckt, was ihr Ding ist. Auch in der Küche ging es immer um seine Wünsche und Bedürfnisse. Sie hat sein Leben gelebt und sich bis zu ihrer eigenen Unkenntlichkeit angepasst.

Andere Frauen berichteten mir, dass es im Ehebett nur um ihn und seine “Befriedigung” ging. Es war den Männern so egal, ob sie Lust hatten, ob sie Kopfschmerzen oder Rückenschmerzen hatten – sie hatten sich genommen, was sie wollten, ohne Rücksicht auf ihre Frauen.

Du fragst dich sicherlich, warum sie es über sich haben ergehen lassen? Zum Teil, weil sie es nicht anders kannten und nicht wussten, dass es ein anderes Modell von Beziehungen gibt und es anders geht. Zum Teil aus Angst vor weiterer emotionaler und körperlicher Gewalt und dem Psychoterror, dem sie sich sonst aussetzen würden. Und erst als sie entweder verlassen wurden oder unter der Last zusammengebrochen waren und selbst gegangen sind, konnten sie endlich ihre Bedürfnisse annehmen und wahrnehmen.

Du verstehst nun, was ich meine mit mehr Mut zum ICH? Es geht darum, seine eigenen Bedürfnisse zu erkennen und zu leben. Deinem Herzen zu folgen, zum Wohle aller. Wenn es dir gut geht, geht es auch deinem Umfeld gut.

Übung: Fragen, die dein Leben und deine Persönlichkeit positiv verändern können

Opferst du dich auf? Für wen und warum?

Welchen Preis bezahlst du und wofür?

- Um geliebt zu werden?
- Um andere Menschen nicht zu enttäuschen?

- Um es allen recht zu machen?
- Um Anerkennung und Wertschätzung zu bekommen?

Was willst du an dir ändern?

Was ist gut und wundervoll an dir? (Frage notfalls deine Freunde, sie werden es dir sagen. Denke an die Energiedusche.)

Was willst du an deinem ICH so behalten?

Wenn dir die Motive für deine Gedanken und dein Handel bekannt und bewusst sind, dann ist es leichter für dich, diese Muster zu durchbrechen und sich neue gewünschte Verhaltenseigenschaften anzueignen.

Ich möchte dir noch ein paar wundervolle Beispiele für gelungene Mutausbrüche von Menschen erzählen, die dadurch ihren eigenen Weg und zu sich selbst gefunden haben.

- Eine Facebook-Freundin ist vor vielen Jahren nach La Gomera ausgewandert. Sie hat ihren Job hier gekündigt, alles verkauft und ist mit ein paar Kisten ausgewandert. Dort hat sie einen wundervollen Mann kennen und lieben gelernt, sie haben inzwischen geheiratet und gemeinsame Kinder.
- Eine andere Frau hat nach der Scheidung (trotz Kinder) noch einmal zu studieren begonnen und macht jetzt im Business richtig Karriere.
- Eine Freundin hat gerade eine weitere Fachausbildung abgeschlossen und wird jetzt dadurch befördert.
- Ich selbst hatte vor vielen Jahren meinen sicheren Job im Vertrieb bei Bahlsen gekündigt und mich selbstständig gemacht und ich würde es wieder tun.
- Trotz Höhenangst hatte ich einen Tandemsprung gemacht und es war geil. Gut, ich brauche das nicht noch einmal, war einfach eine schöne Erfahrung.
- Mutig fand ich auch meinen Sohn mit ca.14 Jahren. Als er sich von seinen Freunden und Klassenkameraden distanziert hatte, weil sie angefangen hatten Drogen zu nehmen und ihn damals bedrängten, auch welche zu nehmen. Er hatte sich bewusst gegen Drogen entschieden und damit auch gegen seine Freunde, die ihn ab dem Zeitpunkt gehänselt und ausgegrenzt hatten. Das nenne ich Mut und Stärke!
- Eine Bekannte hatte vor Kurzem ihren Geschäftsführerinnen-Job an den Nagel gehängt, weil er ihren inneren Werten nicht mehr entsprach.

- Ich kenne einige Frauen und Männer, die der Liebe wegen ihre Heimat verlassen haben, um mit dem/der neuen Partner*in ein neues Leben zu beginnen.

Wenn das nicht einige Beispiele für erfolgreich mutig sind? Das sind große und kleine Helden und Heldinnen des Alltages.

Übung: Die eigenen Bedürfnisse erkennen

Bist du echt und authentisch? Hast du den Mut, du selbst zu sein? Was bedeutet nun echt und authentisch zu sein und authentisch zu leben? Und wer bitte definiert, wer oder was authentisch ist?

Ich denke, das weißt du selbst am besten, wenn du dich und deine Emotionen wahrnimmst. Wann fühlst du dich in deiner Haut wohl? In welchen Situationen und mit wem, bist du ganz du selbst? Wann fällt dir alles ganz leicht und geht dir leicht von der Hand? Vielleicht, weil es dir und deinem Herzen und deiner Seele entspricht. Wenn du auf dich selbst und auf deine innere Stimme hörst, was sagt sie dir?

Übung: Wenn du nicht weißt, was deine innere Stimme sagt, kann dir diese Übung helfen.

Kennst du deine Bedürfnisse?

☐ Ja ☐ nur manchmal ☐ Nein

Dann schreibe es auf:

____

____

Kannst du deine Bedürfnisse klar zum Ausdruck bringen?

☐ Ja ☐ nur manchmal ☐ Nein

Dann schreibe es auf:

____

____

Kannst du Nein sagen?

☐ Ja ☐ nur manchmal ☐ Nein

Dann schreibe es auf:

____

____

Lebst Du Deine Wahrheit, dein Leben?

☐ Ja ☐ nur manchmal ☐ Nein

Dann schreibe es auf:

____

____

Je mehr du zum Ja tendierst, desto authentischer bist du.

Je mehr du zum Nein tendierst, desto mehr ist es an der Zeit, dass du dein wahres ICH (an)erkennst und lebst.

Wie echt und ehrlich bist du zu dir und deinen Bedürfnissen? Gestehst du dir deine Emotionen, Wünsche, Träume, Ängste zu? Du weißt ja, nichts kann so laut sein im Kopf wie Ungesagtes und ungelebte Wünsche und Sehnsüchte. Lebst du diese oder redest du sie dir in den Gedanken schon klein, weil ... das macht man nicht, ich kann doch nicht, weil mein Partner es nicht möchte usw. Oder noch schlimmer - du lässt dich und deine Wünsche kleinreden und -machen.

Denke immer wieder an deinen Trichter, es kann nur herauskommen, was du oben als "Futter" hineingibst.

Bist du in einem Job, der dich erfüllt und dir Spaß macht, arbeitest du mit Liebe und Hingabe oder nur, um Geld zu verdienen und die Zeit bis zur Rente zu überbrücken und quälst dich jeden Tag, während du genau spürst, dass du im falschen Leben steckst? Deine Ziele und Träume schon längst begraben hast.

Bist du in einer Beziehung mit einem Menschen gewesen, den du wirklich geliebt hast, oder nur weil es bequem war, zusammen zu sein? Oder bist du vielleicht Single, weil du gerade Zeit für dich und deine Hobbys brauchst und diese Phase genießt ... oder erzählst du dir und deinem Umfeld damit nur Märchen aus Angst, noch einmal verletzt zu werden?

Die Erkenntnis mag schon wieder schmerzhaft sein. Doch eine Lüge und vor allem das Leben der anderen zu leben - ist das nicht viel schmerzhafter?

Das Ziel sollte sein, seinen eigenen Weg der Liebe und des Herzens zu finden und diesen so positiv zu leben und zu gestalten, wie es nur möglich ist, dabei seine Wünsche und Bedürfnisse zum Wohle aller auszuleben. Damit meine ich, nicht auf Kosten eines oder mehreren Menschen zu leben und um sein Ego durchzusetzen andere Menschen zu diskriminieren, zu missbrauchen, zu verletzen usw.

Bitte beachte auch hier: Keiner von uns ist nur und immer authentisch und weiß zu 100 %, was richtig ist, sonst wären wir ja alle perfekt!

Aber was wäre jetzt, wenn du dir gönnst, perfekt zu sein?

Wir wissen, wir sind alle nicht perfekt, aber lass uns doch mal etwas träumen, was wir uns denken können, kann zur Wirklichkeit werden.

"Du wirst morgen sein, was Du heute denkst."

Buddha

Jeder Erfindung, jeder Glühbirne, jedem Projekt, jedem geplanten Haus, alles, aber auch wirklich alles, was wir in unserer Welt vorfinden, dem ging ein Gedanke voraus und es wurde einmal erdacht. So ist es nicht nur mit den weltlichen und materiellen Dingen, sondern auch mit unseren Umständen und Gedanken, die wir erschaffen.

Wenn du also morgen ein selbstbewussteres und erfüllteres Leben führen willst, dann musst du es dir heute schon vorstellen können. Du weißt ja wie es mit den positiven Gedanken und der selbsterfüllenden Prophezeiung ist. Für den Fall, dass du dir Tag für Tag einredest, dass du zu dick, zu dünn, zu unattraktiv, zu doof, ein/eine schlechte/r Partner*in, oder was auch immer bist, brauchst du dich nicht zu wundern, wenn du das in Zukunft bleibst. Es ist das, was du über dich denkst. Es sind deine Glaubenssätze und negative Affirmationen und sie wirken. Hast du Lust, dein eigener Held oder deine eigene Heldin zu sein, deinen inneren Helden mutig zum Leben zu erwecken?

Dann lass uns träumen, schreib alles auf, was dir einfällt, was nützlich ist, tu einfach mal so als ob. Als ob du bereits die Person bist, die du gerne sein möchtest. Du kennst das Spiel bereits von der Wunderfrage und dem Blick durch die Kristallkugel.

Als-Ob-Übung

Wer willst du sein?

____

____

Wie würdest du aussehen?

____

____

Wie würdest du dich fühlen?

____

____

Welchen Job hättest du?

____

____

Welche Freunde wären bei dir?

Welche Hobbys hättest du?

Wer würde dir auf die Schultern klopfen, wer würde dir Beifall klatschen?

Was wäre anders?

Gab es eine Zeit in deinem Leben, in der du schon so warst, wie du heute gerne wärst? Wann war das genau und warum ist das heute nicht mehr so?

Wo wohnst du, wie sieht es dort aus, wer ist bei dir?

Und was bräuchtest du, um deine Träume und deinen inneren Helden zu verwirklichen? Selbstvertrauen, eine Vision und einen Mutausbruch, um anzufangen?

Traue dich einfach, mach es einfach und habe deinen ganz eigenen Mutausbruch!

Übung: Der Mutschuh!

Mal dir aus, wie du wirklich sein willst. Du kannst die Fragen der vorherigen Übung übernehmen. Wie willst du von deinen Mitmenschen, deinem zukünftigen Partner und dem Umfeld wahrgenommen werden? Was sind deine eigenen Bedürfnisse und was steckt dahinter? Vielleicht hast du auch Lampenfieber vor einer Präsentation im Job, Angst vor einem Date, brauchst einfach mehr Selbstbewusstsein und inneren Halt? Dann ist das eine schöne Übung für dich.

Trau dich, zieh dir die Mutschuhe an und leg los.

Was genau sind jetzt eigentlich Mutschuhe?

Das ist ein Anker. Anker setzen und als Ressourcen abrufen ist eine wundervolle Methode aus dem NLP (Neurolinguistisches Programmieren). Ich liebe es, mit Ankern und positiven Affirmationen oder Suggestionen zu arbeiten.

Du brauchst dazu ein paar Post-it's, einen Stift und die Bereitschaft, dich auf Neues einzulassen und negative Emotionen loszulassen, aber das kennst du ja schon.

Stelle dir eine Situation oder einen Moment in deinem Leben vor, an dem du eine gute Performance oder einfach Mut und gute Gefühle brauchst. Das kann z. B. eine Präsentation vor einem Publikum sein, ein Gespräch mit dem Ex-Partner oder vielleicht schon ein neues Date. Eine Begebenheit, in der du dir eine mentale Unterstützung wünschst und dich möglicherweise unsicher oder sogar ängstlich fühlst? Dann nichts wie raus aus diesem negativen Gefühl, das dich noch runterzieht und rein in deine neue und schöne Zukunft und Emotionen!

Stelle dir bitte diese Situation mit all deinen Sinnen vor, so wie du dir diese wünschst und wie es gut für dich ist - einfach so positiv, schön, beflügelnd, wie nur möglich und erfolgreich und selbstbewusst, wie noch nie!

Wenn du gedanklich in diesem positiven Augenblick bist, dann spüre bitte ganz in dich hinein. Was genau fühlst du, was gibt es zu sehen, zu hören, vielleicht zu riechen oder schmecken? Vielleicht bist du in diesem Moment schon vollkommen glücklich, lächelst, bist erfolgreich und selbstbewusst. Spüre es, fühle es mit all deinen Sinnen, lass diese positiven Emotionen zu und nehme es in deinem Körper wahr, als ob es schon so geschehen ist. Denke daran, was Buddha schon sagte: "Du wirst morgen sein, was Du heute denkst."

Danach schreibst du auf ein Post-it deinen "Mutmachsatz", dein neues Lebensmotto, deine positive Affirmation. Es ist egal, wie du es für dich benennst. Klebe den beschrifteten Zettel in einen oder wenn du es für wichtig empfindest, gerne in beide deiner Schuhe, die du an diesem Tag tragen möchtest. Ziehe dir diese Schuhe an und schließe für einen Moment die Augen, stelle dir vor deinem geistigen Auge vor, wie dir dieser Satz von den Sohlen her als Energie- und Kraftfeld zur Verfügung steht und deinen ganzen Körper mit Mut und Zuversicht durchströmt. Geradezu als wenn ein Energie- oder Lichtstrahl in deinen Körper fließt. Und wupp, du hast dir deinen ganz eigenen Mutschuh kreiert! Immer wenn du jetzt in diese Situation kommst und mehr Selbstbewusstsein, Mut oder mentale Unterstützung brauchst, kannst du dich aufrecht hinstellen und dir deiner Affirmation, deines Spruches, deinem positiven Anker im Schuh bewusst werden und dich dadurch auftanken.

Dein Satz könnte wie folgt lauten:

- Ich bin stark und selbstbewusst!
- Ich bin attraktiv und schön! (z. B. bei einem Date, wenn du zu nervös bist und Angst hast, deinem Gegenüber nicht zu gefallen)
- Ich schaffe das! (z. B. bei einer Prüfung oder einem Vortrag)
- Ich kann das!
- Immer schön lächeln! (Ein Lächeln hebt immer die Stimmung!)
- Hass ist ein schlechter Begleiter. (Originalsatz einer Frau, die aus ihren negativen Gefühlen ihrem Ex-Mann gegenüber ausbrechen wollte.)

Der Mutschuh ist nur eine Idee. Es kann auch ein "Zettel", ein Stein oder was auch immer z. B. in der Hosentasche sein, der positiv aufgeladen ist. Diese Ankermethode hat sich im Coaching bewährt und eignet sich auch besonders gut für Kinder, die ängstlich sind und etwas mehr Mut brauchen. Kindern macht es viel Spaß und sie sind offen für Neues. Da kann man mit den Kindern nicht nur einen Mutschuh basteln, nein, es ist ein Zauberschuh, der hilft z. B. die Ängste zu bändigen, ihnen Mut macht und sie magisch unterstützt. Der Fantasie sind keine Grenzen gesetzt und auch für Kinder ist es eine gute Idee, eine Notfallbox oder den besagten Koffer zu packen.

Übrigens: Du solltest es dir gut überlegen, wenn du ein Date hast, ein romantisches Rendezvous und superschöne, schicke Schuhe an und es kommt evtl. schon zu Zärtlichkeiten und du ziehst die Schuhe aus ... dann sollte dein Zettel vielleicht nicht sichtbar sein und schon gar nicht an deinen Füßen kleben bleiben, wenn z. B. draufsteht, ich kann das und er ist nicht so doof, wie er aussieht!

Stell dir das mal vor, wie lustig oder peinlich das wird. Ja, jetzt kannst du darüber lachen, aber so eine ähnliche Geschichte ist einer Klientin mit ihren Ankern, den Heilsteinen passiert. Denn als Anker können natürlich auch viele andere Dinge, Gegenstände, Musik, Düfte benutzt werden.

Und nun zu einer Story, die das Leben schrieb und meine Klientin mir mit der Erlaubnis erzählt hatte, es für mein Buch zu verwenden. Als sie es mir erzählte, mussten wir beide herzhaft lachen, doch als es ihr passierte, wollte sie im Erdboden versinken.

Sie hatte für sich die Heilsteine als Anker zur mentalen und körperlichen Unterstützung entschieden. Denn Steine und Mineralien haben ein Schwingung und strahlen Energien aus, die mit unserem Körper in Resonanz gehen. (Da kannst du jetzt dran glauben, oder nicht, es war ihr persönlicher Anker.)

Hier der Originaltext

"Ich würde heute nicht mehr mit Edel-/Heilsteinen hantieren. Es stand mal wieder eine Grundsatzdiskussion bei meiner On/Off-Beziehung an und ich hatte mich im wahrsten Sinne des Wortes mit Steinen bewaffnet. Für die volle Wirkung wollte ich direkten Hautkontakt. Also steckte ich mir daher diverse "Brocken" in den BH. Einen Tiger-Stein für Kraft, einen Bergkristall für Weisheit, der Nächste für gutes Reden, die Nächsten für was weiß ich noch alles. Wir redeten und stritten. Doch das Blatt wendete sich positiv und wir kamen uns näher. Es kam zu einer romantischen und zärtlichen Annäherung. Wir standen eng umschlungen da und er hakte mir geschickt bei diesem erotischen Spiel den BH auf.

Kling, klong, klang! Die Steine polterten auf den Boden. Mein Gott kann Laminat laut sein! Selten habe ich so ein blödes und verdutztes Gesicht gesehen und mit einem Schlag war die ganze erotische Spannung dahin und es war so super peinlich! Na ja, wer mich näher kennt ...!"

Danke, für deine Story, solche Situationen kennen wir doch alle und später können wir herzlich darüber lachen. Aber in diesem Moment der Stille, des ersten Schocks denken wir nur: "Erde tu dich auf und lass mich verschwinden, oder nein, besser ihn!"

Ankern

Ich habe mir sehr lange überlegt, ob ich diese Ankerübung in das Buch miteinbringen soll und ob dieses Selbstcoachingtool passt.

Aber was wäre, wenn du jederzeit deine Stimmung selbst beeinflussen könntest, egal was passiert? Wäre das nicht ein Geschenk? Du kannst zum Beispiel völlig entspannt sein, auch wenn viel los ist, voll konzentriert, wenn es darauf ankommt oder einfach nur gut drauf, unabhängig von anderen. Du kannst wann immer deine Trauer, dein Liebeskummer dich wieder überfällt selbst Einfluss auf deine Emotion nehmen.

Mit der Technik des Ankerns ist das möglich. Es ist für mich eine der wichtigsten Tools im NLP, die du, wie ich bereits in den Übungen "der Mutschuh" und "Notfallkoffer für die Rettungsinsel" beschrieben habe, auf vielfältige Art und Weise nutzen kannst.

Ohne dass du je etwas von Coaching oder von NLP gehört hast, hast du dir in deinem Leben bereits viele Anker bewusst oder unbewusst angeeignet, oder sie wurden dir "gesetzt". Das passiert meistens ganz automatisch. Alles, was auf einen bestimmten Auslöser hin an Reaktionen in dir passiert, das nennt man einen Anker.

Du kennst es aus deinem Alltagsleben, z. B. du riechst ein bestimmtes Parfüm oder einen Duft und erinnerst dich sofort an eine Person oder an eine Situation. Als ausgebildete Aroma-Expertin habe ich vielen Schülern und Studenten nicht nur bei den mentalen Prüfungsvorbereitungen geholfen, sondern sie bereits schon in der Lernphase unterstützt. Sie sind meiner Empfehlung gefolgt und haben eine spezielle und konzentrationsfördernde Mischung aus ätherischen Ölen während des Lernens benutzt (Rosmarin: konzentrationsfördernd und nervenstärkend, Zitrone: gute Laune fördernd und konzentrationsfördernd) und sich einen olfaktorischen Anker über den Duft gesetzt. Diese Duft-Mischung haben sie dann in den Prüfungen auch benutzt und konnten über den Duft abgespeichertes Wissen abrufen. Wer jetzt Rosmarin nicht mag, kann ihn durch Lavendel ersetzen, nur so am Rande erwähnt. Das ist ein olfaktorischer Anker.

Oder du hörst einen Song und fühlst dich an einen besonderen Moment in einer Beziehung erinnert und es poppt plötzlich ein innerer Schmerz hoch. Dann ist genau dieses Lied ein akustischer Anker, der vielleicht zum Zeitpunkt seiner Entstehung mit Romantik und Liebe gekoppelt wurde und dich genau in dem Moment, an dem du ihn wieder hörst, schmerzhaft daran erinnert.

Ich kann dir deine Angewohnheiten oder deinen Liebeskummer und Schmerz nicht nehmen, aber ich kann dir z. B. mit dieser Methode zeigen, wie du durch Kopplung und Entkopplung von Emotionen und Reizen, neue neuronale Vernetzungen in deinem Gehirn produzierst und dann neue "Autobahnen" erschaffst und alte nicht mehr dienliche Trampelpfade (Emotionen) überschreibst.

Du lernst Zugriff zu deinen eigenen Emotionen, Gefühlen und Ressourcen zu bekommen. Wie bei einem Boot, das geankert wird, lassen sich auch deine Gefühle ankern, sodass diese nicht mehr "abtreiben" und du deine Stimmung und Emotionen selbst beeinflussen kannst.

Dabei ist das Ankern ein bewusstes Verbinden von Reizen mit bestimmten Emotionen und Reaktionen, eine sogenannte Reizreaktionskopplung.

Vielleicht hast Du schon einmal von dem berühmten Hundeexperiment gehört, das Iwan Petrowitsch Pawlow bereits im Jahre 1905 durchführte. Seither kennt man das Experiment als "Pawlowschen Hund". Diese Erkenntnisse der gezielten "Reizreaktionskopplung" sind nicht nur auf Hunde oder andere Tier anwendbar, sondern auch auf uns Menschen.

Durch das erneute Erleben vergangener Erfolgs- und Glücksmomente werden deine Ressourcen erinnert und reaktiviert. Die Übung fördert ein positives Selbstbild sowie das Erfahren von Selbstwirksamkeit und eignet sich, wie bereits beim Mutschuh beschrieben, als Mut- und Motivationstool.

Die Augenblicke besonderer Erlebnisse aus deiner Vergangenheit werden möglichst auf allen Sinnesebenen (sehen, hören, fühlen, riechen, schmecken) wiedererlebt und verstärkt.

Auf dem Höhepunkt des Wiedererlebens werden die positiven Wahrnehmungen an der Stelle seines Körpers verankert. Der Anker gesetzt. Er kann dann in den realen zukünftigen Situationen wieder aktiviert werden und die geankerten Gefühle wie Mut, Vertrauen usw. stehen zur Verfügung.

VAKOG

Wir erleben unsere Umgebung mit all unseren Sinnen und können dabei entweder etwas riechen, schmecken, fühlen, hören oder sehen. Das sind unsere Wahrnehmungsfilter.

Die Abkürzung VAKOG steht für folgende Sinneskanäle und über diese können Anker installiert werden:

V visuelle Anker (über Gesten, Mimik, einen bestimmten Platz einnehmen, Bilder/Farben)

A auditive Anker (über Worte, Geräusche, Melodien, Musik)

K kinästhetische Anker (über gezielte Berührungen, Handbewegungen, Gegenstände in der Hand, bestimmten Platz einnehmen)

O olfaktorische Anker (z. B. Weihnachtsduft, oder ein bestimmter Duft beim Lernen von Vokabeln)

G gustatorische Anker (Geschmack, z. B. Kokos = Urlaub, bestimmtes Bonbon lutschen)

Die Informationen, die wir mit unseren Sinnen aufnehmen, können wir verinnerlichen und dort als Bilder, Töne oder Gerüche abspeichern. So kann es passieren, dass wir bei einem bestimmten Ton, Geruch oder Bild eine Erinnerung erhalten und abrufen können. Genau dies machen wir uns in dieser Technik zunutze.

Im Modell von NLP gibt es zwei generelle Richtungen, mit einem Anker zu arbeiten: Unerwünschte Anker auflösen, oder erwünschte Anker kontrolliert zu gestalten.

Nehmen wir an, du möchtest einen Anker für ein gutes Gefühl "installieren". Das Wort "installieren" ist ein Fachbegriff im NLP (neurolinguistischen Programmieren). Stelle dir mal vor, dein Gehirn würde wie die Festplatte eins PCs funktionieren, deine Gefühle, Emotionen, Glaubenssätze, Muster und Werte wären als Programme installiert. Und du hast die Macht, den Zugriff und die Erlaubnis, diese neu zu programmieren und neue Glaubenssätze und Gefühle zu installieren.

Wie genial ist das denn?

Wie bereits erwähnt, mehr gute Gedanken, erzeugen mehr gute Gefühle. Also installiere ein gutes Gefühl, welches du immer wieder nutzen kannst. Es dient deinem Selbst-Empowerment.

Hier zur Vorbereitung ein paar ergänzende Fragen, die dir das Ankern erleichtern:

Als Erstes erinnere dich an deine erfolgreichsten und schönsten Momente deines Lebens, auch den Moment of Excellence genannt, in dem du sehr kraftvoll, ressourcenvoll warst.

1. Finde drei Situationen in deinem Leben, in welchen du ausgesprochen ressourcenvoll warst.

2. Wähle die aus, die dir am besten gefällt.
   Vergegenwärtige die Situation mit allen Sinnen:

   - Wo bist du?
   - Wie ist deine Körperhaltung?
   - Was siehst du in diesem Moment?
   - Welche Geräusche, Klänge, Worte oder Töne hörst du?
   - Welche Körpergefühle nimmst du wahr?
   - Was riechst und was schmeckst du?
   - Wo und wie verspürst du dieses Gefühl? Wie würdest du dieses Gefühl beschreiben?
   - Bist du drinnen oder draußen?
   - Bist du allein oder sind weitere Personen anwesend?
   - Wo bist du und was machst du gerade?
   - Was denkst du jetzt, wenn du dieses Gefühl verspürst und wahrnimmst?
   - Mit welchem Begriff würdest du dieses Gefühl beschreiben?

3. Ist der von dir ausgewählte Moment immer noch stimmig? Dann nimm den entscheidenden, den schönsten Moment, genieße ihn in vollen Zügen.

Ankern in sechs Schritten

Schritt 1: Entspanne dich

Suche dir einen ruhigen Platz, an dem du völlig ungestört bist. Dann entspanne dich - vielleicht sogar mit einer Entspannungsübung. Atme tief ein und aus, das hilft immer.

Schritt 2: Den passenden Anker wählen

Hier geht es um die aktive Reizreaktionskopplung, welchen Anker (Punkt) kannst du durch eine Stimulierung mit einem Reiz koppeln?

Suche dir einen Anker aus, den du jedes Mal, wenn es darauf ankommt, problemlos in der gewünschten Situation abrufen kannst, z. B. ein bestimmtes Körperteil berühren, einen präzisen Namen oder ein bestimmtes Wort, ein Kennwort oder dein persönliches Passwort, das im Stillen (gedanklich) gesagt werden kann, oder z. B. Daumen und Zeigefinger zusammendrücken. Du kannst auch deinen Ring am Finger drehen und hast deinen eigenen "Zauberring" - immer wenn du ihn drehst, dann kann der Zauber beginnen und du deine Ressourcen abrufen.

Schritt 3: Erzeuge in dir einen intensiven Zustand und visualisiere

Wenn du nun entspannt bist, rufe dir eine Situation in Erinnerung, in der du beispielsweise besonders glücklich und zufrieden warst. Wann hattest du das beste und geilste Gefühl deines Lebens gehabt? War es z. B. die Geburt deines Kindes, eine bestandene Prüfung, ein neuer Job, deine Hochzeit. (Vorsicht: Wenn du jetzt gerade an den Folgen der Trennung leidest, sollte vielleicht dieser Moment deines Lebens nicht gewählt werden.) Wenn du dich wirklich erinnerst, wirst du dies an vielen körperlichen Reaktionen bemerken, es können sich alle "Symptome" deiner Glücksgefühle zeigen.

Öffne dein Emotions- und Körperradar und gehe bitte diese Situation in deinen Gedanken detailliert durch. Was hast du genau gespürt, was hast du wahrgenommen, wo in deinem Körper? Mit welchen Sinnen? Was hast du gehört, was hast du gesehen, was gespürt, gerochen oder vielleicht sogar geschmeckt? Denke an die VAKOG-Erklärung.

Je intensiver du diese Erinnerung aufbauen und mit allen Sinnen wahrnehmen kannst, desto wirksamer wird dein Anker werden.

Schritt 4: Den Anker setzen im besten Zustand

Den Anker solltest du genau dann setzen, sobald deine Erinnerung bzw. das positive Gefühl besonders intensiv ist, wenn du das Gefühl hast, schöner wird es jetzt nicht mehr. Wenn es sich so anfühlt, als ob ganz viele Glückshormone durch deinen Körper strömen. Also wenn du auf einer Emotions-Skala von 1–10 wärst und 10 das höchste Glücksgefühl wäre, dann sollest du genau in diesem Moment den Anker setzen und dieses positive Gefühl mit einer Handlung, z. B. einem Namen und/oder Aktion verknüpfen.

Das kann z. B. das Berühren von deinem Daumen und Zeigefinger sein, das Drehen eines Ringes, das Ballen der Faust, dein Ohrläppchen berühren, deine Hand auf dein Herz legen oder was auch immer - sinnvollerweise sollte es etwas Unauffälliges sein, was von anderen nicht unbedingt gleich wahrgenommen wird.

Noch etwas Wesentliches: Du solltest immer den gleiche Anker für das gleiche Gefühl setzen.

Beispielsweise das Berühren von Daumen und Zeigefinger zum Abrufen des Glückgefühls, das Ballen der Faust für das Selbstbewusstsein bei einer Präsentation.

Hast du ihn am höchsten Punkt deiner Gefühle "abgefeuert" und den Anker gesetzt und kannst du dieses Hochgefühl spüren? Genial, oder, was du mit deinem Fokus bewusst als Feuerwerk deiner Gefühle auslösen und zurückholen kannst. Dann geht es mit dem nächsten Schritt weiter.

Schritt 5: Kurzer Break - Separator setzen

Auch wenn das Gefühl gerade noch so schön und genial ist, kehre bitte wieder in die Gegenwart zurück und denke an etwas völlig anderes. Das kannst du einfach durch Aufstehen, einen Themenwechsel, durch Ablenkung oder Ähnliches erreichen.

Schritt 6: Testen

Um deinen persönlichen Anker immer wieder abrufen zu können, ist es wichtig, ihn zu testen.

Teste deinen Anker, indem du an die Situation denkst und den eben installierten Anker erneut auslöst. Wirkt er? Kannst du dieses "Glücksgefühl" mit deinem Anker abrufen?

Wenn ja, dann hast du erfolgreich einen Anker "installiert". Glückwunsch.

Wenn nein, dann wiederhole die Schritte 1-5 noch einmal. Du kannst dir gerne eine/n Freund*in zur Hilfe holen, der/die es laut vorliest, oder du nimmst es wieder auf und hörst es dir an.

Für ein erfolgreiches, nachhaltiges "Ankern" wirst du nicht umhinkommen, fleißig zu üben. Ein Anker nutzt sich nicht ab, wenn man ihn benutzt. Im Gegenteil - er wird intensiver und es wird dir immer leichter fallen, ihn abzurufen und in wichtigen Situationen zu nutzen.

Darüber hinaus kannst du zusätzlich einiges beachten. Es ist wichtig, bei einem kinästhetischen Anker immer genau an der gleichen Stelle zu drücken, bei einem akustischen Anker immer wieder genau den gleichen Ton zu erzeugen, bei einem visuellen Anker immer wieder die gleiche Vorstellung zu erzeugen, wenn du den Anker auslöst. Hört sich für dich vielleicht banal an, sollte es eigentlich auch sein.

Nutze am besten einen einmaligen Anker, also einen Anker, der nicht so schnell von jemand anderem genutzt werden kann. So ist zum Beispiel das Händeschütteln kein idealer Anker, es sei denn, du möchtest, dass ein gewisser Zustand mit jedem Händeschütteln ausgelöst wird.

Ankern für Fortgeschrittene in der Drei-Schritte-Technik

Du kannst dir das Ankern auch anhand dieser Kurzanleitung erleichtern, wenn dir die bereits erwähnten Schritte geläufig sind. Dieser Leitfaden beinhaltet nur drei Schritte, sozusagen eine Kurzform der oben beschriebenen Übung:

1. Erzeuge in dir den gewünschten Gefühlszustand.
2. Sobald dieser Gefühlszustand am stärksten ist, verankere diesen.
3. Diese zwei Schritte so lange ausüben, bis beim Auslösen des Ankers der gewünschte Zustand auftritt.

Mit der Ankertechnik kannst du dich jederzeit, wenn du es willst und zulassen kannst, in einen besseren emotionalen Zustand versetzen und deine Ressourcen abrufen und unter anderem deine Stärken stärken.

Deine Stärken erkennen und ausbauen!

“Baue dein Leben auf deinen Stärken auf
und nicht auf deinen Schwächen,
aber vergiss nicht,
deine vermeintliche Schwäche
könnte deine stärkste Stärke sein.”

Gisa Steeg

Ein schwaches Selbstbewusstsein führt oft dazu, dass man sich nach seinen Schwächen und Fehlern ausrichtet, sich in der Opferrolle sieht und ausruht. Viele nutzen ihre Schwächen oder ihr Scheitern auch als Ausrede, um nicht ins Tun zu kommen, oder es sich im Opferstatus bequem zu machen. Und dabei die eigenen Erfolge und Stärken nicht wahrzunehmen, weil die Aufmerksamkeit, die Gedanken und der Fokus beim Scheitern liegen. Denke an die Wahrnehmungsfilter und den -trichter.

So steht leider keine Energie für die positive Ausrichtung mehr zur Verfügung, die Energie, die wir so dringend für unsere Problemlösung benötigen und um Krisen wie Trennungen zu überstehen.

Gewinner und Siegertypen sind Begriffe, die ich eigentlich nicht so gerne benutze, denn wir sind alle Gewinner und Siegertypen, denn wie oft besiegen wir im Kleinen oder im Großen unsere Ängste, Befürchtungen und meistern die Herausforderungen des Schicksals und Alltages. Wir sind unsere eigenen Helden des Alltages. Dennoch bauen die meisten erfolgreichen Menschen in der Tat ihren Erfolg auf ihren Stärken auf! Denn auch ihr Leben wird so, wie sie über sich selbst denken und was sie daraus machen. Erfolgreiche Menschen denken in Lösungen und weniger erfolgreiche in Problemen.

In meinen Coachings und Trainings begegnen mir immer wieder Menschen, die stundenlag über ihre Schwächen und über all das, was sie in ihrem Leben nicht mehr wollen erzählen. Wenn ich dann gezielt nach ihren Stärken oder Erfolgen frage, oder was sie stattdessen wollen, wird es sehr still! Sie wissen zwar all das, was sie nicht mehr wollen, jedoch nicht, wie sie stattdessen leben wollen.

Übung: Die Energiedusche

Wie sieht es mit deinen Stärken aus?

Welche Begabung, welches Talent, welche Stärke hast du, was kannst du bei dir wahrnehmen und erkennen?

Ich nenne diese Übung die Energiedusche in meinen Workshops, weil sie die Teilnehmer sehr oft sofort in positive Gefühle bringt und ihre Energie angehoben wird.

Schreibe dir 10 Stärken auf. Wenn du es selbst nicht hinbekommst diese zehn Stärken bei dir selbst zu entdecken, dann frage deine Freunde, deine Familie, dein Umfeld und du wirst schnell feststellen, wie du wahrgenommen und mit deinen Stärken geschätzt wirst. Schicke ein paar vertrauten Personen in deinem Umfeld eine Nachricht, z. B. per WhatsApp, Messenger oder sonstigen Kommunikationskanälen. Frage sie, wie sie dich sehen, was sie an dir schätzen, was sie an dir mögen, oder sogar lieben – welche 10 positiven Eigenschaften machen dich aus?

Du wirst erstaunt sein und berührt, was da zurückkommt und du wirst es als deine Energiedusche erkennen. Sammle diese Nachrichten, packe sie in deinen Notfallkoffer oder deine Notfallbox und immer, wenn du mal wieder an dir zweifeln solltest, dann lese es dir durch und nimm eine neue Energiedusche.

Tja, da hat so mancher Teilnehmer meiner Seminare erstaunliche Erkenntnisse gewonnen und ist allein durch diese Übung in seinem Selbstwert und in seiner Selbstwahrnehmung gestärkt worden.

10 positive Eigenschaften und Stärken:

____

____

Welcher deiner Schwächen könnte deine stärkste Stärke sein?

Wie ich das meine? Eine Eigenschaft oder Gabe, die du als Schwäche ansiehst, könnte jedoch in einer anderen Situation ein Gewinn sein, nämlich deine stärkste Stärke.

> "Jeder ist ein Genie! Aber wenn Du einen Fisch
> danach beurteilst, ob er auf einen Baum klettern kann,
> wird er sein ganzes Leben glauben, dass er dumm ist."
>
> Albert Einstein

Im NLP gibt es ein Format, das nennt sich Reframing und bedeutet so viel wie Umdeutung, oder es wird etwas in einen anderen Rahmen gestellt und bekommt durch eine neue Betrachtungsweise, eine neue Bedeutung. Sinn macht das vor allem dann, wenn uns bestimmte Gedanken und Glaubenssätze lähmen und davon abhalten, aktiv unser Leben zu leben oder unseren Weg zu gehen und sich dadurch Blockaden und Selbstsabotage-Programme bilden.

Was könnte also deine Schwäche sein, die nur du als Schwäche ansiehst, aber für andere ein Segen wäre?

Beispiel: Du kümmerst dich gerne um andere Menschen und umsorgst sie. Deine Kinder sind schon aus dem Haus und du hast niemanden mehr, dem du deine Aufmerksamkeit und dein Kümmern geben kannst. Dann frage doch einmal an einer caritativen Einrichtung nach, ob dort deine Hilfe gebraucht wird. Die sind für jede Hilfe und Unterstützung dankbar und du darfst dich austoben, ohne anderen auf die Nerven zu gehen.

Oder das Beispiel einer befreundeten Kollegin: Ihr hatte man als Kind immer gesagt, sie solle doch bitte mal ruhig sein, oder der Opa meinte zu ihr, bei dir muss man den Mund extra totschlagen. Nicht sehr freundlich, aber ihr kennt solche Sprüche bestimmt auch aus eurer Vergangenheit. Sie arbeitet heute als Trainerin und Rednerin auf der Bühne und lässt sich das gut bezahlen, dass sie heute redet.

Selbst ich habe in meiner stärksten Schwäche, meine stärkste Stärke entdeckt und zu meinem Beruf gemacht – nein, es ist eher eine Berufung. Ich hatte immer schon ein ausgeprägtes Helfersyndrom und wollte die Welt retten oder zumindest verbessern. Ich war im wahrsten Sinne des Wortes immer für alle da, zu jederzeit. Ich hatte immer ein offenes Ohr und wurde für meine Meinung, meine Ansichten und meinen Klartext manchmal verflucht, aber meistens sehr geschätzt und auch hier und da ausgenutzt.

Aber ich wollte so vieles lernen und wissen und hatte eine Ausbildung nach der anderen absolviert. Damals noch aus dem Glauben heraus, nicht gut genug zu sein und immer noch nicht genug zu wissen. Mein Ex-Mann beantwortete mir die Frage, was findest du an mir die stärkste Schwäche, mit folgender Antwort: "Deine stärkste Schwäche ist dein ständiger Drang nach noch mehr Ausbildungen und Wissen. Das ist genau das, was ich am meisten an dir bewundere, dieser Drang nach Wissen und besser zu werden, der unersättliche Hunger dich weiterzubilden, um es dann wieder weiterzugeben!" Wow, das war mal eine Aussage.

Durch meinen Wissensdurst und mein Interesse am Menschen hatte ich wundervolle Ausbildungen machen können z. B. systemischen Berater, Business-Coach, NLP-Master, Hypnose-Coach, Kommunikations-Trainerin, Wingwave-Coach und viele mehr ...

All dieses angehäufte Wissen kombiniert mit meinem "angeborenen" Helfersyndrom ist heute meine stärkste Stärke und mein Beruf. Ich kann anderen helfen und bekomme sogar noch Geld dafür. Ich kann zwar immer noch nicht die Welt retten, aber die Welt für meine Klienten und Kunden schöner und lebenswerter machen, indem ich ihnen helfe, ihre Probleme und Blockaden zu lösen und genau das macht mich glücklich und erfüllt mich und mein Sein.

Verstehst du jetzt, was ich damit meine, wenn ich dich frage, welche deiner Schwächen könnte deine stärkste Stärke sein, dich emotional und geistig nähren und bei dir eine Leere füllen?

Ernst Festl sagt: "Ich mag meine Stärken und Schwächen - wir sind zusammen aufgewachsen." Und wie ich immer so gerne sage: Was ist das Gute am Schlechten?

Das Bild, das wir über uns selbst haben, der Wahrnehmungstrichter, den wir gefüllt haben, entscheidet darüber, ob wir uns geliebt oder ungeliebt fühlen, ob wir uns glücklich oder unglücklich fühlen, ob wir uns attraktiv oder unattraktiv fühlen usw. Denke an die Glaubenssätze. Erst wenn wir in der Lage sind, uns selbst mit all unseren Stärken und Schwächen anzunehmen und zu lieben, können wir diese Liebe weitergeben und eine erfüllende und glückliche Beziehung mit uns und unserem UMFELD führen.

Ein Slogan für mehr Lebenslust

Wenn du eine Pflanze wärst, bist du dann jetzt eher eine Kletterpflanze, die eine Wand oder eine andere Person als Stütze braucht? Sich wie eine Klette an einen anderen Menschen klammert oder eine kraftvolle Pflanze, die aus eigener Kraft, Energie und Tatkraft stehen und bestehen kann? Oder sogar wie ein Bambus, der jedem Wind und Wetter trotzt, biegsam, stabil und fast schon unverwüstlich ist?

Wer willst du sein, wie willst du sein?

Stelle dir einmal vor, dein Leben ist wie ein Samen und nur du kannst es schaffen, eine eigenständige Pflanze und in deinem Fall eine eigenständige Persönlichkeit zu werden. Hege und pflege dich, dein Leben und deine Selbstliebe, so kannst du eine starke Persönlichkeit entwickeln und dann ziehst auch du keine Kletten mehr in dein Leben, die sich an dich klammern und dich womöglich runterziehen, eingehen lassen, damit sie wachsen können. Wer schon einmal eine destruktive, narzisstische Beziehung hinter sich hat, weiß genau, wovon ich rede.

Wenn du dein neues Leben und dein neues ICH unter ein Motto stellen würdest, wie würde dein Slogan aussehen? Dieser Satz kann sich auch wieder verändern, doch wie wäre es jetzt für dich? Mein Lebensmotto nach der Trennung war: Im ersten Moment, "Jetzt erst recht!", da kam die kleine trotzige Gisa raus. Dann kam: "Wie aus Wunden Wunder werden", ich wollte meine emotionalen Wunden heilen und als positives Beispiel vorangehen und mein eigenes Wunder werden. Ob ich als Wunder durchgehe, weiß ich nicht, aber als Vorbild, das funktioniert schon mal.

Dieses wurde von meinem weiteren Slogan abgelöst, "Mein Leben darf leicht sein". Dann wurde mein Credo: Be yourself, strong & beautiful. Sei du selbst, stark und schön, dies stand auch auf meiner Visitenkarte und wurde von vielen gerne als Motto übernommen, denn es sagt so vieles aus. Zu sich selbst zu finden, stark zu sein und diese innere Schönheit auszustrahlen. Und heute liebe ich "Mehr Lebenslust, statt Lebensfrust!" und ich habe den #spürbarstarkvonINNEN kreiert. Eine Freundin erzählte mir vor Kurzem ihr Motto: "Du hast mir meine Vergangenheit genommen, aber nie meine Zukunft." Das hat mich sehr berührt. Eine Seminarteilnehmerin meinte: "Ich bin liebenswert, nur nicht von jedem!" Was bedeutet, sie muss nicht jeden ersten Mann nehmen, nur weil er Interesse zeigt. Eine andere meinte: "Jetzt komme ich!" Sie hatte sich zu lange für ihren Ex-Partner "aufgeopfert". Die Nächste meinte: "Jetzt erst recht!" nach dem sie verlassen wurde und im wahrsten Sinne des Wortes finanziell und auch sonst fallen gelassen wurde. Ein Manager meinte einmal: "Ich bin ein Geschenk für die Welt!" Ist das nicht schön? Denn wir alle sind ein Geschenk für die Welt, für unsere Kinder, Freunde, für unser Umfeld, für die Menschen, die uns lieben und für die wir wertvoll sind.

Was könnte dein neues Mantra sein, was könnte dein Slogan für mehr Lebenslust sein? Wie willst du in Zukunft leben und wie soll dich dein Umfeld in Zukunft wahrnehmen?

Vielleicht war in den Beispielen oben schon etwas dabei für dich und wenn nicht, lass deiner Fantasie freien Lauf oder nimm dir aus den Anregungen etwas Passendes heraus. Sage es dir mehrmals am Tag, schreibe es auf Zettel und lese es, singe es ... tanze es, fühle es – jeden Tag mehr und mehr. Ich bin frei und sexy. Ich liebe mein Leben. Ich bin frei zu tun und zu lassen, was ich will.

Mein persönlicher Slogan für mehr Lebenslust, statt Lebensfrust ist:

____

____

Wie soll deine zukünftige Partnerschaft aussehen?

Da höre ich von so vielen, ich will nicht mehr betrogen werden, ich will in Zukunft keinen Partner, der mich ständig betrügt und belügt, ich will niemanden, der mich bevormundet, ich will keinen Narzissten, ich will keinen Alkoholiker mehr, um nur einige negative Beispiele zu nennen ...

Okay, so viele Menschen können mir aus ihren Erfahrungen berichten, was sie auf keinen Fall mehr in ihrem Leben möchten. Die Frage, was sie stattdessen möchten stellt sich oft als schwierig heraus, weil sie sich darüber vor lauter Jammern und Klagen noch keine Gedanken gemacht haben. Aber wie wir wissen, ist, sich diese Frage zu stellen, der erste Schritt zu einer erfüllenden und liebevollen Beziehung. Fange an, es dir leichter zu machen: Träume einfach von deiner neuen Partnerschaft, deiner neuen Liebe und Leidenschaft. Jetzt geht es darum, dir klar zu werden, was du willst!

Was genau bedeutet Beziehung für dich?

Beziehst du dich in allen oder in vielen Dingen auf deinen Partner oder hast du dich auf ihn bezogen?

Ich kannte einmal eine Frau, die wohl vergessen hatte, dass sie eine eigenständige Person und Persönlichkeit ist. Wenn man sich mit ihr unterhalten hatte, oder eine Frage an sie richtete, begann sie grundsätzlich ihre Antworten mit: Mein Mann sagt, ... Mein Mann ist der Meinung, ... Mein Mann meint, ... Findest du so etwas nicht auch fürchterlich? Ihr ist es nicht aufgefallen, sie hatte wohl immer schon jemanden gebraucht, der für sie eine Meinung hat, weil sie keine eigene hatte. Sie hatte wohl das Wort Beziehung wörtlich genommen und sich bei allem auf ihren Mann bezogen.

Was bedeutet für dich Partnerschaft und Beziehung? Die Zweisamkeit genießen, etwas Gemeinsames aufbauen, dem anderen Vertrauen und Liebe schenken, sich gegenseitig wertschätzen und treu sein, dem Partner seine Freiräume lassen, egal ob man eine gemeinsame Wohnung hat oder nicht. Nähe zu schenken, ohne einzuengen und dem anderen die Luft zum Atmen zu lassen. Oder willst du lieber etwas Lockeres, nichts Festes, Freundschaft-Plus, mal ein kleines Abenteuer oder nur Sex? Das ist ja auch völlig in Ordnung, wenn es für dich passt. Dann sei bitte zu deinem Gegenüber offen und ehrlich. Benutze niemanden für deine Bedürfnisse, denn du möchtest auch nicht benutzt werden und emotional missbraucht.

Deshalb die Frage: Bist du dir bewusst, was für dich Beziehung bedeutet?

Was ist Liebe für dich?

Was bedeutet Liebe für dich? Die Liebe ist eines der schönsten Gefühle der Welt. Liebe äußert sich auf die verschiedenste Art und Weise. Wir haben Schmetterlinge im Bauch, warten sehnsüchtig darauf, dass der Partner endlich anruft, schauen auf das Smartphone, ob da eine neuen Nachricht ist. Wir verzehren uns in Sehnsucht, wenn wir uns nicht sehen können und sehnen uns in jeder Sekunde des Verliebtseins nach dem anderen. Und wenn wir den Mensch der Begierde sehen, strahlen wir bis über beide Ohren, die Schmetterlinge und Hormone spielen verrückt und wir sind unendlich glücklich. Aber zur Liebe gehört mehr, z. B. Vertrauen, Ehrlichkeit, sich blind verstehen, immer füreinander da sein, achtsam und wertschätzend miteinander umgehen, auch wenn es mal schwierig wird. Die Liebe ist ein zartes Pflänzchen und kann nur wachsen, wenn man es behutsam annimmt und gemeinsam pflegt ... Was verstehst du unter wahrer Liebe?

Was ist dein größter Schmerz in der Liebe?

Diese Frage stelle ich im Coaching immer wieder und bekomme oft ähnliche Aussagen. Was wäre deine Reaktion auf diese Frage?

Hier ein paar der Antworten:

- Angst, verlassen zu werden.
- Angst, sich wieder fallen zu lassen und enttäuscht zu werden.
- Dass ich nicht als Mann, sondern als Versorger angesehen werde und die Frau nur eine finanzielle Absicherung sucht.
- Angst, wieder in der Beziehung nicht gesehen zu werden.
- Angst, betrogen zu werden, dass mein Partner wieder fremdgeht.
- Angst vor weiteren Vertrauensbrüchen.
- Sitzen gelassen zu werden, wenn es Probleme gibt.
- Verlustsangst.
- Nicht ernst genommen und herablassend behandelt zu werden.

Wenn man diese Antworten genau betrachtet, ist der größte Schmerz in der Liebe die Angst, verlassen zu werden und die Angst, enttäuscht zu werden. Doch haben Enttäuschungen nicht dort den Ursprung, wo Täuschungen entstanden sind? Wo, von wem und wieso hat man sich denn täuschen lassen? Ist es denn nicht auch so, dass eine Enttäuschung jedem hilft seiner eigenen Wahrheit näher zu kommen und ist es letztendlich nicht auch eine Befreiung von den eigenen Irrtümern und Illusionen?

Denn erst wenn man dies klar erkannt hat, welche Vorstellungen, Erwartungen und Ängste man vor der Liebe hat, kann man sich dem stellen und sich davon lösen. Man wird weniger leiden und enttäuscht werden und ist sich seiner Rolle und Stärke im Leben bewusster.

In welcher Rolle steckst du fest?

Mutter, Vater, Boss, Freundin, Freund, Kind usw. Je älter wir werden, je mehr Erfahrungen sammeln wir und je mehr Erfahrungen wir sammeln, umso besser können wir unsere Rollen ausfüllen. Wie ich das meine? Wir alle sind, wenn wir auf die Welt kommen und unseren Lebenszug besteigen Kinder, Enkel, irgendwann Schüler, Auszubildende, Studenten, Single usw. und früher oder später sind wir in einer Beziehung und sind dann Partner, Geliebte oder Liebhaber. Wenn wir heiraten, dann sind wir "Eheleute", im Job sind wir entweder Angestellte oder Selbstständige, überall haben wir eine Rolle oder sie wird uns "zugeteilt". Wenn wir Kinder bekommen, sind wir Eltern, trennen wir uns, sind wir zwar nicht mehr in einer Beziehung, aber weiterhin Eltern, evtl. sind wir alleinerziehend.

Manchmal sind wir auch in der Beziehung als Person in verschiedenen Rollen gefangen, z. B. als Ehefrau und Mutter. Auf der einen Seite ist der Alltag als Mutter und Managerin und auf der anderen Seite als Ehefrau und Geliebte im Bett. Ich weiß von Paaren, bei denen sich das Sexualleben, nachdem die Kinder da waren, völlig verändert hat. Da ist z. B. bei einem Mann, der bei der Geburt dabei war, eine regelrechte Abneigung entstanden, mit seiner Frau wieder intim zu werden. Denn das, was er bei der Geburt gesehen hatten, hatte ihn so erschreckt, dass seine Frau nicht länger seine Geliebte, sondern nur noch die Rolle der Mutter für ihn eingenommen hatte. Und dann sind da Frauen, die in ihrer Rolle als Mutter völlig aufgehen und vergessen, dass sie ja noch eine Ehefrau sind und einen Mann haben. Ja, es gibt Ehen und Beziehungen, die genau aus diesen Gründen scheitern, weil die Energie und Aufmerksamkeit nicht mehr in die Partnerschaft gesteckt wird.

Wofür brauchst du in Zukunft deine Energie und Kraft? Was passt in deinen Lebensplan, wenn deine Kinder aus dem Haus sind und du einen neuen Partner mit kleinen Kindern kennenlernst? Ist es das, was du willst? Willst du eines Tages mit deinem Partner zusammenziehen und eine Patchwork-Familie gründen? Bist du bereit dazu, deine neue Freiheit wieder aufzugeben und wieder Urlaub mit kleinen Kindern zu machen? Dich mit dem/der Ex-Partner*in deiner neuen Liebe absprechen zu müssen, wie die Wochenenden aussehen? Bist du bereit, dir diesen Schuh anzuziehen? Es gibt hier auch kein Richtig oder Falsch. Es gibt hier nur einen Weg, der richtig ist und das ist deiner und der deines Herzens.

Und manchmal musst du etwas aus deiner Rolle fallen, um aus deiner Falle zu rollen!

Wie soll dein Partner sein?

Sich diese Frage zu stellen, bringt viel Klarheit: Was erwartest du von einem Partner, welche Eigenschaften soll er mitbringen? Wenn ich diese Frage stelle, bekomme ich oft Antworten wie: Soll zuverlässig sein, mir Halt und Sicherheit geben, soll menschlich sein und nicht materiell eingestellt, mir Nähe und Geborgenheit schenken. Soll Ruhe und Kraft ausstrahlen, liebevoll sein, zuvorkommend und höflich, authentisch und nicht aufgesetzt, humorvoll, zärtlich, erotisch - einfach erfahren, lustvoll und leidenschaftlich im Bett sein, ein erfahrener Mensch und kinderlieb. ... Ich wünsche mir einen Partner, der ein kunstinteressierter Mensch ist, selbstständig, schlank und sexy, begeisterungsfähig, kommunikativ, sensibel sich selbst und anderen gegenüber, verständnisvoll, interessiert am öffentlichen Leben und an Menschen, offen sein für Musik, Kunst, Fotografie, Politik, Literatur, Esoterik, Spiritualität und neue Ideen ...

Diese Liste könnte ich unendlich erweitern und du darfst für dich selbst eine Liste der Eigenschaften erstellen.

Liste der Eigenschaften, die ich mir von meinem Partner wünsche:

Wenn diese fertig ist, frage dich, was bringst du mit in die Beziehung, welche Eigenschaften hast du deinem zukünftigen Partner zu bieten?

Wenn du damit fertig bist, dann gleiche deine Erwartungen doch bitte mal mit dem ab, was du selbst zu bieten hast. Das ist ein Realitätsabgleich und kann dich vor deinen eigenen Erwartungen und die daraus entstehenden Enttäuschungen schützen.

Wenn du zum Beispiel sehr esoterisch und spirituell bist, dann suchst du selbst jemanden, der diese Eigenschaften und Neigungen mit dir teilt und du wirst unglücklich mit einem total verkopften Menschen sein, der zwar das Herz am rechten Fleck hat, aber über dich und deine "Räucherstäbchen" abfällig lächelt. Oder du eher auf Hardrock stehst und der Partner nur auf Opern, du musikalisch bist und dein zukünftiger Partner nichts mit Musik am Hut hat und lieber Marathon läuft. Verstehst du, was ich damit meine? Das ist ein guter Übergang zu den Werten.

Was sind deine wichtigsten Werte?

Werte sind z. B. Ehrlichkeit, Treue, Respekt, Freiheit, Liebe, Selbstbestimmung, Verlässlichkeit, Glück, Disziplin, Erfolg, Nächstenliebe, Wohlstand, Freiheit, um nur einige zu nennen.

Die meisten Beziehungen scheitern, weil sich die Werte und die daraus entstehenden Lebenseinstellungen, Interessen und die Kommunikation zu sehr auseinanderbewegen und dadurch zu wenig Gemeinsamkeiten vorhanden waren.

Wenn der Beziehungsalltag und der erste Lack ab ist, beide traurig feststellen, dass die Unterschiedlichkeit, die Werte und Interessen zu sehr auseinanderklaffen und es immer wieder zu unüberbrückbaren Problemen und Auseinandersetzungen kommt und es "wieder-einmal-nicht-passt", weil die Basis nicht stimmt.

Dazu habe ich ein wundervolles Zitat von einem unbekannten Autor gelesen: "Wenn man sich nur im Frühjahr in die Blüten und nicht in die Wurzeln eines Menschen verliebt, weiß man im Herbst nicht mehr, was man tun soll." So ist es, wenn man nach dem ersten Sonnenschein entdeckt, dass es in einer Beziehung auch Regen gibt und die Grundlebenseinstellungen nicht zueinander passen. Das beginnt schon mit dem Urlaub, wenn jemand nur Campingurlaube liebt und der andere nur 5 Sterne Hotels, oder der eine Aktiv-Urlaube liebt und der andere am liebsten drei Wochen Relaxen am Strand, da sind Konflikte vorprogrammiert und man wird nicht wirklich glücklich miteinander.

Es gibt Menschen, die verbiegen sich so sehr in einer Beziehung und geben ihr eigenes ICH auf, um zu gefallen und werden unglücklich und unzufrieden und dann sind sie für den Partner nicht mehr attraktiv. Da sie ihre Persönlichkeit bis zur Unkenntlichkeit aufgegeben haben und nicht mehr dieser Mensch sind, in den man sich am Anfang verliebt hat. Umgekehrt gibt es auch immer Personen, die den Partner so verbiegen, dass er nicht mehr der ist, den man kennen und lieben gelernt hat.

Übrigens hatte ich vor einiger Zeit von einer Studie gelesen, in der beschrieben wurde, dass Paare, die das gleiche oder ähnliche Wertesystem haben am glücklichsten sind und Menschen potenzielle Partner am attraktivsten finden, wenn sie die gleichen Werte teilen. Also eine gute Idee, sich über die eigenen Werte Gedanken zu machen und eine gute Voraussetzung durch diese Klarheit den richtigen Partner zu erkennen und anzuziehen.

Um deine Werte zu erkennen, frage dich nach deinen inneren Einstellungen. Was sind deine Handlungsmotive, weshalb handelst du immer wieder gleich? Was ist dir in deiner Beziehung wichtig?

Menschen setzen ihre Fähigkeiten nur dann ein, wenn entsprechende Werte und Glaubenssätze vorhanden sind, die ihnen den Einsatz ihrer Fähigkeiten erlauben. Das ist im Beruf und in jeder Partnerschaft so.

Werte sind eine größere Anzahl von Idealen, Zielen, Motivatoren, die das Handeln von Personen bestimmen, wie z. B. Humor, Treue, Spaß, Genuss, Erfolg. Deine Werte bestimmen auch die Richtung deines Denkens und deiner persönlichen Wahrnehmung. Deine Werte sind nicht nur Wahrnehmungsfilter, sondern auch Motivatoren und beeinflussen bestimmte Glaubenssätze.

Stehen jetzt deine wichtigen Werte miteinander im Widerspruch z. B. Sicherheit - Abenteuer, spricht man von einem Wertekonflikt. Dann richtet man sich immer nach dem für sich stimmigen und ranghöheren Wert aus.

Frage dich, welche Werte stehen im Konflikt zueinander? Welche hindern dich, dein Ziel zu erreichen oder blockieren dich, eine erfüllte Partnerschaft zu erleben? Ein klassisches Beispiel in unserer Zeit für einen Wertekonflikt ist: Jemand möchte mehr Geld (Wohlstand) verdienen, Karriere machen und gleichzeitig mehr Freizeit mit der Familie haben. Ein anderes Beispiel ist Freiheit und die Sehnsucht nach Partnerschaft.

Du kannst dir vorstellen, wie sehr es im zweiten Fall von Freiheit und Partnerschaft zu inneren Blockaden und Selbstsabotageprogramme kommt und selten zu einer echten erfüllenden Beziehung.

Man unterscheidet in Appetenz-Werte, worauf wir uns hinbewegen, was wir haben wollen, was wir begehren, z. B. Ehrlichkeit, Stabilität, Treue und Verlässlichkeit in einer Beziehung.

Dann gibt es noch die Aversions-Werte – das, wovon wir uns wegbewegen, was wir vermeiden, nicht haben wollen. Ein Beispiel: Du hast ein neues Date und die Person erzählt dir, dass seine Beziehung scheiterte, weil Ehrlichkeit und Treue nicht gelebt wurden, dass dein Gegenüber fremdgegangen ist. Dir ist aber Treue wichtig, dann bist du schneller weg, als dem anderen lieb ist.

Bitte beachte, dass Werte und Glaubenssätze nicht nach richtig oder falsch beurteilt werden sollten, sondern nur auf die Nützlichkeit in Bezug auf deine eigenen Wünsche, deine Beziehungen oder deine Ziele. Auch sollte dir klar und bewusst sein, dass sich Werte und Glaubenssätze von Mensch zu Mensch unterscheiden und sich wie Glaubenssätze durch Prägungen, Erziehung und kulturelle und religiöse Einstellungen unterscheiden.

Was für dich wichtig ist und zutrifft, muss für jemand anderen keine Bedeutung haben. Diese Personen handeln aus anderen Motiven oder Werten heraus, deshalb ist es für dich wichtig zu erkennen, was dir wichtig ist und du wirst es schneller in Gesprächen herausfinden und gut für dich sorgen können.

Übung: Was sind deine Werte?

Deine Werte kannst du durch einfache Fragen für dich herausfinden, wenn du sie noch nicht kennst.

Was ist mir wichtig, welche Werte, was sind meine Top-10-Werte?

____

____

Wenn ich etwas mache, wofür mache ich das?

____

____

Was habe ich davon, was bringt es mir?

____

____

Welche Werte sind mir bei meinem Partner oder in der Partnerschaft wichtig?

____

____

Wenn du sie für dich definieren konntest zumindest die Top 10 deiner wichtigsten Werte, dann kannst du dir folgende Frage beantworten:

Wenn du an deine vergangenen Beziehungen zurückdenkst, was bringt dich noch in Wut, Trauer, Angst, was triggert dich noch an, was lässt dich noch emotional "in die Luft gehen"?

Welche Werte wurden verletzt? Respekt, Wertschätzung, Treue, Ehrlichkeit ...

Woher kennst du diese Gefühle und wie kannst du dir selbst wieder mehr Wertschätzung und Ehrlichkeit entgegenbringen, wo warst du selbst nicht ehrlich zu dir selbst? Vielleicht wusstest du von vorneherein, der Partner ist nicht der Richtige und bist trotzdem eine Beziehung eingegangen, um nicht alleine dazustehen oder dich einsam zu fühlen?

Wie wünschst du dir deine Sexualität?

Eine erfüllte Sexualität ist auch ein Ausdruck deines Selbst und deiner Selbstliebe! Dieses Thema ist in meinen Coachings hochbrisant, interessant und wichtig. Denn wenn der Partner fremdgeht, oder man wegen einem anderen Menschen verlassen wird, stellen sich viele Menschen die Frage, was habe ich falsch gemacht, dass mein Partner seine Bedürfnisse woanders befriedigt. Man hat das Gefühl, nicht liebenswert, nicht gut genug und nicht mehr begehrenswert zu sein. Das nagt sehr am eigenen Selbstbewusstsein und Selbstwert. Bitte bedenke, eine Affäre, das Fremdgehen oder ein One-Night-Stand ist nur ein Symptom und nicht die Ursache für die Krise. Die Ursache liegt selten in der Sexualität, diese lässt oft nur zwangsläufig nach. Wenn ein Mensch z. B. dauernd nörgelt, jammert, oder einen Streit vom Zaun bricht, dann ist er wenig attraktiv und sexy für den Partner und dann ist auch kein Platz für heißen und nährenden Sex.

Wie hast du in deinen vergangenen Beziehungen deine Sexualität gelebt, konntest du dich austoben, konntest du dich ausprobieren? War es deine Art des Liebesspiels, die deines Partners oder euer gemeinsames Vergnügen? Hast du vieles ertragen oder mitgemacht, um zu gefallen, um nicht prüde oder als frigide dazustehen? Hast du dich getraut und jemals klar gesagt, was du möchtest oder nicht? War der Sex hemmungslos, zärtlich, erfüllend, nährend, wild, abwechslungsreich oder von allem etwas?

Ich hatte eine Klientin, die mir berichtete, dass sie erst mit über 50 Jahren ihren ersten richtigen Orgasmus hatte und das erst, nachdem ihr Mann sie wegen einer Jüngeren verlassen hatte. Sie hatten sich früh kennengelernt und geheiratet. Der Ex-Mann war wohl selbst nicht sehr erfahren und alles andere als einfühlsam. Er war nie auf ihre Bedürfnisse eingegangen. Es ging nur darum, dass er seine Befriedigung hatte und mehr hatte ihn nicht interessiert. Er ist nie auf die Idee gekommen, dass auch sie Bedürfnisse haben könnte und hatte auch nie gefragt, was ihr guttun würde oder was ihr gefallen würde. Sie war unerfahren und hatte keine Vergleiche und dachte Sexualität ist so, sie funktioniere so und sie konnte es auch nicht verstehen, dass so viele Menschen Sex großartig finden, nur sie nicht. Wie oft ist sie mit ihm zusammen gewesen und hatte es ihm zuliebe fast schon über sich ergehen lassen. Erotik und sexuelle Lust waren für sie Fremdwörter, für ihn wohl auch. Erst als er sie verlassen hatte und sie einen neuen Partner kennenlernte, durfte sie erfahren, was ein Orgasmus ist und dass Sex etwas Erfüllendes für beide Seiten sein kann. Sie hatte ihren Körper ganz neu entdeckt, denn in der neuen Beziehung hatte der Partner ihr gezeigt, wie eine Frau gestreichelt, geküsst, liebkost werden kann, um sie richtig zu stimulieren. Vielleicht war es auch so, dass sie zu diesem Mann über die Lust und die Innigkeit eine Herzensbeziehung aufbauen konnte, weil er nicht nur ihren Körper, sondern auch ihr Herz berührt hatte und ihr das mit allen Sinnen zeigen konnte.

Ich erzähle diese wahre Geschichte des Lebens, weil ich es so erschreckend finde, dass eine Frau mehr als 30 Jahre Sex hatte und noch nie einen Orgasmus erleben durfte.

Weil sie selbst keine Erfahrung hatte, sie nie ihre eigenen Bedürfnisse erkennen konnte und deshalb auch nie sagen konnte, was ihr fehlt und was ihr guttun würde. Ganz einfach, weil sie ihren Körper nicht kannte und nicht über Sex reden konnte. Auf der anderen Seite der Mann, den es wohl nie interessiert hat, wie sich seine Frau beim Sex fühlt, wie er ihr einen Orgasmus verschafft, ob sie erregt ist, oder wie er sie stimulieren kann, es war ihm einfach egal. Er hat sie benutzt und sie hat sich benutzen lassen. Das finde ich so traurig und freue mich zugleich für sie, dass sie doch noch erleben durfte, was richtig guter Sex ist. Lieber spät, als nie, oder?

Es gibt so viele Ursachen, warum es in einer Beziehung zum Thema Sexualität, Erotik und sinnliche Liebe zu Krisen kommt und dann der Partner oder man selbst unzufrieden ist und sich nach etwas oder einem anderen sehnt. Manchmal kann es durch Kleinigkeiten "wiederbelebt" werden. Wann hast du dich z. B. das letzte Mal bewusst für deinen Partner schick, hübsch und begehrenswert gemacht? Oder findet dein Gegenüber Schlabberlook und Jogginghose wirklich attraktiv und sexy, oder du selbst? Es gibt so viele Gründe für ein Scheitern auf der sexuellen- und Paarebene und diesem Thema bin ich in meinem Umfeld mal auf den Grund gegangen.

Meine Umfrage zu Beziehung und Sex im Alltag

Ich hatte im Zuge meiner Buchrecherche eine kleine Umfrage bezüglich des Liebeslebens meiner Klienten und Bekannten gestartet und ein paar Fragen gestellt. Es hat nicht nur mir, sondern auch meinen Teilnehmern viel Spaß gemacht und noch mehr Erkenntnisse gebracht.

Meine Erkenntnis war, wie interessant und spannend die eigenen Gedanken und Gefühle meiner Befragten bei der Beantwortung war und dass sie sich diese Fragen z. T. noch nie gestellt hatten.

Ich hatte ganz unterschiedliche Personen in verschiedenen Lebensabschnitten befragt und interviewt, da waren Männer und Frauen, frisch Getrennte, geschiedene Menschen, Paare, homosexuelle und lesbische Personen, Eltern mit großen Kindern und Eltern mit kleinen Kinder. Viele haben mir berichtet, wie schwierig der Übergang von einem glücklichen Paar zum Elternsein war und wie belastend es sich auf die Paarbeziehung und vor allem auf die Erotik oder das Liebesleben ausgewirkt hat. Da war jegliche Libido für lange Zeit im Alltag erstickt. Andere haben mir erzählt, dass der Inhalt der Beziehung nur aus den Kindern bestand und als die Kinder aus dem Haus waren, war auch die Beziehungsgrundlage weg.

Hier eine Zusammenfassung der Fragen und der Antworten, die sich sehr oft wiederholten:

1. Was waren die Ursachen, dass das Sexualleben in deiner Beziehung eingeschlafen ist?

- Der Alltag als junge Eltern erstickte die Lust.
- Wir haben nie darüber geredet.
- Die Last und der Stress haben auf die Lust gedrückt.

- Ich konnte nicht auf Kopfdruck, wenn mein Partner gerade wollte.
- Es war so viel Frust, weil es bei der Familienplanung nicht geklappt hat und ich immer dann funktionieren musste, wenn ihre innere Uhr tickte. Ich musste auf Abruf können, das erstickte all meine Erotik und Lust. Sex gab es zeitweise nach dem "Fruchtbarkeitskalender".
- Ich wollte ein Kind und er nicht, er hatte sich dann verweigert. Unsere Ehe ist fast an dem Thema zweites Kind gescheitert.
- Irgendwann war es nur noch schwer und Pflichtprogramm, es machte mir keinen Spaß mehr und war nur noch langweilig.
- Es hat mich abgetörnt, dass sie sich so gehen gelassen hat ... Sie keine schöne Wäsche mehr getragen hatte ... Sie sogar meine Unterwäsche getragen hat usw.
- Er abends nach Alkohol oder Schweiß gerochen hat.
- Wir hatten unterschiedliche sexuelle Erfahrungen gemacht und konnten aber nicht miteinander darüber reden.
- Ich habe mich in meinem Körper nach der Geburt meiner Kinder nicht mehr wohlgefühlt, meine Brüste waren nach dem Stillen nicht mehr straff, der Bauch nach der Schwangerschaft schlaff.
- Ich habe mich sexuell unattraktiv gefühlt und mein Partner hat mir meine Unsicherheit nicht nehmen können.
- Er hat immer anderen schlankeren Frauen nachgeschaut, diese bewundernd kommentiert und das gab mir das Gefühl für ihn nicht gut genug zu sein.
- Es ging immer nur um seine Bedürfnisse und seine Bedürfnisbefriedigung.
- Sie hatte sich nach den Kindern gehen lassen und wurde immer dicker, das Äußere spielt für mich auch immer eine Rolle.

- Mein Partner ist einem “Körperwahn” verfallen und war nur noch im Fitness-Studio. Der Körper war nicht mehr natürlich und schön, er war abgemagert, hart und das hatte nichts Schönes mehr für mich.
- Sie war nie bereit auch mal etwas anderes auszuprobieren.

2. Was hättest du dir gewünscht in der Partnerschaft und Sexualität?

- Dass meine Partnerin gesprächsbereit ist und mit mir redet.
- Dass nicht alles als selbstverständlich und Gewohnheitsrecht gesehen wird und dass auch mal ein “Nein” bei Lustlosigkeit akzeptiert worden wäre, ohne dass ich hinterher beschimpft wurde.
- Weniger Routine und öfter erobert werden und erobern.
- Einfach mal was Neues ausprobieren, experimentierfreudiger sein.
- Ich hätte mir in meiner Beziehung Vertrauen und Zuverlässigkeit gewünscht, Augenhöhe und Zulassen von Nähe. Ich hätte gerne am Leben meines Partners teilgenommen, fernab von beruflichen Themen. In der Sexualität habe ich alle Wünsche erfüllt bekommen. Dort durfte ich wachsen und mich ausprobieren, ohne über Tabus nachzudenken.
- Da fallen bei mir spontan Leidenschaft, Spannung, Spontanität, Fantasie, Aufmerksamkeit, Treue, Vertrauen in der Beziehung und beim Sex ein.
- In der Sexualität würde ich mir auch Zärtlichkeit, Experimentierfreude, Toys, Oralsex ab und zu mal ein schönes Kompliment, aber auch Dirty Talk wünschen.
- Ich hätte mir damals in der Ehe gewünscht, wir hätten uns viel

früher zusammengesetzt und geredet. Über alles. Alltägliches und auch in der Sexualität. Wenn man noch recht jung ist, hat man noch nicht so viel Erfahrung. Und ich hätte mir gewünscht, dass wir die Zweisamkeit mehr gepflegt hätten. Hausbau und Kinder aufziehen reichen nicht. Aber heutzutage könnte man sich auch Anregungen über das Internet holen und darüber sprechen und auch etwas ausprobieren.

- Das Thema Sex nicht zum Problem zu machen. (Ist wohl eins.)
- Ich hätte mir in der Ehe mehr Paarzeit als nur Elternzeit gewünscht, wir hatten keine Zeit mehr für uns und Sex. Eine Partnerin, die sich auch sexuell attraktiv und appetitlich anzieht.
- Wir haben nur noch als Eltern funktioniert, die Liebe, Erotik und Paarebene ist untergegangen.
- Ich hätte mir Entlastung gewünscht, jemand der uns die kleinen Kinder mal am Wochenende abnimmt und wir uns wieder als Liebespaar und nicht nur Eltern hätten begegnen können.
- Ich hätte mir WIRKLICHE Aufmerksamkeit gewünscht – nicht unbedingt NUR mit Geschenken, obwohl das auch schön ist! In der Sexualität habe ich mich manchmal unverstanden gefühlt. Was zur Folge hatte, dass ich keine Lust mehr hatte und das dann MEIN Problem war, weil mein Partner nicht kritikfähig war.
- Offenheit die Dinge auszusprechen, die mir wichtig sind. Mut, meine Leidenschaft auszuleben in der Sexualität und nicht einen Rückzug in den Alltag, dann lieber raus aus der Beziehung.
- Mehr Offenheit und Klarheit in den Wünschen – auch umgekehrt.

3. Wenn du anderen Paaren etwas raten dürftest zum Thema Sexualität und Erotik und wie sie sich diese im Alltag bewahren können, was würdest du ihnen empfehlen?

- Dass sie versuchen den Alltag hinauszuzögen, indem sie sich Momente des "Verliebtseins" und den Zauber des Anfangs bewahren.
- Sie sollten sich Glücks- und Liebensmomente erschaffen und die Paarbeziehung im Alltag nicht vergessen, vor allem, wenn Kinder da sind.
- Hört euch gegenseitig zu, nehmt Rücksicht auf den anderen, habt Verständnis, wenn mal etwas nicht geht und geht in jeder Situation liebevoll miteinander um.
- Das was man sich nicht gegenseitig geben kann, sollte man sich auch nicht woanders holen, sprich fremdgehen.
- Bewusste Zeiten der Zweisamkeit erschaffen, z. B. ein Wellness-Wochenende zu zweit, ein Urlaub mit Kinderbetreuung.
- Die Liebe, Leidenschaft und Hingabe leben und sagen, was guttut und was nicht.
- Mit dem Partner direkt reden. Frauen denken immer: Mensch, das muss er doch wissen/fühlen/merken/selbst erkennen. Nee, Männer können besser gucken als denken! Hier ist klare Ansage angesagt.
- Sexualität darf, soll und kann Spaß machen. Ich empfehle Offenheit für Wünsche und Experimentierfreude. Und vor allem müssen Wünsche auch artikuliert werden, denn Gedanken lesen funktioniert selten. Gespräche über Werte, Gewichtungen und Vorlieben innerhalb der Sexualität halte ich für notwendig.

- Und Überraschungen sind das Salz jeder Beziehung, weniger Routine. Nicht immer sonntags nach dem Tatort Sex zu haben kann sehr befreiend und belebend sein.

- Eine offene Kommunikation und Vertrauen, dem Partner alle Wünsche und Bedürfnisse mitteilen zu können ohne Angst haben zu müssen, dafür verurteilt zu werden.

- Eine Freundin verabredet sich seit Jahren mit ihrem Mann einmal in der Woche an einem festen Termin/Abend zur sinnlichen Erotik und zelebrieren ihr Liebesleben. Beide halten sich den Abend frei. Sie treffen sich frisch geduscht, im aufgeräumten Schlafzimmer bei Kerzenschein, schöner Musik, einem Glas Prosecco und sie trägt schöne Dessous. Das hält die Beziehung in Schwung und die Lust auf den Partner.

- Dinge auszuprobieren auch wenn es im ersten Moment seltsam scheint und wenn es nicht gefällt, hast du es zumindest ausprobiert.

- Die Bedürfnisse des Partners ernst nehmen und schauen, ob das auch für einen selbst passt! Wenn nicht, dann einen Konsens finden, welcher für beide passt.

- Über DVDs oder Bücher neue Möglichkeiten kennenlernen und umsetzen, z. B. gibt es schöne Bücher über Tantra-Massagen oder wie bereits erwähnt auch passende DVDs. Das belebt das eingefahrene Liebesleben und die Erotik neu.

- Auch kann man in der Phase des Singledaseins sich selbst eine Tantra-Massage geben lassen und als Frau und auch als Mann den Körper neu entdecken, da ist nichts Verwerfliches dabei.

- Wir Frauen sollten uns auch trauen, zu nehmen und nicht nur zu geben.

4. Habt ihr über eure Bedürfnisse in der Sexualität miteinander reden können?

- Ja, habe ich IMMER, es hat sich trotzdem nicht viel geändert.
- Nein, nur eingeschränkt, weil vieles als negative Kritik und persönliche Kränkung aufgefasst wurde und dann wieder gegen mich benutzt wurde.
- In der Beziehung mit meinem Mann nicht wirklich, wir haben uns dann getrennt.
- Ja, ich bin schon immer sehr offen mit meinen "brauch ich und will ich" umgegangen, auch wenn das den einen oder anderen Partner überfordert hatte. Allerdings habe ich auch schon erlebt, dass so mancher Mann in meinem Leben überhaupt nicht in der Lage war, sich dahingehend klar zu positionieren. Leider oft genug so ein "Standardprogramm" erlebt ... Hauptsache er konnte den "Druck" ablassen.
- Nein, überhaupt nicht, denn ich hatte nicht das Selbstbewusstsein und konnte meine Bedürfnisse nicht ausdrücken.
- Nicht umfassend, aber wir haben uns auf unser Gefühl verlassen und das war okay so.
- Ja, wir haben sehr viel geredet und probiert. Es war uns beiden sehr wichtig. Funktioniert die Sexualität nicht, wird auch der Rest in der Beziehung schwierig werden.
- Nein, ich hätte es tun sollen, das hätte vieles verändert und vielleicht sogar die Beziehung gerettet.
- Nein, ich hatte Angst als unerfahren oder prüde dazustehen und habe nur seine Bedürfnisse befriedigt.
- Nein, in meiner Ehe war Reden über Bedürfnisse in der Sexualität irgendwie peinlich oder ein Tabuthema – warum auch immer. Vielleicht sind wir so erzogen worden? Später habe ich bei

einem anderen Partner exakt das Gegenteil kennengelernt. Da wurden einem die Ohren vom Zuhören knallrot. Er hat ALLES ausgesprochen. Was er denkt, was er will und hat mich ebenso dazu aufgefordert. Das bringt ein Paar auf ein völlig neues Niveau. Mit diesem neuen Wissen und der Erfahrung hatte ich das "Glück", nach Beendigung dieser Beziehung auf einen alten Ex-Freund zu stoßen. Warum das damals mit ihm zu Ende ging, ist nie so genau beleuchtet worden. Nun hatte ich nach vielen Jahren die Gelegenheit, alles auf den Tisch zu bringen und mich mit ihm über damals auszutauschen. Es kam zum Sex. War der Sex früher eher "stumm", brachte ich mein neugewonnenes Wissen nun ein. Es war ein Unterschied wie Tag und Nacht. Ich kam mir vor wie eine Lehrmeisterin. Man wird halt in allen Bereichen erfahrener und weiser. (Ich habe diese Antwort ungekürzt übernommen, weil ich finde, hier steckt so viel wertvoller Content drin.)

5. Warum ist deine Beziehung gescheitert?

- Das ist schwierig, so einfach kann ich das nicht schreiben oder sagen. Ich werde noch darüber reflektieren. (Eine ehrliche Antwort, die bei der Umfrage oft so beantwortet wurde, oder auch mal mit Tränen der Erkenntnis, weil der eigene Anteil betrachtet wurde.)
- Die Kinder, der Alltag ... zu wenig Sex.
- Es war nicht der Sex, es hat zwischen uns nicht mehr funktioniert. Es war die Suche nach etwas Neuem, sie hat die Beziehung beendet und Freundschaft gibt es nach wie vor.
- Das Scheitern für die verschiedenen Beziehungen: Ex-Mann fing eine Affäre an und wollte sie zusätzlich zur Ehe beibehalten. Weitere Partner hatten sich in eine andere verliebt, oder Angst

vorm Zusammenleben und ständige Streitereien um grundsätzliche Dinge.

- Da gab es viele verschiedene Gründe. Die Selbstverständlichkeit, mit der alles hingenommen wurde. Unehrlichkeit. Zu langes Ertragen von unangenehmen Dingen, ohne etwas dazu zu sagen, z. B. der Alkohol und die Angst vor verbalen Attacken in der Öffentlichkeit.
- Ich hatte nicht genug Selbstbewusstsein und wusste schon gar nicht, was ich wirklich will, oder wer ich zu dieser Zeit war und konnte mich deshalb nicht durchsetzen.
- Er ließ mich nicht in sein Leben, da war keine Zuverlässigkeit, kein gemeinsames Leben, keine gemeinsame Zukunft, kein auf Augenhöhe.
- Entweder bin ich beruflich weggegangen oder mein Partner hat sich für eine andere Frau entschieden (in zwei Fällen war die auch schon zeitgleich da).
- Die Ursachen des Scheiterns ... oberflächliche Routine im Alltag und beim Sex und zu große Unterschiede in der Vorstellung, wie eine Beziehung und Sexualität sich gestalten sollte. Mangelnde Kommunikation und Bereitschaft (auch von mir), den anderen so zu akzeptieren, wie er nun mal ist.
- Ich habe das Leben meines Partners gelebt und nicht meines, als ich dies erkannt habe, hat es nicht mehr funktioniert und ich bin gegangen. Mein Partner hat es nie verstanden.

6. Was würdest du heute anders machen?

Bei dieser Frage kam ganz oft zuerst: Ganz ehrlich - das ist die schwerste Frage und nach einer kleinen Reflexion habe ich folgende Antworten erhalten:

- Ich würde mehr über MEINE Bedürfnisse sprechen und sollten diese nicht ernst genommen werden, dann würde ich die Konsequenzen daraus ziehen! (Theoretisch, praktisch ist es ja dann wieder etwas anderes, sie lacht dabei.)
- Heute spreche ich über alles, wenn es sich ergibt, auch in Affären spreche ich es gezielt an und versuche das auszuleben, was mit wichtig ist und dem Partner auch.
- Mich weniger aufgeben, mehr auf mich achten. Dinge nicht immer schlucken, sondern Unstimmigkeiten früher ansprechen. Und hoffentlich eher die Reißleine ziehen.
- Heute werde ich viel eher sagen, was mich in der Beziehung stört. Ich werde nicht mehr so viel über mich ergehen lassen, mich nicht ständig rechtfertigen und ich werde mir meine Freiheiten nehmen.
- Heute würde ich in einer Beziehung auf jeden Fall reden – reden – reden. Und zwar sofort und nicht erst denken, das gibt sich schon. Und regelmäßig Zweisamkeit, Urlaube zu zweit etc. einplanen. Außerdem würde ich mir über mein Aussehen und meine Figur nicht so viel Gedanken machen wie früher als junges Mädchen. Es gibt nichts Sinnlicheres, als eine Frau, die weiß, was sie will. Die Röllchen rechts und links in der Taille interessieren keine Sau. Außerdem habe ich die Erfahrung gemacht, dass Männer es ganz gerne kuschelig haben.
- Liebevoller mit mir sein und mich auch gerne mehr hingeben wollen.
- Ich würde keine Beziehung mehr aufrechterhalten, wenn kein Vertrauen mehr da ist.
- Ich würde versuchen, meine Partnerin mehr für das Thema Sexualität und darüber zu reden zu öffnen, anstatt einfach

hinzunehmen, dass sie verklemmt ist und es ihr unangenehm ist über Sex zu reden.

Fazit der gesamten Umfrage

Eine Vielzahl der Beziehungen sind an der mangelnden Kommunikation und gegenseitigem Verständnis gescheitert, dass die meisten mit dem Partner zu wenig über die eigenen Bedürfnisse und Probleme geredet haben.

Die Sexualität in der Partnerschaft kann verbinden, aber auch trennen. Manche haben nur die Bedürfnisse des Partners erfüllt in der Hoffnung, dann geliebt zu werden. Andere wiederum kennen ihre eigenen Bedürfnisse nicht und sind unzufrieden und unterschwellig unglücklich, weil der Partner die gefühlte Leere und die Bedürfnisse nicht erfüllen kann oder will.

Vielleicht beantwortest du dir die oben genannte Fragen selbst, oder du kannst aus den Antworten für dich schon einiges herausnehmen und von den Erfahrungen der anderen profitieren.

Ein besonderes Interview

Ich möchte euch dieses Interview am Stück und genauso, wie ich die Antwort erhalten hatte, mit euch teilen. Denn es zeigt, wenn ein Paar miteinander kommuniziert und ein gemeinsames Interesse daran besteht die Beziehung und die Liebe im Alltag und in Krisen zu retten, dann funktioniert es auch. Aber lest selbst ...

Die Beziehung zu meiner Frau, mit der ich mittlerweile 28 Jahre verheiratet bin, wäre vor ca. 10 oder 12 Jahren beinahe zerbrochen, durch das TUN von ihr. Sie ist ausgestiegen und hat sich eine Außenbeziehung gesucht. Aus heutiger Sicht bin ich dafür sehr dankbar. Dabei ging es aber nicht nur um Sex, es ging viel mehr um ein Gesehenwerden. Wir haben damals beschlossen, an uns zu arbeiten und das mehr nach meinen Regeln. Immerhin hatte ich ja schon 20 Verkaufsschulungen, Persönlichkeitstrainings usw. hinter mir. Das dauerte 2 Jahre und ging wieder schief.

1. Was hättest du dir von deinem Partner in der Beziehung und Sexualität gewünscht?

Damals ging es um Offenheit, um Offenheit seine Wünsche auszusprechen. Und da ging es nicht um ausgefallene Praktiken oder so. Es ging und geht um Nähe, volles Vertrauen, Wärme, Kuscheln, Kuschelsex und nicht den männlichen Sex, der uns durch die Medien vorgemacht wird.

2. Was würdest du anderen Paaren zum Thema Sexualität empfehlen oder welchen Rat würdest du geben?

Ich bekam irgendwann das Buch von Barry Long: *Sexuelle Liebe auf göttliche Art* in die Hände. Aus meiner Sicht eine absolute Pflichtlektüre für alle, die an einer liebevollen und sexuellen Beziehung zu seiner Partnerin interessiert sind.

3. Hast du oder dein Partner über eure Bedürfnisse in der Sexualität reden können?

Damals haben wir beide Freiheit und Offenheit so verstanden, dass es wohl auch mal sein musste, Swingerclubs zu besuchen. Eine lustige Erfahrung auf der einen Seite, aber so viel Leid und Einsamkeit auf der anderen Seite. Es war mein Wunsch und von meiner Frau einfach mitgemacht der guten Ehe wegen. Brauchen wir beide nicht mehr.

4. Was waren die Ursachen, warum die Beziehung gescheitert ist?

Warum meine Beziehung vor 10 Jahren beinahe gescheitert wäre, habe ich Jahre später erst verstanden und es kommen immer wieder neue Erkenntnisse dazu. Dazu gehört das Reden. Ich weiß, das ist in einer Krise nicht einfach. Mit entsprechender Anleitung und "Schiri" aber möglich. Ich denke an KEK-EPL, kannst du googlen. (EPL ist die Abkürzung von - Ein Partnerschaftliches Lernprogramm und KEK für - Konstruktive Ehe und Kommunikation, es sind Gesprächstrainings für bessere Kommunikation für Paare.)

5. Was würdest du heute anders machen?

Was haben wir tatsächlich gemacht? Wir haben uns ganz bewusst auseinanderbewegt, um wieder zusammen zu finden. Wir haben uns einen kompletten Tag jede Woche freigenommen (geht, da beide selbstständig) und uns an diesem Tag ganz bewusst um unsere Beziehung gekümmert, ohne uns irgendwie mit Aufgaben zuzuballern. Frühstücken, Saunieren, Radeln, in die Berge gehen und das immer mit dem Augenmerk Beziehung. Dieser freie Mittwoch ist uns bis heute heilig. Wenn es schwierig wurde, gab es ganz konzentriert den Clear-Walk. Wir haben uns um fast alle Ebenen gekümmert. Wir meditieren z. B. jeden Morgen zusammen. Wir haben jeden Tag Sex und damit meine ich nicht rumvögeln (sorry), sondern Liebe machen, spüren, fühlen ... Sex steht nicht mehr zwischen uns und ist keine Pflicht mehr, sondern ist wie atmen. Du glaubst nicht, wie oft wir angesprochen werden von Menschen, die auch gerne so eine Beziehung hätten. Du siehst, liebe Gisa, es sprudelt förmlich aus mir heraus.

P.S.: Von meiner Frau gelesen und genehmigt.

Meinen herzlichen Dank für diese Offenheit und Ehrlichkeit im Interview und wie man hier deutlich lesen kann - man kann auch Krisen innerhalb einer Paarbeziehung überwinden, daraus lernen und miteinander in Liebe wachsen.

11.

Mein Rückblick, meine Learnings

Wo stehe ich heute, wer bin ich heute? Wie habe ich mich erfolgreich durch meine Krisen navigiert?

Diese Trennung liegt zum Zeitpunkt der Buchfertigstellung fast 6 Jahre zurück, es hat sich viel bei mir getan und ereignet. Ich habe meine Berufung immer mehr auf das Coaching ausgerichtet und meine Positionierung als Steh-auf-Coach verfeinert und Podcasts, Video-Podcast, Blogartikel, Zeitungsartikel usw. verfasst und veröffentlicht.

Denn mein Leben hat sich durch meine persönlichen Erfahrungen und Krisen entwickelt, nicht weil ich diese Vergangenheit hinter mir gelassen habe, nein, ich habe sie in mein Leben und mein SEIN integriert. Sie macht mich zu der Person, die ich bin.

Viele Menschen beobachten meine Entwicklung und wie ich mich in der Zeit entfaltet habe und wussten, die hat es geschafft und kann mir weiterhelfen. Wie mir letztens eine Klientin so schön sagte: "Das ist nicht nur aus Büchern und Seminaren angelernt, nein, du lebst es auch vor und bist echt und authentisch!"

So entstand der Begriff Steh-auf-Coach. Weil ich immer wieder Menschen in Krisen helfe aufzustehen, sie begleite, wieder in ihre Kraft und Stärke zu kommen. Ihnen vor allem ihren Selbstwert, ihre Selbstliebe und ihr Selbstbewusstsein wieder bewusst mache und stärke. Ich bin ein Wegbegleiter für ihre Resilienz und Steh-auf-Kompetenz. Mehr bin ich nicht, denn sie schaffen es letzten Endes aus eigener Kraft, ich bin nur die Unterstützung.

Privat ist auch alles bestens. Mein Mann und ich wurden nach genau drei Jahren geschieden und er lebt mit seiner NEUEN zusammen. Ich wünsche den beiden auf diesem Weg viel Glück und dass sie in ihren Herzen ankommen mögen. Mein Ex-Mann und ich haben so gut wie keinen Kontakt, was jedoch nicht bedeutet, dass ich vergesse, ihm zu seinem Geburtstag zu gratulieren oder an Weihnachten einen lieben Gruß zu senden.

Unser Sohn wohnt inzwischen in einer WG und studiert. Das Verhältnis zu seinem Vater ist wieder entspannter und die beiden treffen sich regelmäßig. Das war mir von Anfang an wichtig, denn ich bin ohne Vater aufgewachsen und mir war es wichtig, dass mein Sohn seinen Vater hat und diesen ehrt, auch wenn er sich damals so mies verhalten hatte - er hat nun mal nur diesen einen Vater.

Wie sieht es nun bei mir sonst so aus? Ich hatte viele lustige Dates: Da war z. B. der Herr Pfarrer, der beim ersten Date knutschen wollte, und glaub mir, ich habe mit allem gerechnet, nur nicht damit, dass der Herr Pfarrer übergriffig wird. Oder der Doc, bei dem es bei mir sofort gefunkt hatte und ich kein Wort mehr herausgebracht habe und nur noch nicken konnte, weil mein Gehirn da wohl gerade pausiert und völlig ausgesetzt hatte. Wer mich kennt, der weiß, dass es fast unmöglich ist, dass es mir die Sprache verschlägt.

Ich hatte mich über ein Online-Portal angemeldet und gedatet, denn ich war es nicht gewohnt zu flirten oder die Signale zu erkennen, dazu war ich zu unerfahren oder schlicht weg zu doof, sie zu erkennen. Schließlich war ich ja noch nie wirklich auf dem Markt, denn ich war noch nie Single, mein Mann und ich waren seit meinem 15 Lebensjahr ein Paar. Auch zu erkennen, wer war jetzt Single, wer nicht, wer sucht und wer nicht, das war mir zu der Zeit zu kompliziert. Da war für mich das Thema Online-Dating viel einfacher und klarer, so wusste ich, er sucht, ich suche und dann gibt es einen Realitätscheck, ob die Chemie passt oder nicht. So einfach war es und ich hatte keine Erwartung, meinen Traumprinzen mit aller Gewalt zu finden und keine Angst vor Ablehnung.

Wie gesagt, es war eine schöne Zeit und Erfahrung und bei vielen wusste ich schon bei der ersten Begegnung, ja, ich will den Rest meines Lebens ohne dich verbringen!

Dennoch habe auch ich mein Herz wieder geöffnet und meine ganz eigenen Erfahrungen mit Beziehungen machen dürfen und auch wieder Phasen von Liebeskummer, Trauer und wieder verletzt werden erleben dürfen. Doch hätte ich mich nicht wieder der Liebe geöffnet, dann hätte ich auch ganz zauberhafte Momente in meinem Leben verpasst.

Manchmal nimmt die Liebe seltsame Wege und Umwege, aber es ist so schön, das Kribbeln im Bauch zu spüren und die Liebe, Leidenschaft und die Sexualität mit einem Menschen, den man liebt auszukosten.

Genau das wünsche ich dir, einen Menschen, der dich so liebt, wie du bist und den du so nehmen kannst, wie er ist.

Ich wünsche dir viel Glück und neue Lebenslust, denn du bist es wert geliebt zu werden – nur eben von der richtigen Person!

So und jetzt stehe auf und genieße dein Leben, jetzt erst recht! Sei dankbar für alles, was du bis jetzt schon geschafft hast.

Be yourself, strong & beautiful.
Gisa Steeg

12.

Bonusmaterial – ein Koffer voller Möglichkeiten

Der Wegweiser und Begleiter kurz und bündig!

Hier findest du eine Zusammenfassung meiner Tipps und eine Kurzanleitung, den Trennungsschmerz, Liebeskummer zuzulassen und dann loszulassen.

Wenn es bis jetzt noch nicht gefruchtet hat, dann mal los!

1. Annehmen und akzeptieren

Akzeptiere das Ende und das, was jetzt ist – wenn du verlassen wurdest oder der von dir so geliebte Mensch, erwidert deine Liebe nicht. Verlängere deinen Leidensweg nicht unnötig!

Etwas im Leben hinter sich zu lassen bedeutet nicht, dass man es vergisst. Sondern, dass man stark genug ist, zu akzeptieren, was passiert ist und weiterlebt.

2. Höre auf, es persönlich zu nehmen

Ein wichtiger Punkt: Höre auf damit, alles persönlich zu nehmen, verletzt oder gekränkt zu sein. Denn der andere, dein Ex-Partner kann gerade nicht anders, das hat nichts mit dir zu tun, sondern nur mit ihm. Der Partner lehnt nicht dich ab, sondern nur eine Beziehung mit dir.

Achte bitte auf deine Gedanken und wie du über dich sprichst. Frage dich: Was ist mein Bedürfnis dahinter? Warum verletzt es mich so sehr? Woher kenne ich das Gefühl noch?

Kennst du das Lied von Andreas Bourani – Hey? Nachfolgend ein original Textauszug aus dem Lied, weil es so passend ist.

"Hey,
sei nicht so hart zu dir selbst
Es ist OK, wenn du fällst
Auch wenn alles zerbricht
Geht es weiter für dich

Hey,
Sei nicht so hart zu dir selbst
Auch wenn dich gar nichts mehr hält
Du brauchst nur weiterzugehen
Komm nicht auf Scherben zum Stehen."

3. Du kannst niemanden verlieren, weil du niemanden besitzen kannst

Das ist erst mal ein blöder Spruch und Satz. Dennoch hat er bei genauerer Betrachtung sehr viel Inhalt und Wahrheit – leider wollen diese Tatsache viele Menschen, in ihrer Betroffenheit, nicht wahrhaben.

4. Führe ein Glücks- oder Erfolgstagebuch

Das sage ich in jedem meiner Coachings und Seminaren: Führe ein Tagebuch und schreibe dort deine kleinen und großen Erfolge auf. Gerade in der Zeit des Umbruches und wenn Trauer und Liebeskummer den Alltag bestimmt, tut es gut, sich alles einmal von der Seele zu schreiben und auch den Fokus auf all das Positive zu lenken, denn das vergisst man in der Zeit leider all zu gerne.

- Was war heute gut?
- Welches Gespräch hat mich heute weitergebracht?
- Welche Begegnung war heute ein Geschenk für mich?
- Wie habe ich mich gefühlt?
- Was hat mir heute geholfen, meine/n Ex-Partner*in zu vergessen?
- Was war gut und wovon möchte ich mehr?
- Welches Kompliment habe ich heute bekommen?
- Welche Erkenntnisse habe ich heute über mich bekommen?

Du schreibst das Buch deines Lebens, jeden Tag eine neue Seite. Jeden Tag bekommst du ein unbeschriebenes Blatt und darfst es neu beschriften und deine eigene Geschichte kreieren. Nur du entscheidest dich für dein Glück oder Unglück, es ist dein Leben und dein Entscheidungsspielraum.

Schreibe in dein Tagebuch auf die letzte Seite, wie möchtest du nach der Trennung aussehen, welchen Partner möchtest du haben, wie wird dein Leben in 5 Jahren sein?

- Wo wohnst du?
- Mit wem wohnst du dort?
- Wer ist bei dir?
- Wer liebt dich?

5. Aufhören zu jammern

Ich habe noch nie jemanden erlebt, der sich glücklich gejammert hat. Und du? Jammern ist akustische Luftverschmutzung. Frage dich ernsthaft, ob du zu dieser Luftverschmutzung beitragen willst! Deshalb achte auf deine Gedanken und Worte. Wann sprichst oder denkst du in deinem Trennungsschmerz schlecht über dich und deinen Ex-Partner? Deine Worte sind geprägt und gefärbt durch deinen inneren Dialog und durch deine Glaubenssätze. Tun sie dir und deinem Umfeld gut? Wem nutzt es so zu denken, zu reden und zu fühlen?

6. Steige aus der Opferrolle aus

Übernehme die Eigenverantwortung, denn diese verleiht dir die Macht über deine Gedanken und dein Leben. Wenn du die Verantwortung für dich und dein Leben übernimmst, kannst du deine Zukunft in die richtige Richtung lenken. Wir allein sind für unser Leben verantwortlich und auch Schuldzuweisungen an andere ändern nichts an dieser Tatsache!

7. Was war dein eigener Anteil?

Gehe bewusst in die Selbstreflexion und mache dir deinen Anteil klar. Was kannst du in Zukunft besser machen? Denke daran, hier geht es nicht um Selbstanklage, es geht darum, dir bewusst zu werden, was dein Anteil an der Trennung ist oder war. Du nimmst dich und deine Probleme, deine Fehler immer mit und diese werden dir in der nächsten Partnerschaft wieder begegnen, wenn du sie nicht auflöst. Du kannst nur etwas auflösen, wenn es dir bewusst ist.

8. Lass die Trauer zu

Verfalle bitte nicht ins Jammertal, lass es zu und lass es raus. Das ist okay, nicht gelebte und unterdrückte Trauer machen auf

Dauer krank und depressiv. Denke bitte daran, nicht gelebte Trauer ist viel schwieriger zu verarbeiten, weil die Verletzung dahinter nicht verarbeitet wurde. Ein erlittener Verlust ist auch immer ein Weg und ein Fenster, das sich zu alten Wunden öffnet.

“Ein gebrochenes Herz ist auch immer ein offenes Herz”

sagt Louise Hay.

Erst, wenn du deine Trauer lebst, kann deine Wunde heilen.

9. Gefühle annehmen, loslassen und verabschieden

Übungen dazu findest du im Kapitel 5 “Loslassen”.

Schreibe einen Brief, verabschiede dich bewusst von deinem Ex-Partner, lese diesen Brief deinem Ex-Partner imaginär vor, verbrenne oder zerreiße den Brief und verstreue die Asche im Wind oder spüle es die Toilette herunter. Wenn du mutig bist, schickst du es auch tatsächlich an den Empfänger ab. Denn oft ist das größte Problem zwischen zwei Menschen unausgesprochene Gefühle und Worte, diese drehen sich dann wie Windmühlen immer weiter. Es soll schon mal vorgekommen sein, dass der Ex-Partner gar nicht wusste, wie die Gefühle waren und dann zurückgekommen ist mit den Worten: “Ich wusste ja gar nicht, dass du so denkst!” Aber mach dir nicht zu viele Hoffnungen bitte, das sind Ausnahmen.

10. Mache eine sogenannte Energiebilanz

Mache dir eine Liste, was war gut in der Beziehung, was war schlecht. Wo hat dir der Partner gutgetan, wo hat er dir die Energie geraubt? Sei ehrlich zu dir, höre auf, dich hier zu bescheißen und dir alles schönzureden. Hole den Ex-Partner von dem Sockel, auf den du ihn gestellt hast. Warum nur hat er dich verlassen; warum ist die Partnerschaft auseinandergegangen, wenn doch alles so großartig war?

11. Gönne dir etwas Schönes

Kaufe dir ein Sinnbild, ein Symbol, einen emotionalen Anker für deine Trennung, besser gesagt für deinen positiven Neubeginn. Etwas, das du dir schon lange gewünscht hast, etwas, das dir Freude bereitet und mit dem Ex-Partner so gar nichts zu tun hat. Das kann ein Buch sein, eine Reise, ein Schmuckstück, ein Geldbeutel, etwas, das in dir ein positives Gefühl und eine positive Emotion auslöst. Du darfst jetzt alles, und zwar restlos alles, was dir guttut und wenn es Schokolade oder Eiscreme im Bett ist.

12. Ändere deine Gewohnheiten

Gehe woanders einkaufen, kaufe dir andere Dinge ein, gehe in andere Restaurants und nicht mehr in dieselben, wie mit deinem Ex-Partner. Ändere deine Gewohnheiten und Rituale, die mit deinem Ex-Partner zusammenhängen, das erinnert dich alles nur an die gemeinsame Zeit und gibt dir einen neuen Stich ins Herz.

13. Breche den Kontakt ab

Wenn es dir möglich ist und keine Kinder da sind, die es notwendig machen, breche den Kontakt ab. Es muss jedoch nicht für immer sein, nur so lange, bis du wieder stabil bist. Klingt hart, ist aber sehr heilsam.

Vor allem ist es der wichtigste Punkt, wenn es sich hier um eine Trennung von einem Narzissten oder Psychopathen handelt.

Jeder weitere Kontakt wirft dich nur zurück. Was vorbei ist, ist vorbei.

Wenn Kinder da sind, beschränke die Kommunikation auf das Nötigste und bleibe sachlich. Tausche dich über Medien wie E-Mail oder WhatsApp aus, um emotionale Ausbrüche zu vermeiden.

Die Übergabe der Kinder gestaltest am besten über “Mittelsmänner” – lass den Ex-Partner beispielsweise die Kinder in der

Schule oder bei der Oma abholen, um weitere Konflikte zu vermeiden, bis du wieder stabil genug bist.

14. Suche den Austausch

Tausche dich mit Freunden aus. Manchmal ist ein Gespräch mit einem/r Freund/Freundin die beste Therapie. Achte bitte darauf, dein Gegenüber nicht mit Jammern zu überfordern oder zu erschlagen.

Rede oder schreibe dir alles von der Seele, aber dann darf es auch wieder gut sein.

Spreche auch mit anderen, die schon länger in einer Beziehung waren und die auch Phasen des Alleinseins erlebt haben. Profitiere von den Erfahrungen, dem Wissen und höre genau zu. Da ist viel Nützliches und Dienliches für dich und deine Zukunft drin. Denn es gibt nicht nur eine Person, die es schon vor dir geschafft hat.

15. Kreiere dir eine neue Zukunft

Schaffe dir neue Rituale für deinen Neubeginn:

- Triff dich regelmäßig mit Freunden.
- Beginne mit einem neuen Hobby, z. B. nach der Arbeit joggen gehen, oder spazieren gehen, ins Fitness-Studio.
- Lese vor dem Schlafen gehen ein tolles Buch.
- Schreibe dein Tagebuch von dem Schlafen gehen ...
  ... abends, was war heute gut
  ... morgens, wie wird mein Tag, was sind meine Ziele für heute

16. Sorge gut für dich und lenke dich ab

Ablenkung tut dir gut und du hast sie verdient.

Mache endlich etwas, wozu du in der Beziehung keine Zeit mehr hattest und schon lange mal wieder tun wolltest. Geh ins Kino, entspanne dich in der Sauna, mache Yoga, geh in der Natur spazieren. Umarme einen Baum, wenn du dazu keine Lust hast, lehne dich an, setze dich darunter und spüre die Energie und die Kraft der Natur. Für die einen ist der Wald die Kraft- und Energiequelle, um aufzutanken, für die anderen ist es das Wasser und Meer, oder das Bergsteigen. Was immer dir guttut, worauf immer du schon einmal Lust hattest, tue es!

17. Power dich aus

Bewegung heilt! Jede Bewegung hilft dir dabei, dass dein Körper Glückshormone ausschüttet - also bewege dich, um deine Hormone zu bewegen. Denn diese Aktivitäten lenken ab und beruhigen gleichzeitig dein Gedanken-Karussell.

Mach Sport und nimm den “Arschtritt deines Lebens”, um Schwung zu holen für dein neues Leben!

18. Packe deinen Notfallkoffer für deine emotionale Rettungsinsel

Was wäre, wenn du dir einen Notfallkoffer packen könntest, auf den du jederzeit Zugriff hast und der dich schnell auf gute Gedanken und aus deinem Tief herausholen kann. Eine Notfallbox gefüllt mit Kostbarkeiten, die dich emotional in einen anderen Zustand bringen.

Es reicht, wenn du dir ein Blatt Papier nimmst und auf diese Liste Dinge und Aktivitäten schreibst, die dich wieder in einen Gute-Laune-Zustand versetzen. Teile es in verschiedene Zeitzonen ein, da wir nicht jeden Tag gleich viel Zeit zur Verfügung haben. Es gibt so viele Dinge, die uns guttun und die wir uns täglich gönnen können und dürfen.

19. Positive Gedanken

Was ich damit meine? Du kannst die Tatsache, dass dich dein Ex-Partner verlassen hat nicht ändern. Was du ändern kannst, ist deine Einstellung, deine Gedanken und damit auch deine Gefühle.

Verändere dein Denken, um durch die Trauer und den Verlust besser hindurchgehen zu können! Denke an die gemeinsamen Momente und den Menschen sehr liebevoll. Sei einfach mal dankbar für die Zeit, die ihr gemeinsam haben durftet.

20. Dein Leben entrümpeln

Verbanne deinen Ex-Partner aus deinem Leben.

- Lösche seine Kontaktdaten und alle Kontakte in sozialen Netzwerken. Du willst doch nicht ernsthaft mitbekommen, was deine verflossene Liebe in seinem neuen Leben macht und mit wem? Höre auf, dich zu quälen.
- Kaufe dir neue Bettwäsche und oder gleich eine neue Matratze.
- Stelle deine Wohnung um.
- Entrümple gemeinsame Bilder, ab in eine Kiste und in den Keller damit.
- Weg mit Urlaubserinnerungen und Kleidungstücken, gemeinsamen CDs, DVDs.

21. Verändere dein Äußeres

Geh zu einem guten Friseur, mach eine Typ- oder Make-up-Beratung mit. Bringe dein inneres Strahlen nach außen. Kauf dir ein paar großartige Klamotten und traue dich, etwas Neues auszuprobieren. Sei mutig! Das müssen nicht die teuersten Klamotten sein, vielleicht ist es auch mal witzig, auf dem Flohmarkt oder im Second-Hand zu stöbern oder im Schlussverkauf?

22. Flirte mal wieder!

Flirten bedeutet nicht, gleich wieder auf die Partnersuche zu gehen. Nein, es tut einfach mal gut, jemanden anzulächeln und ein Lächeln zurückzubekommen. Nur mal so seinen Marktwert testen und das Selbstbewusstsein stärken. Ein hochwirksames Mittel gegen Trennungsschmerz und Liebeskummer. Lass dich einfach wieder ins pralle Leben fallen.

23. Belohne dich

Ja, belohne dich für deine Erfolge, seien sie noch so klein und winzig, schreib alles in dein Erfolgstagebuch. Mach mal mit Freunden eine kleine Party, freue dich deines neuen Lebens, lass Leichtigkeit in dein Leben, weil du es wert bist.

Sei dankbar für alles, was du bis jetzt schon geschafft hast!

Ich wünsche dir viel Glück und neue Lebensfreude, denn du bist es wert, geliebt zu werden. So und jetzt stehe auf und genieße dein Leben – jetzt erst recht!

Dating-Tipps – Flirten leicht gemacht

Zu jedem Neubeginn und Loslassen gehört, sich wieder neu zu orientieren und sich früher oder später auf eine neue Beziehung einzulassen. Und dazu bedarf es eben hier und da ein neues Date und ein Kennenlernen.

Ein erstes Date macht jeden nervös und es ist egal, wie alt oder lebenserfahren du schon bist. Es hat ja auch etwas von einem Bewerbungsgespräch.

Ich habe dir hier meine Erfahrungen, die von meinen Klienten und meiner Freunde zusammengefasst. Und hoffe, dass sie dir die Angst vor einem Date etwas mildern oder nehmen können. Übrigens, für Männer und Frauen gelten andere Regeln und es kommt darauf an, wie und wo man sich zum ersten Mal begegnet. Ist es eine zufällige Begegnung, oder kommt das Kennenlernen über eine Online-Plattform, sprich eine Partnerbörse zustande? Egal wie, es wird auch für dich der eine oder andere richtige Tipp dabei sein.

1. Der erste Schritt: deine klare Entscheidung

Es ist egal, ob du dir ein Online-Profil erstellst, dich bei einem Dating-Portal anmeldest oder auch so jemanden im echten Leben kennenlernen möchtest.

Vor all dem steht eine bewusste Entscheidung, ein "JA, ich öffne mich bewusst für einen neuen Lebensabschnitt und die Bereitschaft, mich auf eine neue Beziehung oder Liebe einzulassen."

Wenn du hier nur eine Ablenkung suchst, um vom Kummer und Schmerz wegzukommen, oder der andere soll dir deine Lücke oder Leere füllen, dann ist das schon von vorneherein zum Scheitern verurteilt und der falsche Weg.

Stell dir vor, du lernst jemanden kennen in der Absicht, dass daraus eine neue Beziehung oder Partnerschaft wird und du bist nur ein Trostpflaster für dein Gegenüber, ein Lückenbüßer oder ein sexuelles Abenteuer. Du wirst geradezu für die Bedürfnisbefriedigung deines Gegenübers missbraucht. Willst du das? Willst du jemanden zu deinem Lückenbüßer machen? Nicht wirklich, oder? Dann ist es auch fair, niemanden zu deinem emotionalen Trostpflaster, oder zum Sprungbrett aus dem Liebeskummer zu machen.

2. Du wirst aktiv

Nach der Entscheidung und dem Entschluss kommst du ins Handeln. Bitte beachte, dein erstes Date beginnt schon weit vor der ersten Verabredung, oder den ersten zarten Blickkontakten. Es beginnt bereits beim "Offline-kennenlernen" oder sogar schon während du dein Dating-Profil ausfüllst - das ist wie ein Bewerbungsschreiben und dessen musst du dir bewusst sein. Du stellst die Weichen für die Qualität deiner zukünftigen Begegnungen. Denn wenn du dich so gibst, wie du bist, echt ehrlich, mit dem richtigen Outfit oder den richtigen Bildern, kannst du die richtigen Erwartungen wecken. Nur so ziehst du passende, vielversprechende Kandidaten an. Sei also ehrlich und verrate interessante Details! Und für Profilfotos gilt: Darauf solltest du gut aussehen. Sie sollten aktuell sein, nicht mit tausend Filtern oder mit Photoshop bis zur Unkenntlichkeit bearbeitet und gefaked. Geschönte Portraits bescheren zwar viele Interessenten, sind fürs Date aber hinderlich, da der andere eigentlich jemand anderes erwartet. Bitte sei zu dir und deinem Gegenüber ehrlich. Es kommt spätestens beim ersten Date heraus, dass das Profilbild schon 10 Jahre alt ist und du inzwischen 20 Kilo mehr wiegst. Dann wird es für beide Seiten peinlich, richtig peinlich. Du möchtest sicherlich nicht, dass dein Dating Partner, wenn er zur Türe hereinkommt, dich erblickt, sich sofort umdreht und dich im Schock und der Enttäuschung stehen lässt? Das ist alles schon passiert und im schlimmsten Fall bekommst du noch einen blöden Spruch, bevor der andere den Abgang macht.

3. Verabrede dich für dein erstes Date zügig

Wenn wir jemandem neu begegnen, ist es immer spannend, aufregend und wir sind neugierig auf das, was kommt und wie die Person ist. Das Kennenlernen im Internet verläuft quasi entgegengesetzt zum normalen Dating. Zuerst erfahren wir ganz viel über jemanden, dann erst bekommen wir den Menschen zu Gesicht. Genau diese Tatsache kann dazu führen, dass wir in E-Mails und Nachrichten sehr viel hineininterpretieren, uns einen Wunschkandidaten zusammenfantasieren, zusammenbasteln und auf den wir all unsere Sehnsüchte und Wünsche projizieren. Das wird dann auch gerne vom Gegenüber geschürt, denn man spürt genau, was ankommt, was gefällt und was man hören will und manche trauen sich online mehr, als offline. Wir wissen ja, Wünsche können durch die Sehnsucht sehr laut werden. Wir bauen ein Bild von einem Menschen auf, den es so gar nicht gibt. Es entwickeln sich vielleicht schon die ersten Gefühle und Emotionen, das erste verliebt sein stellt sich ein.

Dann kommt das Erwachen, wenn wir dem anderen gegenüberstehen und merken, dass wir ihn, im wahrsten Sinne des Wortes, nicht riechen können. Da stimmt die Chemie nicht, er oder sie sieht nicht aus wie auf den Bildern, spricht nicht so, wie wir es erwartet hatten, weil das Schreiben viel gewählter und schöner war.

Also verrenne dich nicht in Fantasiegespinste, sondern verabrede dich schnell zum ersten Date und machen den "Realitätsabgleich". Mache einen Check-up und frage dich ehrlich, passt die Vorstellung, die du dir von der Person gemacht hast, mit der Realität überein?

Nur so verhinderst du, dass deine Seifenblase platzt und du dich emotional schon verrannt hast. Du ersparst dir unnötigen weiteren Kummer.

Denn genau das habe ich schon öfters in meiner Praxis gehört. Am Telefon war alles so schön, die E-Mails waren so voll liebevoller Worte und voller Gefühl und dann sitzt die Person schweigend gegenüber, oder spricht völlig anders. Oder noch schlimmer, hat überhaupt keinen Anstand oder Tischmanieren, sodass man sich schon fremdschämen muss.

Deshalb meine Empfehlung, nicht lange fackeln, gleich mal zum Date wackeln. Denn die meisten erkennen schon nach ein paar Minuten, dass sie den Rest ihres Lebens ohne diese Person verbringen möchten und ob es überhaupt passt - bei anderen funkt es sofort und sie sind Feuer und Flamme. Dir kann also alles passieren, sei einfach, locker, offen, du selbst und nicht enttäuscht, wenn dein Gegenüber kein Interesse entwickelt, es liegt nicht an dir, sondern an der anderen Person.

4. Sei realistisch und erwarte nicht beim ersten Date die große Liebe

Ich kenne viele Klienten und Freunde, die sich zu viel Hoffnung gemacht haben den Traumprinzen oder die Traumfrau zu treffen und dass sofort die Funken sprühen, leider sind sie dann enttäuscht von dannen gezogen.

Bedenke auch hier: Deine Erwartungshaltung bestimmt deinen Enttäuschungsgrad.

Nein, ich möchte dir nicht den Mut nehmen, sondern dich vor Enttäuschungen bewahren.

5. Keine Erwartungshaltung - baue keine Luftschlösser

Ich kann es nicht genug betonen, denn nur wenige Menschen können gut mit Ablehnung und Zurückweisungen umgehen.

Aufhören zu träumen, oder besser gar nicht erst anfangen zu träumen, das schützt wie gesagt vor Desillusionierung und Frustration.

Denn wenn du jetzt schon in Gedanken bereits die erste gemeinsame Reise planst oder überlegst, ob die Wohnung groß genug für zwei ist, ihr Kinder bekommt usw., dann tappst du voll in der Romantikfalle. Oder wenn du dir jetzt schon ausmalst, wie er/sie sich in Zukunft verhalten soll, sind das einzig deine Träume und Luftschlösser. Ihr seid noch lange nicht so weit und du machst dich verletzlich. Ich habe das schon oft gehört und auch, wie es das Gegenüber sofort in die Flucht geschlagen hat.

Mache dir das bitte bewusst: Ein erstes Date ist kurz und bündig, ein erstes Beschnuppern, wie ein Erstgespräch bei einer Bewerbung. Nicht mehr, nicht weniger. Die meisten Menschen wissen eh nach wenigen Minuten, ob es funken könnte. Es geht also nur darum, die Chemie zu überprüfen und auch wenn es seltsam klingt, freue dich einfach auf einen netten Abend, ein nettes Kaffee-Trinken oder eine interessante Begegnung, mehr nicht. Deine Erwartungshaltung bestimmt deinen Enttäuschungsgrad und den Grad deiner Frustration und du fühlst dich wieder abgelehnt und verletzt.

6. Bewegung ist nicht nur heilsam, sondern tut auch noch gut

Sicherlich kennst du das auch – du bist vor dem ersten Date nervös, hast Angst, die Stimme versagt, dir fällt vor lauter Aufregung nichts ein? Gesprächspausen sind dir peinlich? Mach dir nichts daraus, Gesprächspausen beim Date sind kein Drama, sondern ganz natürlich. Schließlich müsst ihr euch erst aufeinander einstellen und dazu gehört, dass man nicht wie ein Wasserfall redet, sondern die Gedanken auch mal schweifen lässt, um Raum für neue Themen entstehen zu lassen. Wenn ihr einander steif gegenübersitzen müsst und direkten Blickkontakt habt, z. B. im Restaurant, dann können sich Schweigemomente schon mal unangenehm anfühlen. Daher eignen sich für ein erstes Date Aktivitäten in Bewegung, z. B. ein Spaziergang oder ein Bummel durch eine Ausstellung. Die Atmosphäre und das Miteinander ist automatisch lockerer, es ergeben sich von selbst neue Themen durch die Eindrücke links und rechts. Selbst eine Minute ohne Gespräch bleibt so entspannter, ohne dass du dem Blick des anderen standhalten oder ausweichen musst. Danach ist ein Kaffee oder Tee viel lockerer zu genießen, oder wenn es nicht passt, kannst du dich schneller verabschieden, ohne das Gesicht zu verlieren.

7. Ein No-Go – einen Fragenkatalog abarbeiten

Du meine Güte, das habe ich schon persönlich erlebt, da wurde entweder beim ersten Telefonat oder spätestens beim ersten Date ein Fragenkatalog abgearbeitet, um zu prüfen, ob man kompatibel ist und in die engere Wahl kommt. Das ist ein absolutes No-Go, es ist ein Date und kein Verhör. Das Einzige, was damit erreicht wird, ist das vorzeitige Ende des ersten Dates.

8. Fühle dich selbstbewusst, aber nicht selbstherrlich!

Frauen lieben selbstbewusste Männer, aber keine Machos. Männer mögen keine schwachen, unselbstständige Frauen, aber auch keine dominanten, sondern selbstsichere Damen, gerne auf Augenhöhe.

Doch wer kennt es nicht, wenn Nervosität im Spiel ist, ist es bisweilen ein schmaler Grat zwischen Souveränität, Unsicherheit und Überheblichkeit. Manchmal kommt man sich selbst wie ein Schauspieler vor, oder hat das Gefühl, hier stimmt etwas mit dem Gegenüber nicht.

Es gibt Männer, die tendieren bei den ersten Dates dazu, etwas zu dick aufzutragen. Sei dir sicher: Die Frau interessiert sich weder für dein Haus, dein Auto, dein Boot (und wenn, sorry, dann ist es die Falsche) – die Frau interessiert sich für dich! Für den netten Kerl, der hinter all dem steckt, also ganz cool und souverän bleiben und bitte auf dem Boden der Tatsachen.

9. Über den Ex-Partner herziehen

Über den oder die Ex-Partner*in herziehen ist ein weiteres absolutes No-Go. Man kann schon mal erzählen, warum es auseinandergegangen ist und warum es zur Trennung gekommen ist, aber dann ist es auch wieder gut. Niemand will beim Kennenlernen die Horror-Storys der Verflossenen hören oder wie viel Dats oder Eroberungen du schon hattest.

10. Vergleiche anstellen

Wie gruselig, wer will schon mit dem Ex-Partner verglichen werden oder noch schlimmer mit der Mutter oder dem Vater. So was kommt immer mal wieder vor erzählen mir meine Klienten und es ist mir auch schon passiert, dass ich verglichen wurde.

11. Forderungen oder Ansprüche stellen

Es ist spannend, wie Männer sich Frauen gegenüber verhalten, indem sie einer kurzhaarigen Frau beim ersten Date sagen, ich bin gespannt, wie du mit langen Haaren aussiehst, ich hatte immer Frauen mit langen Haaren. Oder, ich stelle dich auf Skier und dann wirst du mit mir Spaß haben, aber die Frau hasst Schnee ...

Ich hatte mal ein Date und der Treffpunkt war vor dem Haus des Dates. Dort konnte ich gut parken. Wir waren auf eine Veranstaltung gegangen und hatten einen entspannten Abend. Auf dem Rückweg fragte er freundlich, ob er mir nur mal so sein Haus zeigen dürfte. Er hatte mir dann sein ganzes Haus gezeigt und sich schon bildlich vorgestellt, wie ich und mein Sohn einziehen werden und welche Zimmer ich bekomme für mein Business und wo mein Sohn wohnt usw. Bei mir hatte es den Fluchtreflex ausgelöst und das Knirschen meiner Absätze war laut zu hören. Ich war schneller weg als du dir denken kannst. Er wäre sicherlich eine gute Partie gewesen, nur nicht so und nicht für mich.

12. Achte auf deinen Alkoholkonsum

Besoffen zu flirten, ist wie hungrig einkaufen zu gehen - du nimmst Dinge mit nach Hause, die du gar nicht willst. Es hinterlässt immer einen bitteren Nachgeschmack, wenn Frau oder Mann sich volllaufen lässt beim ersten Date.

Quellen- und Literaturverzeichnis

Nathalie Bodin,

Ho´oponopono

Silberschnur Verlag 2014

Louis Hay, David Kessler

Heile dein Herz; Wege zur Liebe und Kraft nach Trennung, Verlust und Abschied

Ullstein Buchverlage GmbH, Berlin, Ausgabe 2014

Elena-Katharina Sohn

Goodbye Herzschmerz

Eine Anleitung zum Wieder-Glücklichsein

Ullstein Buchverlage GmbH Berlin 2016

Erich Fromm:

Die Kunst des Liebens

Edition Erich Fromm; Auflage: 1 (19. Dezember 2014) Kindle Edition

Taschenbuch vom Deutschen Taschenbuchverlag GmbH & Co. KG München,

13. Auflage 2007

Bruce H. Lipton:

Intelligente Zellen. Wie Erfahrungen unsere Gene steuern,

Burgrain 2007

Ramona B. Wagner

EFT - Klopftechnik für Gesundheit und Wohlbefinden,

Silberschnur Verlag 2017

Kontaktadressen:

Der Veranstalter war active & friends, der Aktivurlaub & Reisen für Singles (Stand Sep. 2019) www.activeandfriends.de

Kinder und Jugendberatung:

In Notfällen du kannst rund um die Uhr anrufen!

Kummertelefon für Kinder und Jugendliche: 0800/1110 333

Telefonseelsorge: 0800/1110 111 oder 222

Oder du schaust dich online bei diesen Anbietern um und nutzt deren Hilfe-Angebote:

www.bke-jugendberatung.de

www.youngavenue.de

www.nummergegenkummer.de

www.telefonseelsorge.de

www.das-beratungsnetz.de

www.u25-beratung.de

Danksagung

Ich möchte all den Menschen danken, die mich durch meinen Trennungsschmerz, meine größten Krisen, meine Wut, meine Trauer, meinen Zorn des "Verlassen-worden-seins" getragen, gehalten und begleitet haben und mich immer noch lieben und meine Freunde geblieben sind. Schön, dass es euch gibt.

Danke Romy, beste Freundin ever. Danke Gaby, meine Wingwave-Kollegin und Rettung in der Zeit. Danke Michael und meiner langjährigen Freundin Gerlinde.

Ich danke meinem großartigen Sohn Jan und vor allem auch seinen Freunden, die ihn dort gestützt und gehalten hatten, wo ich es zu der Zeit nicht konnte, weil er es nicht wollte. Danke Malte und Jochen, die immer noch für ihn da sind.

Auch möchte ich meinem Ex-Mann danken, für all die vielen wundervollen Jahre, die wir gemeinsam verbringen durften und die dieser Trennung vorausgingen.

Wir hatten jahrelang gemeinsam den Schwierigkeiten des Alltags getrotzt und uns immer wieder zusammengerauft, um Höhen und Tiefen zu überstehen. Ich danke ihm für das größte Geschenk, das er mir und meinem Leben machen konnte - unseren Sohn Jan. Ich hätte mir keinen besseren, liebevolleren Vater für mein Kind aussuchen können und ich würde ihn wieder als Vater wählen. Ich würde alles wieder so machen, wie es war, auch mit dem Wissen, das ich heute habe und den Wunden, die er mir in der Trennung zugefügt hatte.

Selbst, wenn ich es ihm nie gesagt hatte: Ich bin dankbar, dass er gegangen ist, er hätte es nur nicht so mies tun sollen. So ein Ende hatte ich nicht verdient, niemand hat es verdient, so behandelt oder verlassen zu werden.

Und ich kann auch verstehen, dass seine NEUE ihren Mann verlassen hat und sich einen Neuen suchte. Es hätte eben nur nicht mein Mann sein müssen.

Heute bin ich sehr dankbar für alles, was war, auch wenn es sehr schmerzlich war. Ich durfte diese und viele meiner alten Wunden aufarbeiten und daran wachsen. Ich durfte mal wieder aufstehen, mich neu definieren und dabei erkennen, wer ich bin und was ich will.

In Liebe, Verbundenheit und Dankbarkeit
Gisa

Die Autorin

Gisa Steeg, Steh-auf-Coach, Persönlichkeitstrainerin und Autorin.

Jahrgang 1970, lebt in der Nähe von Heidelberg.

Inhaberin von Gisa Steeg Coaching und Persönlichkeitstraining und Power Emotion Room.

Sie ist ausgebildeter Business-Coach, Hypnose-Coach, systemische Beraterin, NLP-Master, Kommunikationstrainerin, Wingwave-Coach und auch im Bereich Massage und Wellness weist sie tiefgreifende Ausbildungen auf, wie z. B. Shiatsu- und Massage-Praktikerin, Aroma-Expertin, Ayurveda-Massagen, Naturkosmetikerin u. v. m.

Die Autorin ist Unternehmerin mit Erfahrung im Umgang mit Kunden und Menschen aus mehr als 25 Jahren.

Ihr Spezialgebiet sind Coachings und Seminare rund um das psychische und physische Wohlbefinden der Menschen und einen erfolgreichen Außenauftritt, Selbstbewusstseins- und Persönlichkeitstraining. Dabei steht der Mensch immer im Mittelpunkt. Gisa Steeg ist Wegbegleiterin und unterstützt Menschen in ihren größten Lebenskrisen, wieder in die Kraft und Lebensfreude zu kommen. Sie entwickelt mit ihnen ein Steh-auf-Coaching und Resilienz-Programm.

Die von ihr entwickelte Methode POWER EMOTION ROOM bietet einen kraftvollen Raum für Emotionen, Regeneration, Entfaltung und emotionales Wachstum. Dabei verbindet sie Entspannung und Coaching, Massage und Körperarbeit. Durch gezielte Körperachtsamkeitsübungen, Berührungen und verschiedene Coaching- und Entspannungsmethoden verändert sie das Körper- und Unterbewusstsein und löst die emotionalen Blockaden und Stress auf und löst körperlichen Verspannungen ursächlich auf.

Ihr Motto: Krisen überwinden, Lebensfreude finden, einfach mehr Lebenslust, statt Lebensfrust!

#spürbarstarkvonINNEN

160 Seiten, broschiert
ISBN 978-3-89845-413-1
€ [D] 12,95

Fritz Weber

Finde, was dir dein Partner nicht geben kann

In unserer Partnerschaft sind wir oft gefangen in unerfüllten Sehnsüchten und benutzen einander, um uns scheinbar besser und glücklicher zu fühlen. Damit versuchen wir unbewusst, von der Energie des anderen zu leben, statt in uns selbst die wahre Quelle der Erfüllung zu finden und unser Lebensglück selbstverantwortlich in die Hand zu nehmen.
Fritz Weber lädt uns zu einer spannenden Wandlungsreise zu unserem eigenen, großartigen Potenzial an Liebe, an Glücksfähigkeit und damit auch an neuer Freude am Leben ein. Sein Buch ist kein üblicher Beziehungsratgeber, sondern ein Weg zur Heilung und Erfüllung unserer tiefen Sehnsucht nach Liebe.

224 Seiten, broschiert
ISBN 978-3-89845-511-4
€ [D] 14,95

Julia Kathan

Alles für ein bisschen Liebe?

Schluss mit Warten & Schmachten. Liebessucht erkennen und heilen.

»Liebessucht« betrifft weit mehr als einen kleinen Kreis von Frauen, die dazu neigen sich auf Liebe und Beziehung als Lebenselixier zu fixieren.
Julia Kathan räumt schonungslos auf mit dem endlosen Warten auf Mr. Right und beschreibt lebensnah und humorvoll die Ursachen, die in die Liebeskummerschleife führen – und inspiriert dazu, sich selbst zu verändern, anstatt immer neu den zwecklosen Versuch zu starten, den Liebespartner verändern zu wollen. Und so macht sie Lust darauf, sich in die Liebe, die nicht wehtut, zu verlieben und unberührtes Neuland zu betreten.

464 Seiten, broschiert
ISBN 978-3-89845-112-3
€ [D] 19,90

Walter Rotter

Charaktere erkennen – Menschen verstehen

... miteinander glücklich sein

Eine echte Sensation! Nach über drei Jahrzehnten intensiver Studien und beratender Tätigkeit ist Walter Rotter – allein auf der Grundlage des Geburtsdatums und der Geburtsstunde – in der Lage, den Charakter jedes Menschen zu erfassen, den Zugang zu diesem zu finden und ihn im Herzen zu berühren.
Mit Hilfe dieses Buches wird nun auch Ihnen der Zugang zu vielen Menschen erleichtert werden. Lassen Sie sich überraschen von der Vielfältigkeit dieser wunderbaren Grundcharaktere, lernen Sie sie zu verstehen – und Sie werden ein erstaunliches Feedback erhalten ...

288 Seiten, broschiert
ISBN 978-3-89845-420-9
€ [D] 14,95

Larisa Renar

Die Macht der Weiblichkeit

Die Macht weiblicher Energierituale
Dieses Buch beschreibt die Stärken der weiblichen Energie, die schönen Schwächen, die unglaublichen Möglichkeiten und die süßesten Mächte der Erde. Entdecken Sie mit diesem voller Charme geschriebenen Buch Ihre Weiblichkeit, die Macht der Verführung und das Geheimnis, wie Sie Ihre Wünsche realisieren.
Tauchen Sie ein in die moderne Welt von Larisa Renar und in die Welt des frühen 20. Jahrhunderts der Fürstin Varvara Renar. Profitieren auch Sie wie die Autorin von den Kenntnissen der Urgroßmutter, von den Verführungsrezepten und dem geheimen Wissen über die weibliche Macht – und werden Sie zur modernen Liebesgöttin ...

240 Seiten, broschiert
ISBN 978-3-89845-502-2
€ [D] 16,95

Maria G. Baier-D'Orazio

Vom Vergnügen älter zu werden

Fit, frech, fröhlich, frei das Leben genießen

Fit, frech, fröhlich, frei in jedem Alter – das ist kein Traum. Denn ein lebendiges Alter ist möglich – und auch Sie können das erreichen.
Wie? Indem Sie mit Leidenschaft Ihr Leben gestalten anstatt das Älterwerden einfach nur zu »überstehen«, denn dann werden Sie viel müheloser durch jedes Alter gehen.
Dieses Buch hilft Ihnen dabei, hinderliche Denkmuster zum Alter abzubauen und daran zu glauben, dass Älterwerden ganz anders gehen kann. Legen Sie los und freuen Sie sich auf ein spannendes, authentisches Leben!

152 Seiten, Flexocover
ISBN 978-3-89845-591-6
€ [D] 12,95

Werner Ablass

Nichts ist, wie es scheint

Entzaubert siehst du nur (Selbst-)Liebe

Liebe ist nicht nur die stärkste, sondern die einzige Kraft im Universum. Sie ist in allem, was existiert. Sie ist das Eine, das sich Zweiheit – unsere Welt der Gegensätze – »gezaubert« hat, um sich darin selbst zu erfahren und zu begegnen. Somit ist alles, was wir wahrnehmen, nur ein Zauber, nicht die Realität. Wer diesen Zauber durchschaut und dabei »entzaubert« wird, begreift, dass alles, was geschieht, aus Liebe geschieht, selbst wenn es wie ihr Gegenteil erscheint.
Eine völlig neue Sichtweise eröffnet sich, die dem Hadern mit sich und der Welt ein Ende bereitet und durch die Gewissheit ersetzt, endlich »angekommen« zu sein.

152 Seiten, mit Abbildungen, 4-fbg., Klappenbroschur
ISBN 978-3-89845-437-7
€ [D] 14,95

Nathalie Bodin

Ho'oponopono

30 Formeln zur Lösung von Konflikten

Entdecken Sie Ho'oponopono ganz praktisch für Ihren Alltag. Nathalie Bodin konzentriert sich auf das Wesentliche im hawaiianischen Vergebungsritual: Die Lösung von Konflikten, wie dies in seinen historischen Anfängen der Fall war. Sie hat das ursprüngliche Ritual wiederaufgegriffen und an das moderne westliche Leben angepasst. Sie bringt uns Ho'oponopono nahe, indem sie uns an 30 alltäglichen Situationen zeigt, wie wir Konflikte erfolgreich mit der Energie des Verzeihens und des Reinigens auflösen können.
Entdecken Sie Weisheit des Ho'oponopono, die auf jeden Konflikt auch in Ihrem Leben anwendbar ist!

176 Seiten, 2-fbg., broschiert
ISBN 978-3-89845-467-4
€ [D] 12,95

Franziska Krattinger

Woran Pechvögel hängen und worauf Glückspilze aufbauen

Alles beginnt klein und endet groß

Wir bestimmen unser Leben aus der Kraft unserer Gedanken und Gefühle. Doch wir sind oft in Denk- und Gefühlsgewohnheiten gefangen.
Franziska Krattinger beschreibt die Stolpersteine, genannt Gewohnheiten, und zeigt die Lösungen dazu. Die Möglichkeiten zur Verbesserung unseres Lebensgefühls sind verblüffend einfach, wirkungsvoll und für jedermann leicht anzuwenden… Ein kleines Buch mit großer Wirkung, da es die Kraft des positiven Denkens in uns entfacht!

128 Seiten, 2-farbig, Flexocover
ISBN 978-3-89845-584-8
€ [D] 12,95

Jessica Lütge

Alles, was du über dich wissen musst

222 Fragen zum Ausfüllen und Staunen

Jeder von uns hat in seinem Leben schon unzählige unwichtige Fragen beantwortet. Doch was ist mit den wirklich wichtigen Fragen? Denen, die tiefer gehen, die zeigen, was uns ausmacht und wer wir tatsächlich sind?
Jessica Lütge schöpft aus ihrer psychologischen Praxis und hat 222 Fragen formuliert, deren Antworten erstaunliche Selbsterkenntnisse zutage fördern. Man lernt sich so von einer Seite kennen, die einem bisher verborgen blieb.
Entdecke dein neues Leben und sei neugierig, was in der nächsten Zeit alles passiert.

160 Seiten, broschiert, mit abgerundeten Ecken
ISBN 978-3-89845-628-9
€ [D] 11,00

Kurt Tepperwein

Entdecke dich neu und werde glücklich

Was macht Sie glücklich? Ein schöner Urlaub, eine Gehaltsaufbesserung oder ein neuer Lebenspartner? Die Jagd nach dem Glück ist so alt wie die Menschheit selbst.
Aber was ist Glück? Und wer weiß wirklich, wie man es erlangen kann? Ratschläge für ein besseres Leben gibt es zur Genüge, doch oft bleibt es bei leeren Versprechungen. Bestsellerautor Kurt Tepperwein wagt sich nun mit Humor und Tiefe an das Thema und zeigt, wie wir dem Leben eine neue Richtung geben und uns regelrecht auf Erfolg programmieren können. In kurzweiligen Übungen lernen Sie, was Sie sich wirklich ersehnen, erhoffen und wünschen. Und was Sie tunlichst unterlassen sollten, um das Glück nicht zu vertreiben.

202 Seiten, gebunden mit Schutzumschlag
ISBN 978-3-930243-30-3
€ [D] 10,80

Werner Ablass

Leide nicht – liebe

Über die Liebe zur Liebe ohne Objekt

Alles im Kosmos basiert auf Schwingung und Resonanz. Wer leidet, befindet sich auf einer tiefen Schwingungsebene und zieht dementsprechend negative Lebensumstände an. Wer liebt, schwingt auf der höchstmöglichen Schwingungsebene und wird dadurch automatisch zum Magneten für Harmonie, Glück und Erfolg. Werner Ablass zeigt, wie man in die Schwingung von Agape gelangt – einer Liebe, bei der das Objekt zweitrangig ist. Das heißt: Man liebt nicht, weil man bestimmte Menschen, Dinge oder Situationen liebenswert findet. Man liebt, weil man merkt, wie gut es einem dabei geht. Er führt uns zu unserer wahren Natur, die nichts anderes ist als Liebe.

200 Seiten, broschiert
ISBN 978-3-89845-455-1
€ [D] 14,95

Ingrid Theißen

Ein neues Leben mit Haut & Haaren

Nutzen Sie das Wissen einer Biofriseurin

Schluss mit Haut- und Haarproblemen – ein neues Wohlgefühl. Ingrid Theißen ist Biofriseurin und weist Ihnen in ihrem Buch den Weg zu einem natürlichen Leben mit Haut und Haaren und zum Ende Ihrer Haut- oder Haarprobleme. Die Autorin zeigt die Zusammenhänge dieser Probleme mit dem Ungleichgewicht im Körper und in der Seele auf und hilft dabei, diese aufzulösen. Das Ergebnis ist eine positive Entwicklung von Körper, Geist und Seele, die zu einem neuen Wohlgefühl führt, was sich auch im Äußeren spiegelt.
Sagen Sie ja zu sich und zu einem eigenen, selbstbestimmten Leben mit Haut und Haaren!

Weiterführende Informationen zu
Büchern, Autoren und den Aktivitäten
des Silberschnur Verlages erhalten Sie unter:
www.silberschnur.de

Natürlich können Sie uns auch gerne den
Antwort-Coupon aus dem beiliegenden
Lesezeichenflyer zusenden.

Ihr Interesse wird belohnt!